J. B. Lightfoot

OS PAIS APOSTÓLICOS

Tradução: Karina Wuo

Principis

Esta é uma publicação Principis, selo exclusivo da Ciranda Cultural
© 2020 Ciranda Cultural Editora e Distribuidora Ltda.

Traduzido do original em inglês
The Apostolic Fathers

Texto
Joseph Barber Lightfoot

Tradução
Karina Wuo

Preparação
Rosa Ferreira

Revisão
Marta Almeida de Sá
Mariane Genaro
Agnaldo Alves

Produção editorial e projeto gráfico
Ciranda Cultural

Imagens
Vectorcarrot/Shutterstock.com;
Naddya/Shutterstock.com;
Stock Graphics/Shutterstock.com

Dados Internacionais de Catalogação na Publicação (CIP) de acordo com ISBD

L724p	Lightfoot, Joseph Barber
	Os Pais Apostólicos / Joseph Barber Lightfoot ; traduzido por Karina Wuo. - Jandira, SP : Principis, 2020.
	256 p. ; 15,5cm x 22,6cm. - (Clássicos da literatura cristã)
	Tradução de: The Apostolic Fathers
	Inclui índice.
	ISBN: 978-65-5552-152-8
	1. Literatura cristã. I. Wuo, Karina. II. Título. III. Série.
2020-2261	CDD 230 CDU 23

Elaborado por Vagner Rodolfo da Silva - CRB-8/9410

Índice para catálogo sistemático:
1. Literatura cristã 230
2. Literatura cristã 23

1ª edição em 2020
www.cirandacultural.com.br
Todos os direitos reservados.
Nenhuma parte desta publicação pode ser reproduzida, arquivada em sistema de busca ou transmitida por qualquer meio, seja ele eletrônico, fotocópia, gravação ou outros, sem prévia autorização do detentor dos direitos, e não pode circular encadernada ou encapada de maneira distinta daquela em que foi publicada, ou sem que as mesmas condições sejam impostas aos compradores subsequentes.

SUMÁRIO

Primeira epístola de Clemente aos Coríntios 7

Uma antiga homilia por um autor desconhecido também chamada de segunda Clemente 49

Epístola de Inácio aos Efésios 62

Epístola de Inácio aos Magnésios 72

Epístola de Inácio aos Tralianos 78

Epístola de Inácio aos Romanos 84

Epístola de Inácio aos Filadelfos 90

Epístola de Inácio aos Esmirniotas 95

Epístola de Inácio a Policarpo 101

Epístola de Policarpo 106

A carta dos Esmirniotas ou o martírio de Policarpo 114

O ensino do Senhor aos gentios pelos doze apóstolos 126

Epístola de Barnabé 135

O Pastor de Hermas 159

Epístola a Diogneto 245

PRIMEIRA EPÍSTOLA DE CLEMENTE AOS CORÍNTIOS

1 Clem. Prólogo

Da Igreja de Deus que mora em Roma para a Igreja de Deus que reside agora em Corinto, aos que foram chamados e santificados pela vontade de Deus por meio do nosso Senhor Jesus Cristo. A graça e a paz infinita do Deus Todo-Poderoso lhes sejam dadas em nome de Jesus.

1 Clem. 1

Irmãos, em razão das calamidades e contrariedades repentinas e contínuas que estão a nos atingir, consideramos tardios os cuidados dispensados a essas questões que se levantam diante de vocês. Queridos irmãos, a conspiração detestável e profana, estranha aos eleitos de Deus, realizada por pessoas de cabeça audaciosa e com uma certa loucura e sordidez, fez com que Seu nome, uma vez reverenciado e acatado pelos homens, tenha sido fortemente perseguido.

Quem esteve com vocês e não aprovou sua maior virtude, a fé inquebrantável? Quem não admirou sua sobriedade e piedade indulgente em Cristo? Quem não louvou sua magnífica hospitalidade? E quem não os parabenizou por seu conhecimento doutrinário perfeito?

Vocês fizeram todas as coisas com respeito às pessoas e caminharam pelas ordens de Deus, submetendo-se aos Seus preceitos com respeito aos homens de mais idade, prestando a honra que lhes é devida. Para os jovens, espalharam a modéstia e pensamentos decentes; às mulheres aconselharam a prática de seus deveres na inocência, na decência e na consciência pura, prezando seus maridos, como deve ser, e as ensinaram a ser obedientes e a seguir a vida doméstica com discrição.

1 Clem. 2

E vocês são totalmente humildes e livres de qualquer arrogância, cedendo em vez de reivindicar submissão, mais felizes em dar do que em receber, sendo gratos pelas provisões que Deus lhes proporcionou. E, dando atenção a cada uma de Suas palavras, com elas fizeram um tesouro no coração, mesmo com os sofrimentos diante de seus olhos.

Assim, uma paz rica e profunda foi ofertada a todos, e uma vontade insaciável de fazer o bem. Um derramamento abundante do Espírito Santo também caiu sobre todos; e, cheios de santos conselhos, em excelente zelo e confiança piedosa, vocês estenderam as mãos ao Deus Todo-Poderoso, suplicando que Ele lhes seja propício se cometeram involuntariamente algum pecado.

Vocês enfrentaram conflitos dia e noite para toda a irmandade conseguir salvar-se sem medo e pelo entendimento.

Vocês foram honestos, simples e livres de toda e qualquer malícia de um contra o outro.

Cada tentação e cada cisma foram abominadas por vocês. Lamentaram as transgressões de seus vizinhos, julgaram a si mesmos pelas falhas deles como se fossem suas.

Não se arrependeram de qualquer omissão em fazer o bem, pois estiveram sempre preparados para toda boa obra. Foram adornados com a vida mais virtuosa e honrosa, pois praticaram todos os seus deveres em temor a Ele. Os mandamentos e as ordens do Senhor foram escritos nas fibras do seu coração.

1 Clem. 3

Toda a glória e o engrandecimento lhes foram dados, e assim cumpriu-se o que está escrito: "Meu filho amado comeu, bebeu e engordou, e tornou-se desobediente".

A desobediência trouxe o ciúme e a inveja, a discórdia e a tentação, a perseguição e o tumulto, a guerra e a prisão.

Assim, homens maus provocaram os honrados, os desrespeitados foram contra os respeitados, os tolos contra os sábios, os jovens contra os idosos.

Por isso, a retidão e a paz foram para longe. Quando o homem esqueceu o temor ao Senhor, tornou-se cego para a fé, nem andou mais sob as ordens de Seus mandamentos nem viveu de acordo com Cristo. Mas deixou chegar ao seu coração luxúrias e maldades. Criou o ciúme injusto e ímpio e espalhou a morte pelo mundo.

1 Clem. 4

Assim foi escrito: "Após alguns dias, Caim trouxe os frutos da terra como um sacrifício para Deus, e Abel também trouxe as primícias das ovelhas e gordura.

Deus observou Abel e seus presentes, mas não deu atenção aos de Caim.

E Caim ficou muito triste, e seu semblante caiu.

E Deus disse a Caim: 'Por que estás tão triste e por que caiu o teu semblante? Se ofereceste o que é correto e não dividiste o que é correto, não pecaste? Mantém a tua paz. Teu pecado se voltará contra ti, mas deves dominá-lo[1]'.

E Caim disse a seu irmão Abel: 'Vamos seguir para a planície'. E aconteceu que, enquanto estavam na planície, Caim levantou-se contra seu irmão Abel e o matou".

Vejam, irmãos, a inveja e o ciúme geraram o assassinato do irmão. Em razão da inveja, nosso pai Jacó fugiu de Esaú, seu irmão. O ciúme fez José ser perseguido até a morte e viver em escravidão. O ciúme impeliu Moisés a fugir do Faraó, rei do Egito, quando foi avisado por um compatriota: "Quem fez de ti o que julga e decide sobre nós? Não me escravizarias ou matarias como fizeste ontem com o egípcio?". Por motivo de ciúme, Arão e Miriam foram expulsos do acampamento. O ciúme levou Datã e Abirão a descer vivos para o inferno, porque conspiraram contra Moisés, o servo de Deus. Por ciúme, Davi foi invejado não somente pelos filisteus, mas foi perseguido até por Saul, rei de Israel.

1 Clem. 5

Deixando os exemplos de dias antigos, vamos chegar aos campeões que viveram próximos ao nosso tempo. Verifiquemos os nobres exemplos pertencentes à nossa geração.

Por causa da inveja, os maiores e mais justos pilares da Igreja foram perseguidos e mortos. Observem bem de perto os bons apóstolos. Havia Pedro, que, em virtude do ciúme injusto, enfrentou não uma, mas muitas lutas, e que, após ter dado seu testemunho, foi para seu designado

---

1. Essa última frase também foi traduzida: Fique em paz: tuas ofendas retornarão a ti, e tu deverá possuí-las de novo. (N. T.)

lugar de glória. Pelo ciúme e pela discórdia, Paulo deu exemplo do prêmio da perseverança. Depois de ser sete vezes acorrentado, foi enviado ao exílio, foi apedrejado, pregou de Leste a Oeste e ganhou o reconhecimento como recompensa de sua fé. Ensinou sobre a justiça pelo mundo todo e até as fronteiras mais distantes do Oeste, dando seu testemunho diante de autoridades. Então partiu deste mundo e foi para um lugar abençoado, sendo o mais importante modelo de perseverança.

1 Clem. 6

Junto desses homens de vida santificada reuniram-se os eleitos na vasta multidão, que enfrentaram indignidades e torturas, foram vítimas do ciúme e serviram de corajosos exemplos para nós.

Por mulheres foram perseguidas, como Danaídes e Dircês, sofreram insultos cruéis e profanos, alcançaram o caminho seguro da fé, receberam sua nobre recompensa, mesmo com a fraqueza de seus corpos.

O ciúme afastou mulheres de seus maridos, modificando as palavras de Adão, nosso pai: "Ela é osso dos meus ossos e carne da minha carne".

O ciúme e a discórdia derrubaram grandes cidades e destruíram grandes nações.

1 Clem. 7

Irmãos amados, escrevemos tudo isso não para se espantarem, mas para que reflitam, pois estamos na mesma situação, e os mesmos problemas nos aguardam.

Vamos abandonar esses ídolos e pensamentos mesquinhos. Apeguemo-nos ao mandamento venerável da glória que foi ensinado a todos. Façamos o que é bom, o que é agradável e o que é aceitável aos olhos Daquele que nos criou.

Observem atentamente o sangue do Cristo e percebam o quão precioso ele é para Seu Pai, pois ele foi entregue para nossa salvação, com a recompensa da graça do arrependimento pela conversão.

Vemos em todas as gerações que precisamos aprender com o mestre sobre o arrependimento pela conversão, para podermos um dia estar com Ele.

Noé pregou o arrependimento, e aqueles que obedeceram foram salvos.

Jonas pregou a destruição dos homens de Nínive; mas os arrependidos de seus pecados obtiveram o perdão de Deus pelas suas súplicas e receberam a salvação, embora fossem estranhos a Deus.

1 Clem. 8

Os ministros da graça de Deus, por meio do Espírito Santo, falaram da conversão pelo arrependimento.

O Mestre do Universo falou sobre a conversão pelo arrependimento como um juramento: "Tão certo como eu estar vivo", disse o Senhor, "não desejo a morte do pecador, mas sim seu arrependimento".

E Ele acrescentou mais um julgamento misericordioso: "Arrependei-vos, casa de Israel, da vossa injustiça, dizei aos vossos filhos que são minha gente que, embora seus pecados cheguem da terra aos céus e sejam mais vermelhos que o escarlate e mais negros que um pano de saco, se vierem a mim com seu coração verdadeiro e disserem 'Pai', eu darei ouvidos a eles e ao seu povo abençoado".

E, em outra parte, disse: "Lavai-vos e purificai-vos. Afastai da minha visão as injustiças de vossas almas. Parai com as impunidades e aprendei a fazer o bem. Procurai não julgar, defendei os injustiçados, fazei justiça aos órfãos, praticai a justiça com a viúva e voltai à razão", disse o Senhor.

Ele disse: "Então vossos pecados, que eram púrpura, torná-los-ei brancos como a neve, os que eram escarlates eu os deixarei alvos como a lã. Se tiverdes disposição para me ouvir, podereis comer as coisas boas da terra. Porém, se não me ouvirdes, a espada vos devorará, pois a boca do Senhor assim disse".

Com Seu desejo de que todos os Seus amados sejam participantes do arrependimento, Ele o confirmou por um ato de Sua vontade onipotente.

1 Clem. 9

Sejamos obedientes à Sua vontade sublime e gloriosa. Façamos súplicas para Sua bondade e misericórdia, ajoelhemos aos Seus pés recorrendo à Sua compaixão, renunciemos ao labor infrutífero, à discórdia e ao ciúme que nos leva à morte.

Vamos nos concentrar naqueles que serviram perfeitamente à Sua glória.

Vamos aprender com Enoque, que encontrou a justiça na obediência e foi arrebatado sem indícios de sua morte.

Noé, servo fiel, teve fé para pregar o renascimento do mundo, e por meio dele o Senhor salvou as criaturas que entraram na arca em harmonia.

1 Clem. 10

Abraão, chamado de "amigo", teve o encontro com a fé no seu arrependimento e na obediência às palavras de Deus.

Pela obediência, saiu de sua terra e deixou os parentes e a casa de seu pai, certo de que, saindo de uma terra pobre e deixando parentes sem importância e uma casa modesta, poderia herdar as promessas de Deus.

Pois Ele lhe disse: "Sai de tua terra, deixa os parentes e a casa de teu pai, vai para a terra que te mostrarei, e eu farei de ti uma grande nação e te abençoarei. Tornarei teu nome grandioso e santificado. Eu abençoarei os que te abençoarem. Eu amaldiçoarei os que te amaldiçoarem. Contigo todas as tribos da terra serão abençoadas".

E, novamente, quando ele se separou de Ló, Deus lhe disse: "Olha para os céus e mede a distância de onde estás agora para o Norte e o Sul e de Leste a Oeste. Toda essa terra que vês darei a ti e a teus descendentes para sempre".

E mais: "Farei os teus descendentes como o pó da terra. Se algum homem conseguir contar o pó da terra, então poderá contar os teus descendentes".

Deus guiou Abraão e lhe disse: "Olha para os céus e conta as estrelas, e, se conseguires numerá-las, poderás numerar tua descendência". Abraão confiou em Deus e isso lhe foi imputado como justiça.

Por sua fé e hospitalidade, foi-lhe concedido um filho na velhice, e, por obediência, Abraão o ofereceu em sacrifício a Deus em uma das montanhas que Ele lhe mostrou.

1 Clem. 11

Por sua hospitalidade e piedade santa, Ló foi salvo de Sodoma quando toda a cidade foi assolada por fogo e enxofre. Deus assim demonstrou que não renuncia aos que firmam suas esperanças Nele, mas leva punição e tormento aos que se desviam.

Porque, quando a esposa de Ló o seguiu, não tendo despertado seu espírito para a fé, ela foi designada como um sinal, tornando-se uma estátua de sal para sempre. Todos deverão saber que Deus punirá os que se dividem em espírito ou que duvidam do Seu poder, e serão assim julgadas todas as gerações.

1 Clem. 12

Por sua fé e hospitalidade, a prostituta Raabe foi salva. Quando Josué, filho de Num, enviou espiões para Jericó, o rei das terras percebeu a intenção dos espiões e enviou homens para capturá-los e matá-los.

Então, a hospitaleira Raabe os recebeu e os escondeu no andar superior, embaixo da palha de linho.

E, quando os mensageiros do rei se aproximarem e disseram: "Há espiões de nossa terra aqui, sabemos que entraram. Tragam-nos para cá, pois o rei ordenou", ela respondeu: "Os homens que procuram realmente entraram aqui, mas partiram logo e continuaram sua jornada". E ela indicou-lhes a direção contrária.

E disse aos espiões: "É claro para mim, entendi que o Senhor Deus entregou essa cidade a vós, pois o medo e o terror habitam essa terra. Quando isto tiver passado e a tiverem conquistado, salvem a mim e a casa de meu pai".

Eles responderam: "Assim será feito, como nos disseste. De agora em diante, quando nos vir, acolhe a todos debaixo de teu teto e serão salvos, mas os que estiverem para fora perecerão".

Além disso, deram-lhe um sinal: ela deveria pendurar em sua casa algo vermelho, para mostrar que por meio do sangue do Senhor seriam salvos todos os que creem e têm esperança em Deus.

Vejam, irmãos amados, não apenas a fé, mas a profecia se encontra nessa mulher.

1 Clem. 13

Portanto, irmãos, sejamos humildes, abandonemos toda a arrogância, a vaidade, o exagero e a raiva, e cumpramos o que foi escrito. Pois o Espírito Santo disse: "Não exiba o homem sábio a sua sabedoria, nem o forte a sua força, nem o rico a sua riqueza, mas que exiba a glória do Senhor, que procure cumprir sua justiça e retidão". Acima de tudo, lembremos as palavras do Senhor Jesus, Mestre em grandeza, paciência e tolerância, que nos falou: "Sede misericordiosos que receberão a misericórdia, perdoai que sereis perdoados. O que fizerdes vos será feito. O quanto derdes vos será dado. Como julgardes, sereis julgados. A medida que usardes será a mesma usada convosco".

Com esse mandamento e esses preceitos, está confirmado que devemos trilhar o caminho da obediência às palavras sagradas, em humildade.

A palavra abençoada disse: "A quem olharei, senão ao gentil e manso que seguiu meus oráculos?".

1 Clem. 14

Seja visto como certo e apropriado, irmãos, que devemos obediência a Deus, mais do que seguir os arrogantes e rebeldes que se colocaram como líderes em ciúme abominável.

A exposição não é considerada enfermidade comum, mas é um grande perigo. Não devemos nos expor aos propósitos inconsequentes dos que trazem a discórdia e a tentação e nos afastam do que é certo.

Sejamos bons uns com os outros de acordo com a compaixão e doçura Daquele que nos criou. Como está escrito: "O manso terá morada na terra e o inocente deverá permanecer sobre ela, mas os transgressores serão expurgados".

E de novo Ele disse: "Vi o incrédulo erguer-se orgulhoso e se exaltar como os cedros do Líbano. Passei por ele e observei que ele não existia mais, procurei sua casa e não a encontrei. Mantém a inocência e guarda tua integridade, pois o que as conserva é considerado pacífico".

1 Clem. 15

Vamos nos reunir com aqueles que fazem a prática da paz na santidade, e não com os que desejam a paz dissimulada.

Ele disse em certo lugar: "Há pessoas que dizem ser honestas com os lábios, mas seus corações estão distantes de mim". E continuou: "Eles abençoam com a boca, mas amaldiçoam com os corações". E repetiu: "Eles o amam com a boca, porém suas línguas mentem e seus corações não são justos nem se firmam em seu propósito. Por isso os lábios enganosos serão calados por sua tolice, por blasfemarem contra a retidão".

E mais: "Possa o Senhor destruir rapidamente todos os lábios enganosos, as línguas orgulhosas e os que dizem: 'Deixe-nos engrandecer a língua, pois os lábios são nossos. Quem é senhor acima de nós?'".

"Contra a miséria dos necessitados e o choro dos pobres Eu me erguerei", disse o Senhor. "Eu os salvarei e distribuirei justiça a eles".

1 Clem. 16

Cristo está com os humildes, e não com os que se exaltam acima dos outros.

O cetro da majestade de Deus, até mesmo nosso Senhor Jesus Cristo, não veio com as pompas da arrogância e do orgulho, embora pudesse tê-lo feito, mas em humildade, conforme disse o Espírito Santo sobre ele: "Senhor, quem acreditou na nossa palavra? A quem se revelou o braço do Senhor? Anunciamos em sua presença: 'Como uma criança era Ele, como a raiz sedenta no solo. Não havia formosura nele, nem glória. E nós O vimos, e Ele não tinha aparência nem formosura, era desprezível, pois nem tinha a beleza dos homens. Foi um homem de dores e de labutas, que soube carregar a enfermidade: pois Dele desviamos o rosto. Ele foi desprezado e Dele não fizemos caso algum. Ele suportou nossos pecados e aceitou a nossa dor: e vimos Nele o açoite, o tormento e a aflição. Ele carregou as feridas de nossos pecados, passou pela aflição por nossas injustiças. Foi castigado para nos trazer a paz e com Suas chagas nós fomos curados. Nós nos perdemos como uma ovelha, cada homem era uma ovelha desgarrada. O Senhor o entregou por nossos pecados. Ele não abriu a boca enquanto foi castigado. Como um cordeiro, foi levado ao abate, como a ovelha a ser tosquiada, ficou calado, sem abrir a boca. Em humilhação foi julgado e condenado. Quem iria declarar qual seria Sua geração? Pois Sua vida seria retirada da terra. Pelas injustiças do meu povo Ele iria morrer.

Estaria com os maus em sua sepultura, e com os ricos em sua morte. Ele não tinha impurezas, não havia falhas em sua boca. E o Senhor desejou limpar suas feridas. Se oferecerem um sacrifício por seu pecado, sua alma encontrará a semente da vida longa.

E o Senhor desejou retirar-lhe o tormento da alma, mostrar a ele sua luz, moldá-lo com entendimento, para justificar um Justo que seja um servo para muitos. E Ele levará os pecados deles.

Portanto, Ele herdará as multidões e compartilhará os troféus dos poderosos, pois sua alma foi enviada à morte e Ele foi reconhecido como um transgressor; Ele carregou o pecado de muitos e pelos pecados deles foi entregue.

Ele mesmo disse: "Eu não passo de um verme, não sou um homem. Sou um reprovado, a escória do povo. Todos aqueles que me observavam zombaram de mim, murmuravam com seus lábios, negavam com suas cabeças, dizendo: 'Ele confiou no Senhor, deixe que se entregue, se assim o desejar irá salvá-lo'".

Vejam, amados irmãos, qual modelo nos foi dado. Se o Senhor era humilde, o que devemos fazer, nós que viemos por Ele sob o jugo de Sua graça?

1 Clem. 17

Vamos imitar os que vieram sob a pele de cordeiro e ovelha anunciando a vinda do Cristo. Falamos de Elias, Eliseu e Ezequiel, os profetas, e dos homens que receberam o testemunho das boas obras.

Abraão recebeu o testemunho das boas obras, sendo aclamado "amigo de Deus". Mesmo observando Deus glorioso, ele humildemente disse: "Eu sou o pó e as cinzas".

Além disso, a respeito de Jó está escrito: "Jó era justo e irrepreensível, verdadeiramente honrado e temente a Deus e se absteve de toda maldade".

Ainda assim, ele se acusou, dizendo: "Nenhum homem deixa de ser vil, nenhuma vida está livre nem que tenha um dia apenas".

Moisés foi chamado de "fiel em toda casa do Senhor", e por meio do seu ministério Deus julgou o Egito com pragas e tormentos que os acometeram. Todavia, ele também, embora muito glorificado, não falou palavras de orgulho, mas disse, quando um oráculo lhe foi dado na sarça: "Quem eu sou para ser o enviado? Sou fraco de fala, um orador com a língua lenta". E disse mais: "Eu sirvo de defumador para o vaso".

1 Clem. 18

O que podemos dizer de Davi e de seu testemunho de boas obras? Para ele Deus disse: "Encontrei um homem segundo meu coração, Davi, o filho de Jessé: com a eterna misericórdia Eu o ungi". Ainda assim, ele disse para Deus: "Tenha misericórdia de mim, Deus, com Sua piedade e compaixão apaga todo o meu pecado. Lava-me da minha injustiça e purifica os meus pecados. Pois reconheço minha injustiça e meus pecados diante de mim. Contra Ti, Senhor, pequei e diante de Teus olhos fiz o mal. Minhas palavras são apenas uma súplica no julgamento. Fui concebido em pecado, minha mãe carregou-me em seu ventre. Pois eis que amaste a verdade: as verdades obscuras e ocultas da Tua sabedoria te revelaram a mim. Haverás de me lavar com as ervas de hissopo e me purificar. Haverás de me tornar mais branco que a neve. Haverás de me fazer ouvir alegrias e felicidades. Os ossos humilhados poderão regozijar-se. Desviará o rosto dos meus pecados e apagará todos os meus pecados. Cria um coração puro dentro de mim, ó Deus, renova em mim um espírito justo. Não me afastes de Tua presença, não me afastes do Teu Espírito Santo. Restaura em mim a alegria da salvação, fortalece em mim um espírito magnânimo. Ensinarei aos pecadores os Teus caminhos e santificarei os homens que se converterem a Ti. Livra-me do sangue e da culpa, ó Deus da salvação. Minha língua se regozijará na Tua justiça. Senhor, abre a minha boca e meus lábios para declarar Teus louvores. Se desejares de mim um sacrifício, eu Te darei: não Te agradas da oferta do holocausto. Um sacrifício para Deus é um espírito arrependido. Um coração arrependido e humilde Deus não desprezará".

1 Clem. 19

A humildade, portanto, e a submissão de tantos e tão importantes homens, que assim obtiveram uma boa fama, tornaram melhores, por meio da obediência, não somente a nós, mas também as gerações anteriores a nós, mesmo aquelas que receberam Seus oráculos com medo e verdade.

Observando que há parcerias grandes e gloriosas, precisamos correr para o objetivo da paz que se declarou desde o início. Vamos olhar com perseverança para o Pai e Criador do mundo, a fim de compartilhar as virtudes sublimes da sua esplêndida paz e Seus benefícios. Vamos observá-lo dentro de nós, e com os olhos da alma olhar para sua generosa vontade. Vamos reconhecer sua indulgência em relação a suas criaturas.

1 Clem. 20

Os céus se moverão em Sua direção e lhe obedecerão em paz.

O dia e a noite completarão seu curso desenhado por Ele, sem obstáculos entre eles.

O Sol, a Lua e as estrelas dançarão de acordo com Suas instruções, circulando em harmonia dentro de seus limites, sem nenhum desvio.

A terra carrega-se de frutas por sua vontade em cada estação, faz brotar comida em abundância para os homens, para os animais e todos os seres vivos, sem distinção, sem alterar o que Ele ordenou.

Além disso, os abismos profundos e impenetráveis e os subterrâneos inefáveis são coagidos pelas suas ordens.

O mar imenso e infinito, em seu reservatório, não o ultrapassa mesmo sem barreiras que o cerquem, pois Ele assim ordenou e assim se fez. Ele disse: "Suas ondas até aqui vêm e irão quebrar-se dentro de ti".

O oceano, que é intransponível aos homens, e os mundos além dele são dirigidos pelas mesmas instruções do Mestre.

As estações, primavera, verão, outono e inverno, se sucedem em paz.

Os ventos em suas variáveis completam Seu ministério sem perturbações, as fontes que jorram sem parar, criadas para diversão e saúde, dão seus seios ao sustento da vida dos homens. Assim, os menores seres vivos vivem em conjunto em harmonia e paz.

Todas essas coisas o Grande Mestre, Criador do Universo, ordenou que estivessem em paz e harmonia, trazendo o bem para todos, mostrando que todos se refugiam em Sua compaixão misericordiosa por meio de nosso Senhor Jesus Cristo, a quem seja a glória e a majestade para todo o sempre. Amém.

1 Clem. 21

Vejam, irmãos, não transformem Seus benefícios, que são muitos, em motivo de julgamento para todos nós, por isso precisamos caminhar com dignidade, fazer boas obras e agradar aos Seus olhos pela harmonia.

Assim está dito em um lugar: "O Espírito do Senhor é uma luz buscando penetrar o fundo do seu coração".

Percebamos o quão próximo Ele está, por isso nada lhe escapa, nem os pensamentos que produzimos. É certo, portanto, que não devemos ser desertores da Sua vontade.

Assim, prefira atacar os tolos e os insensíveis que se exaltam com arrogância do que as palavras de Deus.

Reverenciemos ao Senhor Jesus Cristo, cujo sangue nos foi ofertado. Respeitemos nossos governantes. Honremos os mais velhos. Instruamos os jovens na lição do temor a Deus. Guiemos as mulheres na direção do bem: deixemos que elas apresentem a disposição para a pureza, deixemos que elas provem sua sincera gentileza, deixemos que elas manifestem a moderação da língua pelo silêncio, deixemos que elas mostrem seu amor, não em preferências factuais, mas sem parcialidade em relação a todos os que temem a Deus, em santidade. Deixemos as crianças se instruírem em Cristo: deixemos que elas aprendam como a humildade serve a Deus, como a pureza do amor serve a Deus, como o temor a Ele é bom e grandioso e salva a todos que caminham na pureza e na santidade.

Ele busca em nós os interesses e os desejos. Seu sopro divino está em nós, e Ele poderá retirá-lo quando quiser.

1 Clem. 22

A fé em Cristo confirma tudo isso, pois Ele mesmo por meio do Espírito Santo nos convidou: "Vinde, meus filhos, ouvi a mim, eu vos ensinarei o temor ao Senhor. Quem deseja a vida, o amor e dias bons? Que tire da sua língua o mal e dos lábios o engano. Afastai o mal, praticai o serviço do bem. Buscai a paz e segui-a. Os olhos do Senhor estão sobre os justos, e Seus ouvidos escutam suas preces. Mas a face do Senhor se vira contra quem faz o mal, para destruir sua memória da terra. O justo chora, o Senhor o ouve e o livra dos problemas. Muitas marcas de flagelo há no pecador, mas os que colocam suas esperanças na misericórdia do Senhor serão recompensados".

1 Clem. 23

O Pai, que é piedoso com todos e pronto a fazer o bem, tem compaixão daqueles que O temem, compartilha com doçura e amor Suas graças com aqueles que se voltam para Ele com simplicidade. Portanto, não sejamos duvidosos, nem nossa alma se entregue à indolência em relação a Seus dons sublimes e gloriosos.

Longe de nós a condição que essa passagem da Escritura menciona: "Miseráveis os de mente dividida, que duvidam no coração e dizem: 'Já ouvimos isso também nos dias de nossos pais, observem, crescemos, envelhecemos, e nada disso aconteceu'. Tolos, comparem-se com uma árvore: a vinha. Primeiro caem suas folhas, há o recomeço brotando a folha, depois a flor, seguindo a baga verde e então uma uva madura. Vejam em pouco tempo o fruto da árvore tornar-se macio e doce".

A verdade é que Sua vontade foi feita de forma rápida e repentina, e a Escritura carrega esse testemunho, dizendo: "Ele retornará logo, não vai demorar. O Senhor voltará ao Seu templo, o Santo, a quem vós esperais".

1 Clem. 24

Entendamos, irmãos, o Mestre continua nos apresentando a ressurreição que certamente ocorrerá; da qual Ele fez o Senhor Jesus Cristo ser as primícias, quando Ele o fez se erguer da morte.

Observemos, irmãos, a ressurreição que acontece no seu devido tempo.

O dia e a noite nos apresentam a ressurreição. A noite cai e o dia se ergue, o dia parte e a noite chega.

Outro exemplo são os frutos da terra: como e de que maneira a semeadura se faz?

O semeador sai a semear a terra, semente por semente; lavra a terra, elas caem nuas na terra seca, nesse buraco se desintegram; na cavidade o poder do Mestre da providência as ressuscita, as faz crescer, elas se multiplicam e carregam o fruto.

1 Clem. 25

Consideremos o sinal prodigioso que vem das terras do Leste, em algumas regiões da Arábia. Há um pássaro chamado fênix. É o único de sua espécie e vive por quinhentos anos; quando chega o tempo de sua morte, ele prepara seu sepulcro com incenso, mirra e outras especiarias, e, no fim do seu tempo, ele entra ali e morre.

Mas, em suas carnes podres, um verme é gerado, o qual se nutre da umidade da putrefação e cria asas. Então, quando cresce, levanta-se, pega os restos de seu pai e os carrega numa jornada da Arábia até o Egito, para uma cidade chamada Heliópolis (Cidade do Sol); e, durante o dia, à vista de todos, voando até o altar do Sol, ele descarrega os despojos sobre o altar; e pronto, voa novamente em retorno. Assim, os sacerdotes examinaram os registros da época e descobriram que isso ocorreu quando se completaram quinhentos anos.

1 Clem. 26

Será que pensamos na grandiosidade e magnitude do Criador do Universo ao dar a ressurreição a todos os que o servirem com santidade na garantia da boa-fé, vendo que até por meio de um pássaro Ele nos apresenta a magnificência de sua promessa? Assim está em certa parte: "Haverá de me ressuscitar e eu te louvarei. Descansei e adormeci, acordei porque estava contigo".

E de novo Jó disse: "Erguerás na ressurreição minha carne que seguiu teus conselhos e suportou todo o sofrimento".

1 Clem. 27

Com esperança deixem suas almas se unirem a Ele com fé em Suas promessas e na justiça do Seu julgamento. Ele condenou a mentira, pois jamais haverá Nele uma mentira, pois nada é impossível para Deus, exceto a mentira.

Portanto, tenhamos novamente fé no Senhor, Ele será gentil conosco. Entendam que todas as coisas são próximas a Ele.

Com uma palavra Sua Majestade construiu o Universo, e com uma palavra também pode destruí-lo. Quem ousaria dizer a Ele: "O que fizeste?". Quem resistirá ao Seu poder e Sua força? Quando Ele te ouvir, e ouvirá, fará tudo conforme desejou. Nenhuma de Suas ordens passará em vão.

Tudo Ele vê, nada escapa Dele. Perceba que os céus declaram a glória de Deus, o firmamento proclama Seu trabalho. O dia faz a declaração a outro dia, e a noite proclama a sabedoria para a próxima noite; não há palavras ou discursos cujas vozes não sejam ouvidas.

1 Clem. 28

Sendo que tudo é visto e ouvido, proclamemos nosso temor a Ele e renunciemos aos luxos abomináveis da desonestidade, para nos protegermos pela Sua misericórdia no dia do julgamento.

Para onde escaparemos de sua mão forte? Para que mundo irão os que desertaram do seu serviço?

A Escritura Sagrada disse em certa passagem: "Para onde irei? Onde me esconderei de Tua face? Se eu ascender aos céus, lá estarás. Se partir para os lugares longínquos da Terra, à direita Te encontrarei. Se fizer dos abismos minha cama, lá está o Teu Espírito".

Então para onde alguém poderia fugir Daquele que abraça todo o Universo?

1 Clem. 29

Assim, devemos nos aproximar dele na santidade da alma, levantando mãos puras e imaculadas para Ele, com amor e gentileza ao Pai compassivo que nos fez à sua imagem e semelhança.

Assim está escrito: "Quando o Altíssimo dividiu Sua herança e disseminou os filhos de Adão, fixou as barreiras das nações aos povos de acordo com o número de anjos de Deus. O povo de Jacó tornou-se a porção do Senhor, e Israel, a medida de sua herança".

Em outro lugar, disse: "Observem, o Senhor retirou do seio das nações uma delas, como um homem retira os primeiros frutos do solo, e o santo dos santos virá daquela nação".

1 Clem. 30

Observem que, sendo uma parte especial do Santo Deus, façamos as coisas que pertencem à santidade, abandonando discursos maldosos, alianças abomináveis e impuras, a bebedeira e o tumulto, a cobiça dos luxos, o abominável adultério, o orgulho odioso.

Pois Deus, ele diz: "Resistam ao orgulho, mas deem graça aos humildes".

Vamos compartilhar com aqueles a quem Deus agraciará. Vamos nos vestir de harmonia, ser humildes e dóceis, nos afastando de todo discurso agressivo e maldoso, sendo justificados pelas ações, e não por palavras.

Ele disse e devemos ouvir muitas vezes: "Quem muito fala também deverá ouvir as respostas. Qual bom palestrante acha isso correto?".

Abençoado é o filho da mulher que vive pouco tempo. Não seja pródigo nas palavras.

Que nossas preces sejam para Deus e não para nós mesmos, pois Deus desprezará aqueles que louvam a si. Deixe que o testemunho de nossas boas ações seja feito pelo outro, como nossos pais justos o fizeram.

A presunção, a arrogância e a ousadia serão castigadas por Deus, mas a tolerância, a humildade e a gentileza serão abençoadas por Ele.

1 Clem. 31

Queremos compartilhar Suas bênçãos. Vamos descobrir quais caminhos levam a elas. Estudaremos os registros dos acontecimentos desde o início.

Por que nosso pai Abraão foi abençoado? Não foi porque ele praticou a justiça mediante a verdadeira fé?

Isaque, com confiança e alegria, como conhecendo o futuro, foi levado por sua vontade ao sacrifício.

Jacó com humildade partiu de sua terra por causa de seu irmão, foi a Labão e serviu a Ele; e foi abençoado com as doze tribos de Israel.

1 Clem. 32

Se todos os homens considerarem esses exemplos de sinceridade, deverão entender os magníficos dons de Suas bênçãos a Jacó.

De Jacó vêm os sacerdotes e levitas que ministram no altar de Deus. Dele provém Jesus com respeito à carne. Os reis e os governantes da linhagem de Judá provêm dele. Porém, as tribos não terão pouca honra, visto que Deus prometeu: "A sua linhagem deverá ser contada como as estrelas dos céus".

Todos foram glorificados e engrandecidos, não por eles mesmos ou pelo seu trabalho de justiça, mas por Sua vontade.

Então, tendo sido chamados a Sua vontade por Cristo Jesus, não nos justificamos por nós mesmos ou pela própria sabedoria, ou pelo entendimento ou pela piedade, nem mesmo pelos trabalhos que praticamos na santidade do coração, mas pela fé no Deus Todo-Poderoso que justificou todos os homens desde o princípio; a quem seja a glória para todo o sempre. Amém.

1 Clem. 33

O que devemos fazer, irmãos? Devemos ficar impassíveis diante de ações do bem e renunciar ao amor? Pedimos ao Mestre que nunca permita que algo assim nos acometa. Vamos nos apressar e zelar para cumprir toda boa obra. Pois o próprio Criador e Mestre do Universo se regozija com seu trabalho.

Ele firmou os céus por Sua vontade superior e com Sua infinita sabedoria os ornamentou. Ele separou a terra da água que a rodeava e assentou-a firmemente no fundamento seguro da Sua vontade; e colocou os animais para caminhar sobre ela por Sua ordem e Seu comando. Tendo antes criado o mar e suas criaturas vivas nele, fechou-o por Seu próprio poder. Acima de tudo, como a mais excelente e magnânima obra de Sua inteligência, com mãos sagradas e impecáveis, Ele formou o homem à Sua própria imagem.

Disse Deus: "Façamos o homem à nossa imagem e semelhança". E Deus fez o homem; o macho e a fêmea.

Dessa forma, depois de terminar tudo, Ele os elogiou e os abençoou, dizendo: "Crescei-vos e multiplicai-vos".

Observemos que todos os justos serão adornados com boas obras, e o próprio Senhor, tendo adornado a si mesmo com os mundos, regozijou-se.

Vendo o modelo que Ele nos apresentou, vamos nos conformar com toda diligência a Sua vontade; vamos com todas as nossas forças realizar o trabalho dos justos.

1 Clem. 34

O bom trabalhador recebe o pão pelo seu trabalho com coragem, já o preguiçoso e descuidado não ousa olhar no rosto de seu patrão.

É necessário, assim, sermos zelosos no trabalho do bem, pois é por Ele que o fazemos. Ele nos avisou, dizendo: "Observem, sua recompensa está diante dele, Ele recompensará cada homem conforme suas obras".

Ele nos exortou para confiarmos de todo o coração, para não sermos ociosos e descuidados em nossas obras. Nossa exaltação e confiança estão Nele, por isso nos submetemos à Sua vontade. Vamos acolher todos os anjos que esperam para cumprir Sua vontade.

Pois a Escritura diz: "Dez mil estavam diante Dele, e dez mil ministraram a Ele; e clamaram em alta voz: 'Santo, santo, santo é o Senhor dos Exércitos; toda a criação está cheia de Sua glória'".

Sim, vamos nos reunir, então, juntos em harmonia nas intenções do coração, a clamar por Ele em uma só voz, com sinceridade, para fazermos parte de Suas promessas gloriosas e grandiosas.

Ele disse: "Olhos não viram e ouvidos não escutaram, nem entraram no coração do homem as coisas grandiosas que Ele preparou para aqueles que esperam pacientemente por Ele".

1 Clem. 35

Quão belas e abençoadas são as virtudes de Deus, caros irmãos!

A vida imortal, o esplendor da justiça, a verdadeira coragem, a confiança na fé, a temperança na santificação! E tudo isso recairá sobre a nossa ignorância.

Então pensemos: o que está preparado para aqueles que esperam com paciência por Ele? O Criador, Pai de todas as eras, o Santo Deus conhece as belezas de Suas virtudes.

Vamos supor, portanto, que estamos incluídos no número dos que esperam com paciência por Ele, e no final teremos parte em suas promessas abençoadas.

Como isso ocorrerá, caros irmãos? Fixando a mente na fé em Deus; se buscarmos as coisas que lhe agradam e são aceitáveis a Ele, seguindo o caminho da verdade, banindo de nós toda falha e injustiça, ganância, discórdia, maledicência e falsidade, murmúrios agressivos, ódio a Deus, orgulho e arrogância, glória vã e falta de hospitalidade. Aqueles que fazem essas coisas são desprezados por Deus. Não só os que as praticam, mas aqueles que consentem com elas. As Escrituras dizem: "Deus disse ao pecador: 'Por que declaras minhas ordens e pronuncias a aliança com teus lábios? Contudo, desprezaste as instruções e rejeitastes minhas palavras. Se viste um ladrão, foste em sua companhia, e te associaste com os adúlteros. A boca multiplicou perversidade e a língua desferiu maledicência. Sentaste e falaste contra teu irmão, e o filho de tua mãe escandalizou. Fizeste essas coisas, e permaneci calado. Tu, homem duro e injusto, pensaste que eu fosse como tu és. Vou te confrontar frente a frente, face a face. Agora, entende isso, te esqueceste de Deus, assim, deverás ser capturado como um leão, ninguém poderá salvar-te'. O sacrifício de louvor me glorificará, e é o único caminho pelo qual eu lhe mostrarei a salvação de Deus".

1 Clem. 36

Caros irmãos, o caminho onde encontraremos a salvação é em Jesus Cristo, o Sumo Sacerdote, que recebe nossas oferendas, o Guardião e Assistente de nossas fraquezas. Por intermédio Dele olhamos com perseverança para os céus; por intermédio Dele vemos como é impecável e soberana a face de Deus; por intermédio Dele abriremos nossos olhos do coração; por intermédio Dele nossa tolice e escuridão chegarão à luz; por intermédio Dele, o Mestre, testaremos nosso conhecimento com o brilho de sua luz e teremos a sabedoria imortal. Sua Majestade é tão grandiosa e superior à dos anjos, que Ele herdou um nome mais admirável.

Pois assim está escrito: "Aquele que fez de Seus anjos espíritos e de Seus servos, chamas de fogo". Assim, Deus disse ao Mestre: "Tu és meu filho, hoje te gerei. Pede a mim, e eu te darei os gentios como herança e os confins da terra como tua posse".

E, novamente, Ele disse: "Sentarás a minha mão direita, até que eu faça de teus inimigos um apoio para teus pés".

Quem são esses inimigos? Aqueles que são perversos e resistem à Sua vontade.

1 Clem. 37

Irmãos, vamos aderir com toda seriedade aos seus mandamentos impecáveis. Observemos os soldados alistados de nossos governantes, com quanta prontidão, submissão e disciplina eles executam as ordens dadas. Nem todos são chefes de milhares, de centenas, de cinquenta e assim por diante, mas cada homem executa as ordens dadas pelo rei e pelos governadores. O grande sem o pequeno não pode existir, nem o pequeno sem o grande. Há certa mistura em todas as coisas, e aí há utilidade. Vamos tomar nosso corpo como exemplo. A cabeça sem os pés não é nada; da mesma forma, os pés sem a cabeça não são nada. Mesmo os menores membros do nosso corpo são necessários e úteis para todo o corpo. Todos os membros conduzem e atuam em submissão para que todo o corpo seja salvo.

1 Clem. 38

Assim, deixemos todo o corpo ser salvo em Cristo Jesus, e que cada homem seja sujeito ao seu próximo, de acordo com sua graça especial. Que o forte não negligencie o fraco; e que o fraco respeite o forte. Que o rico ajude o pobre; e que o pobre agradeça a Deus, porque Ele lhe concedeu aquele por quem suas necessidades podem ser supridas. Que o sábio demonstre sua sabedoria não em palavras, mas em boas obras. Aquele que é humilde não dê testemunho de si mesmo, deixe que outro dê testemunho dele. O casto não deve gabar-se, sabendo que é Outro que lhe concede a continência.

Consideremos irmãos, de que matéria nós fomos feitos; o que somos e o que éramos, quando chegamos ao mundo; de qual sepulcro e escuridão nosso Criador nos tirou, Ele, que nos moldou e nos trouxe ao Seu mundo, tendo preparado Suas bênçãos antes mesmo de nascermos. Vendo, portanto, que tudo que temos veio Dele, devemos dar-Lhe graças, a quem seja a glória para todo o sempre. Amém.

1 Clem. 39

Estúpidos, tolos e ignorantes zombam de nós, desejando que sejam exaltadas suas ideias. Que poder tem um mortal, um filho da terra? Pois está escrito: "Não havia forma diante dos meus olhos. Só ouvi um sopro, e uma voz disse: 'E então? Será que um mortal pode ser puro aos olhos do Senhor, ou um homem pode ser irrepreensível por suas obras? Sendo que Ele não pode confiar em Seus servos e notou perversidade em Seus anjos?'". Nem o céu é puro diante de Seus olhos. Como serão os que vieram do barro, que habitaram o barro e foram feitos dele? Ele os destruiu como a uma mariposa, de manhã eles não existiam mais. Não podiam salvar-se e pereceram. Ele soprou e morreram, porque não tinham sabedoria. Clama! Por acaso alguém te ouve ou um anjo te responde? Pois a ira mata o homem tolo, a inveja escraviza o que se perdeu. Vi tolos jogando raízes fora, imediatamente sua habitação foi devorada. Longe de seus filhos está a segurança. Serão ridicularizados nos portões dos humildes e não haverá quem os socorra. Pois as coisas que estão preparadas para eles, o justo as receberá; mas eles não serão libertos do mal.

1 Clem. 40

Visto que essas coisas vão se tornando óbvias, e nós as temos buscado nas profundezas do conhecimento divino, devemos fazer tudo dentro da ordem, tudo que o Mestre nos ordenou que realizássemos no momento oportuno. Ele ordenou que as oferendas e o culto se realizassem com cuidado, sem precipitação ou desordem, mas em datas e horários fixos. E onde e quem as executaria, Ele próprio determinou por Sua vontade suprema. Todas as coisas feitas com piedade e de acordo com Sua instrução são de Sua vontade. Portanto, os que fazem oferendas nos momentos oportunos são agradáveis e abençoados, pois, enquanto seguem as instruções do Mestre, não erram. O Sumo Sacerdote tem suas próprias atribuições, os sacerdotes, seus lugares próprios, os levitas, seus serviços convenientes. Já o leigo está vinculado às ordens que lhe são pertinentes.

1 Clem. 41

Irmãos, cada um de vocês, por sua própria ordem, dê graças a Deus, mantendo a consciência tranquila e não transgredindo a regra de seu serviço, agindo com toda a dignidade. Não é em qualquer lugar, irmãos, que os sacrifícios diários contínuos, ou ofertas voluntárias, ofertas pelo pecado e ofertas pela culpa são oferecidos, apenas em Jerusalém. E mesmo lá a oferenda não é feita em qualquer lugar, mas diante do santuário na frente do altar, com o Sumo Sacerdote e os ministros a examinar a vítima a ser oferecida antes do sacrifício.

Os que fazem as coisas contrariamente às ordens do Senhor recebem a morte como penalidade. Vejam, irmãos, em proporção ao maior conhecimento adquirido, tanto maior será a exposição ao perigo.

1 Clem. 42

Os apóstolos receberam o Evangelho para nós do Senhor Jesus Cristo, que nos foi enviado por Deus. Então Cristo veio de Deus e os apóstolos vieram do Cristo. Ambas as missões vieram da vontade de Deus. Tendo, portanto, recebido a incumbência, sendo plenamente assegurados pela ressurreição de nosso Senhor Jesus Cristo e confirmados na palavra de Deus com plena certeza do Espírito Santo, saíram a pregar a Boa-Nova de que o reino de Deus estava por vir. Pregando em todos os lugares do campo e das cidades, estabeleceram seus primeiros frutos, quando os provaram pelo Espírito, para serem bispos e diáconos dos que cressem. E isso não se provou novidade, pois, de fato, tinha sido escrito sobre bispos e diáconos, desde tempos muito antigos; e assim diz a Escritura em certa passagem: "Estabelecerei seus bispos em justiça e seus diáconos em fé".

1 Clem. 43

E que maravilha há se aqueles a quem foi confiada em Cristo tal obra designaram tais pessoas? Visto que mesmo o abençoado Moisés, um servo fiel em toda a sua casa, registrou como sinal nos livros sagrados todas as coisas que lhe eram impostas. Ele e o restante dos profetas seguiram testemunhando sobre todas as leis. Pois, quando o ciúme surgiu com respeito ao sacerdócio e houve discórdia entre qual tribo seria adornada com o nome glorioso, ele deu ordem aos doze chefes das tribos para trazer-lhe varas com inscrições do nome de cada tribo. Ele pegou as varas, amarrou-as e selou-as com os anéis dos chefes das tribos, e as colocou no tabernáculo do testemunho sobre a mesa de Deus. Tendo fechado o tabernáculo, selou as chaves e também as portas. E disse a eles: "Irmãos, a tribo cuja vara brotar será a escolhida de Deus para executar o sacerdócio e ministrar diante dele". Quando chegou a manhã, ele reuniu todos de Israel, cerca de seiscentos mil homens, mostrou os selos aos chefes das tribos, abriu o tabernáculo do testemunho e retirou as varas. E a vara de Arão foi encontrada não só com botões, mas também dando frutos.

O que pensam disso, caros irmãos? Moisés não sabia de antemão que isso aconteceria? Com certeza ele sabia. Mas, para não surgir desordem em Israel, ele fez assim, a fim de que o nome do verdadeiro e único Deus pudesse ser glorificado, que seja Dele a glória para todo o sempre. Amém.

1 Clem. 44

E os apóstolos sabiam por meio de nosso Senhor Jesus Cristo que haveria disputas sobre o nome do bispo. Por isso, tendo recebido esse conhecimento prévio, eles nomearam as pessoas citadas, deixando-as como sua continuidade, de modo que, quando eles se fossem, outros homens devessem suceder-lhes no ministério. Aqueles que foram nomeados por eles ou depois por outros homens de renome com o consentimento de toda a Igreja, que ministraram ao rebanho do Cristo humildemente, pacificamente e com toda a modéstia e que por muito tempo deram testemunho das boas obras para com todos, consideramos injustiça serem expulsos do ministério.

Pois não será pecado leve para nós se expulsarmos aqueles que ofereceram os sacrifícios de maneira irrepreensível e santificada. Bem-aventurados os presbíteros que nos precederam na caminhada, vendo que sua jornada foi frutífera e perfeita, pois não temem que ninguém os remova do lugar que lhes foi designado. Pois vemos que vocês desalojaram certas pessoas, embora elas estivessem vivendo de maneira honrosa, do ministério que estavam desempenhando sem culpa.

1 Clem. 45

Sejam zelosos, irmãos, sobre as coisas que dizem respeito à salvação. Vocês buscaram nas Escrituras, que são verdadeiras e que foram narradas por intermédio do Espírito Santo. E vocês sabem que nada incorreto ou falso está escrito nelas. Não descobrirão nelas que pessoas corretas foram expulsas por homens santos. Pelo contrário, homens justos foram perseguidos, mas foi pelos sem lei; foram presos, mas foi pelos ímpios. Foram apedrejados por transgressores, foram mortos por aqueles que haviam concebido um ciúme detestável e injusto.

Sofrendo essas coisas, eles suportaram nobremente.

Pois o que devemos dizer, irmãos? Será que Daniel foi lançado na cova dos leões por aqueles que temiam a Deus? Ou Ananias, Azarias e Misael foram fechados na fornalha por aqueles que professavam gloriosa adoração ao Altíssimo? Longe disso. Quem, então, fez essas coisas? Homens abomináveis e cheios de maldade foram agitados pela ira, a fim de trazer sofrimento cruel sobre os que serviam a Deus em um propósito sagrado e irrepreensível, sem saber que o Altíssimo é o protetor daqueles que servem a Seu nome com a consciência pura. Que seja para todo o sempre a sua glória. Amém. Os que suportaram pacientemente, com confiança, herdaram a glória e a honra, foram exaltados e tiveram seus nomes gravados por Deus em sua memória eterna. Amém.

1 Clem. 46

A exemplos como esses, irmãos, devemos nos apegar. Pois está escrito: "Apeguem-se aos santos, pois aqueles que se apegam a eles serão santificados". E mais uma vez, em outra parte: "Junto do inocente serás inocente, com os eleitos serás eleito, com o perverso serás perverso". Assim, compartilhemos com o inocente e o justo, esses serão os eleitos de Deus. Por que, afinal, existem conflitos e discórdia, contendas, divisões e guerras entre os homens? Não temos um só Deus, um só Cristo e um só Espírito de graça que foi derramado sobre nós? E não há um só chamado em Cristo? Por que rasgamos e separamos os membros de Cristo, revoltados contra nosso próprio corpo, e alcançamos tal loucura a ponto de esquecer que somos membros uns dos outros?

Lembrem-se das palavras de Jesus, nosso Senhor, pois Ele disse: "Ai daquele homem! Seria melhor para ele não ter nascido, em vez de ofender a um dos meus eleitos. Seria melhor para ele amarrar-se a uma pedra do moinho e lançar-se ao mar do que perverter um dos meus eleitos". Sua divisão perverteu a muitos, levou muitos ao desespero e à dúvida, e todos nós à tristeza. E sua sedição ainda continua.

1 Clem. 47

Retome a epístola do abençoado apóstolo Paulo. O que ele escreveu para todos no início do evangelho? Na verdade, inspirado pelo Espírito, ele acusou vocês a respeito de si mesmo, de Cefás e de Apolo, porque já tinham tomado partido. No entanto, esse partidarismo trouxe menos pecado sobre o homem, pois já eram partidários de apóstolos de alta reputação e de um homem aprovado diante de seus olhos. Mas agora observem quem são os que os perverteram e diminuíram a glória do renomado amor que vocês tinham pela irmandade. É vergonhoso, caros irmãos, totalmente vergonhoso e indigno da conduta cristã que a considerável e perseverante Igreja dos Coríntios faça revoltas contra presbíteros por causa de uma ou duas pessoas. E essas obras atingiram não só a nós, mas também àqueles que diferem de nós, causando blasfêmias sobre o nome do Senhor em razão de sua loucura e criando um perigo que atingirá a todos.

1 Clem. 48

Vamos arrancar isso de nós rapidamente e cair aos pés do Mestre, suplicando a Ele com lágrimas que se compadeça e se reconcilie conosco, restaurando em nós a conduta pura que pertence à fraternidade cristã. Pois este é um portão da justiça para a vida, como foi escrito: "Abre-me os portões da justiça para que eu entre e louve ao Senhor. Este é o portão do Senhor, só os justos entrarão por ele". Ao ver todos os portões abertos, o portão da justiça é o único portão de Cristo. Os que são abençoados entram por ele, são os que direcionam seu caminho em santidade e justiça, sem perturbar-se. Que o homem seja fiel, que seja capaz de expor conhecimento, que seja sábio no discernimento das palavras, que se esforce nas ações, que seja puro. Deve ser humilde na proporção que parece ser grandioso; deve procurar a vantagem comum sempre, e nunca a própria.

1 Clem. 49

Quem tem amor a Cristo que cumpra Seus mandamentos. Quem pode aclarar o vínculo da caridade de Deus? Quem é capaz de expressar a magnitude de Sua beleza? A altura onde o amor exalta é indescritível. O amor nos une a Deus. O amor cobre uma multidão de pecados. O amor suporta tudo. O amor é grandioso em tudo. Não há nada de grosseiro e arrogante na caridade. O amor não se revolta, a caridade não traz discórdia, a caridade faz tudo em harmonia. Na caridade todos os eleitos de Deus foram aperfeiçoados. Sem amor nada é agradável a Deus, na caridade fomos acolhidos pelo Mestre, Jesus Cristo nosso Senhor, que por amor deu Seu sangue por nós pela vontade de Deus, e Sua carne por nossa carne, e Sua vida por nossa vida.

1 Clem. 50

Vejam, caros irmãos, quão grandiosa e magnânima é a caridade. Não há como explicar sua perfeição. Quem seria suficiente para ser encontrado nela senão os que Deus preparou dignamente? Supliquemos por Sua misericórdia, para que possamos ser considerados inocentes pela caridade praticada, afastando-nos da parcialidade dos homens. Todas as gerações de Adão até hoje faleceram, e somente os que pela graça de Deus foram aperfeiçoados no amor habitam na morada dos piedosos e serão feitos santos no reino de Deus. Pois está escrito: "Entrem em seus aposentos por um instante, até que minha raiva e minha ira passem, e eu me lembrarei de um bom dia e os levantarei de seus túmulos". Abençoados seremos, irmãos, se cumprirmos os mandamentos de Deus na harmonia da caridade, a fim de que nossos pecados sejam perdoados por meio da caridade. Pois está escrito: "Bem-aventurados aqueles cujas iniquidades são perdoadas e cujos pecados são cobertos. Abençoado é o homem a quem o Senhor não imputa nenhum pecado, nem há engano em sua boca". Essa declaração de bênção foi pronunciada sobre aqueles que foram eleitos por Deus mediante Jesus Cristo, nosso Senhor, a quem damos a glória para sempre. Amém.

1 Clem. 51

Por todas as transgressões que cometemos através das artimanhas do adversário, vamos suplicar para obter o perdão divino. Os que se estabeleceram como líderes da discórdia devem considerar que fazem parte do todo que tem esperança. Pois os que caminham em caridade e temor a Deus desejam que sejam eles a cair no sofrimento, e não o seu próximo. Preferem a própria condenação em vez de contrariar a harmonia que tem sido entregue a nós nobre e retamente. Pois é bom que o homem confesse suas transgressões, em vez de endurecer seu coração. Os que tiveram o coração endurecido pela discórdia contra Moisés, o servo de Deus, foram condenados mais tarde; eles desceram vivos para o inferno, e a morte foi seu pastor. O faraó, seu exército, os governantes do Egito, suas carruagens e seus cavaleiros foram esmagados nas profundezas do Mar Vermelho, e pereceram por uma única razão: seus corações tolos foram endurecidos depois que negaram os sinais e as maravilhas que, pelas mãos de Moisés, o servo de Deus, chegaram ao Egito.

1 Clem. 52

O Mestre não precisa de nada, irmãos. Ele não deseja nada de qualquer homem, exceto que confessem a Ele. Entre os eleitos, Davi disse: "Vou confessar ao Senhor, e isso lhe agradará mais do que um bezerro jovem que enrosca chifres e cascos. Que os pobres vejam isso e se alegrem". E, mais uma vez, disse: "Oferece a Deus o sacrifício de louvor e paga teus votos ao Altíssimo. Clama a mim no dia da tua aflição, e eu te livrarei e tu me glorificarás". Um sacrifício para Deus é o Espírito humilhado.

1 Clem. 53

Pois vocês conhecem, e conhecem bem as Escrituras Sagradas, caros irmãos, e procuraram nos oráculos de Deus. Portanto, escrevemos essas coisas para que se lembrem. Quando Moisés subiu na montanha e passou quarenta dias e quarenta noites em jejum e humilhação, Deus disse a Ele: "Moisés, Moisés, desce rapidamente, pois teu povo pecou. Aqueles a quem guiaste para fora da terra do Egito têm cometido injustiças, transgrediram o caminho, fizeram para si imagens de ídolos de metal". E o Senhor disse a ele: "Eu falei para ti uma e duas vezes, esse povo que observo é de pescoço duro. Deixa-me destruí-los completamente, apagar seu nome do céu, e farei para ti uma nação grandiosa, magnífica e mais numerosa". E Moisés respondeu: "Não, não é assim, Senhor! Perdoa esse povo do pecado ou me tira também do livro dos vivos". Ó amor poderoso! Ó perfeição insuperável! O servo é ousado com seu Mestre, pede perdão para o povo ou que se desfaça dele junto com os outros.

1 Clem. 54

Quem se considera nobre entre vós? Quem é compassivo? Quem é caridoso? Que ele diga: "Se por minha razão houver conflitos, discórdia e desavenças, eu me retiro, parto para onde quiser, faço o que é ordenado pelo povo, apenas que o rebanho de Cristo esteja em paz com seus presbitérios devidamente nomeados". Aquele que assim fizer ganhará para si um grande renome em Cristo, e todo lugar o receberá, pois a terra é do Senhor e a sua plenitude. Assim fizeram e farão com os que vivem como cidadãos de bem do reino de Deus sem arrependimentos.

1 Clem. 55

Temos exemplos entre os gentios também. Muitos reis e governantes, na temporada da peste, se entregaram à morte, pressionados pelos ensinamentos de oráculos, para resgatar seus concidadãos através do próprio sangue. Muitos se retiraram de suas próprias cidades, diminuindo as revoltas. Sabemos que há entre nós os que se entregam à prisão para resgatar outros. Há os que se vendem à escravidão para receber a paga e poder alimentar a outros. Muitas mulheres fortalecidas pela graça de Deus têm realizado difíceis tarefas. A abençoada Judite, quando a cidade foi sitiada, pediu aos anciãos que pudesse deixar o acampamento dos estrangeiros. Então se expôs ao perigo, por amor ao seu país e ao seu povo, que foram sitiados; e o Senhor entregou Holofernes às mãos de uma mulher. Não foi menor o perigo a que Ester também se expôs em sua fé perfeita, para salvar as doze tribos de Israel que estavam a ponto de perecer. Por meio de jejum e humilhação, ela suplicou a Deus; e Ele, vendo a humildade de sua alma, libertou o povo pelo qual ela se expôs ao perigo.

1 Clem. 56

Portanto, intercedamos por aqueles que estão em qualquer transgressão, para que a paciência e a humildade lhes sejam concedidas, a fim de que não se rendam a nós, mas à vontade de Deus. Pois assim a lembrança compassiva deles quanto a Deus e aos santos será frutífera e perfeita. Aceitemos a punição, que não deve vexar ninguém, irmãos. A admoestação que damos um ao outro é boa e extremamente útil, pois nos une à vontade de Deus. Assim, diz a palavra sagrada: "O Senhor me castigou novamente, porém não me entregou à morte. Aqueles que o Senhor ama, Ele castiga e açoita como a um filho a quem Ele recebe". E continua: "Pois os justos devem me castigar em misericórdia e me repreender, mas que a misericórdia dos pecadores não unja minha cabeça". E mais uma vez diz: "Abençoado é o homem a quem o Senhor reprovou e que não recusou a admoestação do Todo-Poderoso. Pois Ele causa dor, mas restaura; fere e cura com suas mãos. Seis vezes Ele te salvará das aflições e na sétima não haverá mal nenhum em ti. Na fome Ele te livrará da morte, na guerra Ele te libertará do braço da espada. Do flagelo da língua Ele te esconderá e não terás medo quando os males se aproximarem. Poderás rir do injusto e perverso, e os animais selvagens não te amedrontarão, pois eles estarão em paz contigo. Então verás que tua casa estará em paz, o alimento na morada não faltará, saberás que tua linhagem é grande e tuas crianças são ervas miúdas do campo. Chegarás ao túmulo como milho maduro colhido na época ou como o feixe de eira reunido na hora certa".

Vejam, caros irmãos, como é grande a proteção para aqueles que são corrigidos pelo Mestre, por ser Ele um pai gentil. Ele nos castiga para que possamos obter misericórdia por meio de sua redenção.

1 Clem. 57

Aos que estabeleceram a base da discórdia, submetam-se aos presbíteros e recebam seu castigo até o arrependimento, dobrando os joelhos de seu coração. Aprendam a submissão, deixando a teimosia arrogante e orgulhosa de sua língua. Pois é melhor ser encontrado pequeno no rebanho do Cristo e ter seu nome arrolado no livro de Deus do que ter a honra superior e ser expulso da esperança nele. Assim disse a sabedoria virtuosa: "Observai, vou derramar minha sabedoria e vos ensinar a minha palavra. Porque falei e não me escutastes, quis segurar-vos e não me recebestes, fizestes serviços inúteis e de nenhum efeito, fostes desobedientes às minhas reprovações. Portanto, vou rir de vossa destruição e me alegrar quando a ruína vier sobre vós, e quando a confusão vos atingir como um turbilhão de tormentos. Sei que clamareis por mim, mas eu não estarei aqui para vós. Os homens maus me procurarão e não me encontrarão, pois odiaram a sabedoria, não escolheram o temor ao Senhor, nem deram ouvidos aos meus conselhos, e ainda zombaram das minhas reprovações. Por isso, devem comer os frutos à sua maneira e serão preenchidos com sua própria impiedade. Por sua injustiça aos inocentes, serão mortos, e a inquisição destruirá os impiedosos. Mas aqueles que me ouvem viverão em segurança, confiando na esperança, e ficarão em paz protegidos de todo o mal".

1 Clem. 58

Sejamos obedientes ao Seu nome santo e glorioso, escapando assim das ameaças da sabedoria dos que desobedecem, para que possamos viver em segurança, confiando no nome santo de Sua Majestade. Recebam esse conselho e não haverá arrependimento, pois Deus vive, o Senhor Jesus Cristo vive e o Espírito Santo, que é a fé e a esperança dos eleitos, deve, aos que, com humildade, gentileza perseverança, sem arrependimento, têm cumprido as ordens e mandamentos de Deus, escrever seus nomes entre os que serão salvos por intermédio de Jesus Cristo, a quem seja a glória para sempre. Amém.

1 Clem. 59

No entanto, se certas pessoas continuarem desobedientes às palavras ditas por Ele por meio de nós, entendam que se envolverão em transgressão e perigo não dos menores, mas nós seremos inocentes desse pecado. Pediremos em oração e súplica que o Criador mantenha intacto, até o fim, o número de seus eleitos trazidos por Seu amado filho Jesus Cristo em todo o mundo, pois Ele nos tirou da escuridão à luz, da ignorância ao pleno conhecimento da glória de Seu nome.

Concede-nos, Senhor, que possamos exaltar nossa esperança em Teu nome, que é a fonte primitiva de toda a criação, abrir os olhos de nossos corações, para que possamos conhecer o único e mais nobre santo dos santos; que é o Senhor, que rebaixa a insolência do orgulhoso, que exalta o humilde e rebaixa o que se eleva; que distribui a riqueza e a pobreza; que traz a morte e a vida; que sozinho é o Benfeitor dos espíritos de Deus de toda a carne; que observa os abismos e vigia as obras do homem; que é o socorro daqueles que estão em perigo, o Salvador dos que estão em desespero; o Criador e Supervisor de todo o espírito; o que multiplica as nações sobre a Terra, que escolheu dentre todos os homens os que Te amam por intermédio de Jesus Cristo, Teu filho amado, pelo qual nos instruíste, nos santificaste, nos honraste.

Suplicamos a Ti, Senhor e Mestre, que nos ajude e socorra. Salva aqueles que estão em tribulação; tem misericórdia do humilde; levanta os caídos; mostra-Te aos necessitados; cura os enfermos; converte os errantes do Teu povo; alimenta os famintos; liberta os prisioneiros; levanta os fracos; conforta o coração desiludido. Que todos os gentios saibam que só Tu és Deus, que Jesus Cristo é Teu filho e que nós somos Teu povo e as ovelhas do Teu rebanho.

1 Clem. 60

Senhor, tudo realizaste para manifestar a harmonia eterna no mundo mediante as forças que operas. O Senhor criou a Terra. És fiel a todas as gerações, Teu jugo é justo, admirável na força e na excelência. És sábio ao criar e prudente em perpetuar a criação, bom nas virtudes que são vistas e fiel aos que confiam em Ti. Indulgente e compassivo, perdoas nossas iniquidades, nossas injustiças, nossas transgressões e deficiências. Não levas em conta cada pecado que cometem Teus servos, mas nos purificas pela Tua verdade. Guias nossos passos para caminharmos em santidade e retidão do coração e fazermos as boas obras agradáveis aos Teus olhos e aos de nossos governantes. Senhor, faze Teu rosto refletir a luz da paz, para que possamos ser protegidos por Tua mão poderosa e libertos do pecado por Teu braço celestial. Livra-nos dos que nos odeiam injustamente. Concede harmonia e paz a todos os que habitam a Terra, como a deste aos nossos pais, quando eles clamaram a Ti em fé e verdade com santidade [para que sejamos salvos], enquanto rendemos obediência ao Teu poderoso nome e aos nossos governantes sobre a Terra.

1 Clem. 61

Tu, Senhor e Mestre, deste-lhes o governo da soberania por Teu sublime e indescritível poder, para que assim, reconhecendo a glória e a honra que lhes deste, nós nos submetêssemos a eles, não contrariando a Tua vontade. Concede-lhes, portanto, ó Senhor, paz, saúde, harmonia, estabilidade, para que possam administrar o governo que lhes confiaste. Ó Mestre celestial, rei dos tempos, dá aos homens glória, honra e poder sobre todas as coisas da Terra. Senhor, direciona conselho de acordo com o que é bom e agradável aos Teus olhos e que, assim, exerçam sua autoridade com paz e gentileza e possam obter a Tua bênção. Ó Senhor, que és capaz de fazer coisas muito superiores a nós, louvamos a Ti por meio do Sumo Sacerdote e Guardião de nossas almas, Jesus Cristo, por intermédio de quem damos a glória agora e por todas as gerações, para sempre. Amém.

1 Clem. 62

Abordando os assuntos que se encaixam mais em nossa religião e são mais úteis para uma vida virtuosa, que os guiariam na santidade e justiça, escrevemos tudo isso para vocês, irmãos. Colocamos em seu pensamento a fé respeitosa e o arrependimento, o amor genuíno e a temperança, a sobriedade e a paciência, recordando-os de que devemos agradar a Deus Todo-Poderoso em Sua justiça e verdade com santa generosidade, deixando de lado a malícia e perseguindo a harmonia no amor e na paz, com constante modéstia, como nossos pais, que já citamos, agradaram a Ele, sendo humildes ao Pai, Deus e Criador, e a todos os homens. Lembrá-los dessas coisas nos traz mais prazer, pois sabemos que estamos escrevendo para homens fiéis e diligentes nos ensinamentos de Deus.

1 Clem. 63

Portanto, é certo nos orientarmos com os grandiosos exemplos, submetendo-nos ao lugar da obediência de cabeça baixa, tomando o lado dos líderes de nossas almas, cessando a revolta tola, para que alcancemos o objetivo da veracidade, mantendo-nos distantes do erro. Pois nos dará grande alegria entregarmos nossos escritos por intermédio do Espírito Santo, e rogamos que removam de vocês a ira causada pelo ciúme, de acordo com a súplica que fizemos para a paz e a harmonia nesta carta. Enviamos homens fiéis e prudentes, que caminharam entre nós desde a juventude até a velhice imaculados, que serão testemunhas entre nós e vocês. Fizemos assim para que saibam que tivemos, e ainda temos, a preocupação de trazer-lhes rapidamente a paz.

1 Clem. 64

Finalmente, que o Deus que tudo vê, Mestre dos Espíritos e Senhor de toda a carne, que escolheu o Senhor Jesus Cristo e a nós por intermédio Dele como um povo único, conceda a cada alma, que é chamada segundo Seu nome santo e sublime, fé, temor, paz, paciência, generosidade, continência, pureza e sobriedade, para que possam agradar ao Seu nome por meio do nosso Sumo Sacerdote e Guardião Jesus Cristo, a quem seja a glória e a majestade, o poder e a honra, agora e por todo o sempre. Amém.

1 Clem. 65

Enviamos nossos mensageiros Cláudio Efebo e Valério Bito, juntamente com Fortunato, em paz e com alegria, para que possam o mais rapidamente possível nos informar sobre essa paz e harmonia pelas quais oramos e que é sinceramente desejada por nós, a fim de podermos, então, nos alegrar prontamente quanto à boa ordem de vocês. A graça do nosso Senhor Jesus Cristo esteja com vocês e com todos os homens eleitos por Deus e por intermédio Dele. A graça de nosso Senhor Jesus Cristo esteja com vocês e com todos os homens em toda parte que foram chamados por Deus e por intermédio Dele, a quem seja dada a glória, a honra, o poder, a grandeza e o domínio eterno, desde os séculos passados e para sempre. Amém.

UMA ANTIGA HOMILIA POR UM AUTOR DESCONHECIDO TAMBÉM CHAMADA DE SEGUNDA CLEMENTE

2 Clem. 1

Irmãos, devemos pensar em Jesus Cristo, assim como em Deus, como juiz dos vivos e dos mortos. Não devemos pensar mal de nosso Salvador, pois, ao pensar mal Dele, esperamos receber o mal. Alguns ouvem dizer que as coisas erradas fazem mal. Nós fazemos coisas erradas sem saber de onde vêm, por quem e a que lugar fomos chamados, e quanto sofrimento Jesus Cristo suportou por nossa causa. Qual recompensa devemos dar a Ele? Ou qual fruto que valha a pena vindo do seu próprio dom para nós? E quanta misericórdia devemos a Ele! Pois Ele nos concedeu a luz, falou conosco como um Pai fala com seus filhos, nos salvou quando estávamos perecendo. Quanto louvor devemos a Ele? Qual pagamento daremos pelas coisas que recebemos?

Ficamos cegos em nosso entendimento, veneramos paus e pedras, ouro, prata e bronze, as obras humanas. Nossa vida inteira não era nada além de morte. Enquanto estávamos envoltos na escuridão e oprimidos com essa espessa névoa nos olhos, conseguimos recuperar a visão, removendo, por Sua vontade, a nuvem que nos envolvia. Pois Ele usou da misericórdia conosco, Sua compaixão nos salvou. Observou nossos erros e nossa perdição, quando não tínhamos esperança de salvação, exceto a que viria Dele. Porque Ele nos salvou antes de sermos, e, por não sermos, ele quis que fôssemos.

2 Clem. 2

Regozija-te, ó estéril. Quebranta-te em choro de júbilo e cânticos aquela que não pode parir; pois mais numerosos serão os filhos da mulher desamparada do que os daquela que tem marido. Ele disse: "Regozija-te, ó estéril, que não deu à luz". Ele nos falou: "Pois nossa Igreja era estéril antes de seus filhos chegarem a ela". Ele disse: "Lamenta em choro de júbilo e cânticos aquela que não pode parir os seus". Isso significa que, igual às mulheres em dificuldade no parto, não podemos nos cansar de oferecer orações com simplicidade a Deus. E quando Ele disse: "Mais numerosos serão os filhos da mulher desamparada do que os daquela que tem marido". Foi assim, porque o nosso povo parecia desamparado e abandonado por Deus; no entanto, quando acreditamos Nele nos tornamos mais do que aqueles que pareciam ter Deus. Outra escritura disse: "Não vim para chamar os justos, mas os pecadores". Quer dizer que é certo salvar os que estão perecendo. Pois é grandiosa e magnânima a obra que se estabelece não para os que estão firmes, mas para os que estão caindo. Então Cristo queria salvar os que pereciam e salvou muitos, Ele chegou e nos chamou quando estávamos mesmo perecendo.

2 Clem. 3

Visto que Ele nos concedeu misericórdia grandiosa, antes de tudo, que nós, que estamos vivos, não rendamos sacrifícios a deuses mortos, nem os veneremos, mas por meio dele conheçamos o Pai da verdade. O que mais é esse conhecimento para Ele, senão que não o neguemos e por meio Dele reconheçamos nosso Pai? Sim, Ele mesmo disse: "Aquele que me confessa também será confessado diante do Pai por mim". Esta então é nossa recompensa: confessarmos a Ele para sermos salvos. Mas como nós o confessamos? Quando fazemos o que Ele disse e não somos desobedientes aos Seus mandamentos, não honrando somente com nossos lábios, mas de todo o nosso coração e de toda a nossa mente. Ele disse também a Isaías: "Este povo me honra com os lábios, mas seu coração está longe de mim".

2 Clem. 4

Portanto, não se limite a chamá-lo de Senhor, pois isso não o salvará. Assim foi dito por Ele: "Nem todos os que me chamam 'Senhor!' serão salvos, mas, sim, aqueles que praticam a justiça". Então, irmãos, confessemos a Ele por nossas obras, amando uns aos outros, não cometendo adultério, sem maledicência contra o próximo, sem inveja, sem cobiçar o companheiro ou a companheira do próximo, mas sendo temperado, misericordioso, gentil. Por essas obras o confessamos. Não devemos temer os homens, mas a Deus. Por isso, se fizerem essas coisas, o Senhor disse: "Embora se reúnam comigo em meu seio, mas não com meus mandamentos, vou expulsá-los e dizer-lhes: 'Afastem-se de mim, sei que são trabalhadores da iniquidade'".

2 Clem. 5

Assim, irmãos, renunciemos a nossa permanência neste mundo e façamos a vontade Dele, que nos chamou, sem temer partir. O Senhor disse: "Serão como cordeiros no meio dos lobos". Mas Pedro perguntou a Ele: "E se os lobos dilacerarem os cordeiros?". Jesus respondeu a Pedro: "Não precisam os cordeiros temer os lobos depois da morte; não temais os que vos matam, pois não são capazes de fazer nada mais. Porém temei aquele que depois da morte ainda tem poder sobre a alma e o corpo, para lançar-vos na Geena do fogo". Saibam, irmãos que a permanência desta carne perecível neste mundo é passageira, mas a promessa do Cristo é grande e maravilhosa, sendo o repouso no reino a vida eterna. O que fazer para obtê-lo, senão caminhar na santidade e na justiça e considerar as coisas mundanas como estranhas, e não as desejar? Pois, quando desejamos essas coisas, nos afastamos do caminho justo.

2 Clem. 6

Mas o Senhor disse: "Nenhum servo pode servir a dois mestres. Se desejamos servir tanto a Deus quanto a Mamom, não haverá benefícios para nós. Que vantagem terá um homem que ganhou o mundo inteiro e perdeu sua alma?". O presente e o futuro são inimigos. Um apresenta adultério, desdém, avareza e engano, mas o outro se despede deles. Não podemos, portanto, ser amigos dos dois, devemos nos despedir de um e manter o companheirismo com o outro. Consideremos que é melhor desprezar as coisas daqui, porque são perecíveis e passageiras, e amar as coisas de lá, pois são boas e eternas. Ao fazer a vontade do Cristo, encontraremos descanso, mas, ao contrário, nada nos livrará da punição eterna se desobedecermos a Seus mandamentos. As Escrituras também dizem em Ezequiel: "Ainda que Noé, Jó e Daniel pudessem levantar-se, eles não livrariam seus filhos do cativeiro". Se mesmo homens tão justos como esses não puderam usar suas boas ações para livrar seus filhos, como chegaremos ao reino de Deus se não mantivermos nosso batismo puro e imaculado? Quem será nosso advogado, a não ser que sejam encontradas nossas próprias obras sagradas e justas?

2 Clem. 7

Meus irmãos, vamos lutar, sabendo que a conquista está próxima e que, enquanto muitos recorrem a conquistas corruptíveis, nem todos são coroados, mas somente aqueles que trabalham duro e lutam bravamente. Por isso afirmamos que todos nós podemos ser coroados. Portanto, corramos no rumo certo, nessa disputa incorruptível. E, como multidão, batalhemos, para que também sejamos coroados. E, se não pudermos ser todos coroados, que pelo menos cheguemos perto da coroa. Devemos saber que aquele que luta pela conquista corruptível, se for encontrado agindo de modo corrupto, será o primeiro a ser açoitado e, em seguida, removido e expulso da pista de corrida. O que vocês acham? O que será feito ao que age de modo corrupto na disputa da legitimidade? Pois, com respeito àqueles que não mantiveram o selo, Ele disse: "Seu verme não morrerá, seu fogo não será extinto e será um espetáculo para toda a carne".

2 Clem. 8

Enquanto estamos na Terra, devemos nos arrepender, pois somos argila na mão do artesão. Da mesma forma que o oleiro, ao fazer um vaso que fica torcido ou esmagado em suas mãos, remodela-o mais uma vez, mas, depois que o vaso for colocado no forno ardente, não poderá mais ser consertado; assim também é neste mundo: arrependa-se de todo o coração das coisas malignas que fizer em carne, para que possa ser salvo pelo Senhor, enquanto ainda tiver tempo para o arrependimento. Porque, depois de partirmos do mundo, não podemos mais confessar ou nos arrepender. Portanto, irmãos, se fizermos a vontade do Pai, mantivermos a carne pura e guardarmos os mandamentos do Senhor, receberemos a vida eterna. Disse o Senhor no Evangelho: "Se não guardaste o que é pequeno, quem te dará o que é grande? Pois digo-te que aquele que é fiel no mínimo também é fiel no muito". Então, o que Ele quer dizer é isto: "Mantenham a carne pura e o selo imaculado até o fim para que possam receber vida".

2 Clem. 9

Ninguém deve dizer que esta carne não será julgada ou que não mais se erguerá. Entendam, em que foram salvos? Em que recuperaram a visão, se não foi nesta carne? Portanto, guardem a carne como um templo de Deus, pois, da mesma forma que vivemos na carne, seremos julgados na carne. Se Cristo, o Senhor que nos salvou, sendo primeiro espírito, também se tornou carne, e então nos chamou, da mesma forma receberemos na carne a recompensa. Assim, vamos amar uns aos outros para que todos nós possamos subir ao reino de Deus. Enquanto temos tempo para sermos curados, vamos nos colocar nas mãos de Deus, o médico, dando a Ele uma recompensa. Que recompensa? Arrependimento do coração sincero. Pois Ele discerne todas as coisas e sabe o que está em nosso coração. Demos a Ele louvor eterno, não apenas dos lábios, mas principalmente do coração, para que Ele nos receba como filhos. O Senhor também disse: "Estes são meus irmãos, que fazem a vontade do meu Pai".

2 Clem. 10

Irmãos, façamos a vontade do Pai que nos chamou para vivermos, busquemos a virtude, vamos renunciar ao vício como precursor de nossos pecados e fugir da crueldade para que os males não nos alcancem. Pois, se formos diligentes em fazer o bem, a paz nos perseguirá. Um homem é incapaz de alcançar a felicidade enquanto é influenciado pelo temor aos homens, preferindo o prazer mundano à promessa do porvir. Não sabe quão grande tormento traz esse prazer e que deleite a promessa do porvir proporciona. Teria sido tolerável fazer o mal sozinho, mas agora, não sendo o bastante, ensinaram o mal a almas inocentes, sem saber que terão sua condenação dobrada, tanto eles quanto seus ouvintes.

2 Clem. 11

Serviremos a Deus com o coração puro e sendo justos, mas, se não o fizermos, porque não confiamos na promessa divina, seremos miseráveis. A palavra da profecia também disse: "Miseráveis os de mente dividida, que duvidam no coração e dizem: 'Já ouvimos isso também nos dias de nossos pais, esperamos dia após dia, e nada disso aconteceu'. Seus tolos! Comparem-se a uma árvore: a uma videira. Primeiro ela perde suas folhas, em seguida os brotos vêm, depois disso um fruto azedo, por fim uma uva madura e doce. Assim, meu povo passou por tumultos e aflições, depois receberão as coisas boas". Portanto, meus irmãos, não fiquemos duvidosos, mas suportemos pacientemente e com esperança, que também obteremos a recompensa. Pois aquele que prometeu pagar a cada homem a recompensa por suas obras é fiel. Se, desse modo, praticarmos a justiça aos olhos de Deus, entraremos em Seu reino e receberemos as promessas que nem o ouvido ouviu, nem o olho viu e não entraram no coração do homem.

2 Clem. 12

Vamos aguardar o reino de Deus em amor e justiça, pois não sabemos o dia da aparição do Pai. Pois o próprio Senhor, sendo perguntado por alguém quando Seu reino viria, disse: "Quando os dois forem um, o exterior igual ao interior, o macho igual à fêmea, sem existir masculino ou feminino". Assim, dois são um quando falamos a verdade entre nós, pois em dois corpos haverá uma alma sem dissimulação. E exterior como o interior quer dizer: por dentro significa a alma e por fora o corpo; da mesma forma que o corpo se mostra, também sua alma mostrará suas boas obras. E macho como a fêmea, nem masculino nem feminino, quer dizer: um irmão ao ver uma irmã não pensará nela como uma mulher, e uma irmã ao ver um irmão não terá pensamentos nele como homem. "Quando essas coisas ocorrerem", disse Ele, "o reino de meu Pai virá".

2 Clem. 13

Portanto, irmãos, o arrependimento deve ser imediato. Vamos ser sóbrios quanto ao que é bom, pois estamos cheios de loucura e maldade. Temos de nos purificar dos pecados antigos para agradarmos ao Pai. Não podemos mais agradar uns aos outros apenas, mas também àqueles que estão com a justiça, para que o Seu nome não seja blasfemado por nossa razão. O Senhor disse: "Meu nome é blasfemado entre todos os gentios". E repetiu: "Ai daquele que motiva a blasfêmia de meu nome! Como sou blasfemado? Sempre que não fazem as coisas da minha vontade". Os gentios ouvem os oráculos de Deus, maravilham-se com a beleza e a grandeza das palavras, então, quando descobrem que nossas obras não são dignas das palavras que falamos, imediatamente iniciam a blasfêmia, dizendo que a nossa história é enganosa, uma ilusão. Pois, quando os gentios estão aqui conosco e ouvem Deus dizer "Qual é sua obrigação? Amar aqueles que o amam, e mais, amar seus inimigos e aqueles que o desprezam". Quando eles ouvem essas coisas, ficam maravilhados e admirados, mas, quando veem que nós não nos amamos, nem ao inimigo e aos desafetos, riem de nós e nos desprezam, e Seu nome é blasfemado.

2 Clem. 14

Por isso, irmãos, se fizermos a vontade de Deus, nosso Pai, seremos da primeira Igreja, a espiritual, que foi criada antes do sol e da lua. E, se não fizermos a vontade do Senhor, as Escrituras dirão de nós: "Minha casa foi feita um covil de ladrões". Vamos escolher ser da Igreja da vida e seremos salvos. E não acredito que sejam ignorantes, e saibam que a Igreja viva é o corpo do Cristo, pois as Escrituras dizem: "Deus fez o homem, macho e fêmea. O macho é o Cristo e a fêmea é a Igreja. E os livros e os apóstolos declaram claramente que a Igreja não surgiu agora, pela primeira vez, mas existiu desde o início, pois ela era espiritual, como nosso Jesus também era espiritual, porém se manifestou nos últimos dias para nos salvar". A Igreja espiritual se manifestou na carne do Cristo, mostrando-nos que, se guardarmos a carne sem profaná-la, nós a receberemos novamente no Espírito Santo, pois a carne é a contrapartida e uma cópia do espírito. Portanto, quando o homem contamina a cópia, receberá o original contaminado. Ele quis dizer, irmãos: "Guarde a carne para que possa reunir-se ao espírito". Mas, se dissermos que a carne é a Igreja e o espírito é Cristo, então o que tem lidado de maneira contaminada com a carne também contaminou a Igreja. Nem um nem outro devem participar do espírito, que é Cristo. Tão magnífica é a vida e a imortalidade que a carne poderá receber sua porção se o Espírito Santo se unir a ela. Nenhum homem pode declarar ou dizer as coisas que o Senhor preparou para Seus eleitos.

2 Clem. 15

Não penso que os conselhos dados tenham sido depreciativos com respeito à temperança, e quem quer que a pratique não se arrependerá. Poderemos salvar não só a nós mesmos, mas também aos conselheiros. Essa não é uma recompensa qualquer, a de converter uma alma curiosa e perdida para que ela possa ser salva. Pois esta é uma forma de recompensar a Deus que nos criou, se quem fala e escuta tiver fé e amor. Respeitemos as coisas em que acreditamos, na justiça e santidade, para podermos falar com ousadia, como Deus, que diz: "Enquanto ainda estiveres falando, direi: 'Eis que estou aqui'". Afinal, essa palavra é o símbolo de uma grande promessa: o Senhor disse que está mais disposto a dar do que a receber. Vendo que somos aliados dessa bondade, não nos queixemos de obter tantas coisas boas. Pois, na proporção em que é grande o prazer dessas palavras para aqueles que as executarem, também é a condenação aos que forem desobedientes.

2 Clem. 16

Portanto, irmãos, visto que não são pequenas as oportunidades de arrependimento que encontramos e que temos tempo para isso, voltemos ao encontro de Deus que nos chamou, enquanto Ele nos recebe. Se nos despedirmos desses prazeres e conquistarmos a alma pura, recusando as luxúrias malignas, seremos aliados da misericórdia de Jesus. Saibam que o dia do julgamento virá em breve, como um forno em chamas em que os poderes dos céus derreterão, e toda a Terra como chumbo derreterá no fogo, e então aparecerão as obras secretas dos homens. A esmola é uma boa maneira de arrepender-se do pecado. O jejum se presta melhor do que a oração, mas a esmola é melhor do que ambos. E o amor cobre uma multidão de pecados, já a oração em boa consciência livra da morte. Abençoado é todo homem que está carregado dessas coisas. Pois as esmolas o livrarão do pecado.

2 Clem. 17

Portanto, devemos nos arrepender de coração, para que nenhum de nós pereça pelo caminho. Pois, se recebemos as ordens de fazer disso nossa missão, de afastar os homens dos ídolos e instruí-los, quanto mais errado é que uma alma que já conhece a Deus venha a perecer! Vamos, portanto, ajudar uns aos outros, também ergamos os fracos para alcançar a bondade, para que todos sejamos salvos; e convertamos e admoestemos uns aos outros. Não pensemos em dar atenção e crer apenas agora, enquanto partimos para casa, lembremos os mandamentos do Senhor, sem nos deixar arrastar para outro caminho pelas luxúrias mundanas. Estejamos aqui com mais frequência, com esforços para avançar nos mandamentos do Senhor, tendo o mesmo pensamento que nos levará juntos para a vida. Pois o Senhor disse: "Venho para reunir todas as nações, tribos e línguas". Ele falou do dia de Sua aparição quando virá e nos resgatará, cada homem conforme suas obras. E os incrédulos verão Sua glória e Sua força; ficarão surpresos quando o reino do mundo for entregue a Jesus, e dirão: "Ai de nós! Eras tu e não te reconhecemos e não acreditamos; não obedecemos aos presbíteros quando nos contaram da salvação". E: "Seu verme não morrerá e seu fogo não será extinto, e serão um espetáculo para toda a carne". Esse é o dia do julgamento, quando os homens verão aqueles que vivem em crueldade e falsidade para com os mandamentos de Jesus Cristo. Mas o justo, feitor de boas obras, que suportou tormentos e desprezou os prazeres da alma, observará os que erraram e negaram Jesus com suas palavras ou com seus atos, sendo punidos com tormentos graves em fogo insaciável, e dará glória a Deus, dizendo: "Haverá esperança para quem serviu a Deus de todo o seu coração".

2 Clem. 18

Portanto, que sejamos encontrados entre os que agradecem e serviram a Deus, e não entre os cruéis que serão julgados. Pois eu também, confessando ser um pecador absoluto que ainda não se livrou da tentação entranhada nos motores do mal, faço minha diligência para seguir sendo justo, para que possa prevalecer a vontade de chegar pelo menos próximo a isso, enquanto temo o julgamento no porvir.

2 Clem. 19

Portanto, irmãos e irmãs, após o Deus da verdade ter sido ouvido, li a todos uma exortação até o fim e peço que deem atenção às coisas escritas, pois poderão salvar a si mesmos e a quem lê com vocês. Peço como recompensa que se arrependam de todo o seu coração, e terão a salvação e a vida. Para isso, estabeleceremos uma meta para os jovens que desejam trabalhar no estudo da piedade e da bondade de Deus. Não vamos nos desagradar e irritar, tolos que somos, quando qualquer um nos admoestar para deixarmos a injustiça e buscarmos a justiça. Pois, às vezes, fazemos coisas erradas, não as percebemos graças à mente dividida e à incredulidade que está em nós, e somos obscurecidos em nossa compreensão por nossas vãs luxúrias. Vamos, portanto, praticar a justiça a fim de sermos salvos no final. Bem-aventurados aqueles que obedecem a essas ordens. Embora tenham de suportar a aflição passageira no mundo, colherão no fruto imortal da ressurreição. Portanto, não fique de luto o piedoso, pois, se é infeliz nos tempos de agora, um tempo abençoado espera por ele. Ele viverá novamente no céu com nosso Pai e se alegrará sem qualquer tristeza por toda a eternidade.

2 Clem. 20

Não sofram nem perturbem sua mente se virem os injustos possuírem riquezas e os servos de Deus passarem necessidade. Vamos ter fé, irmãos e irmãs. Somos treinados na vida atual para sermos coroados no futuro. Nenhum homem justo colheu frutos de imediato, mas espera por eles. Pois, se Deus tivesse pago a recompensa do justo imediatamente, teríamos sido treinados para o comércio, e não para a piedade; porque deveríamos parecer justos, embora perseguíssemos não o que é piedoso, mas sim o que é proveitoso. E por isso o julgamento divino supera o espírito que não é justo e o carrega com correntes. Ao único Deus invisível, o Pai da verdade, que nos enviou o Salvador e o Príncipe da imortalidade, por meio do qual também Ele nos manifestou a verdade e a vida celestial, a Ele seja a glória para sempre. Amém.

EPÍSTOLA DE INÁCIO AOS EFÉSIOS

InEf. Prólogo

Inácio, que também é Teóforo, a que foi abençoada na grandeza por meio da plenitude de Deus, o Pai, predestinada antes dos tempos a viver para sempre na glória permanente e imutável, eleita na verdadeira paixão, pela vontade do Pai e de Jesus Cristo nosso Deus, para a Igreja que está em Éfeso (da Ásia), digna de toda felicidade; saudação abundante em Cristo Jesus e em alegria irrepreensível.

InEf. 1

Recebi de Deus (vosso) nome bem amado que carregais por direito natural (em uma mente ereta e virtuosa), pela fé e pelo amor em Jesus Cristo nosso Salvador. Sendo imitadores de Deus e tendo seus corações acesos no sangue Dele, tendes perfeitamente cumprido seu trabalho no bem. Quando ouvistes que eu estava a caminho da Síria, preso pelo nome e pela esperança que são comuns a nós, e eu esperava mediante vossas orações ter sucesso na luta contra os selvagens em Roma, assim teria sucedido de poder tornar-me um discípulo, estáveis ansiosos por me visitar. Em nome de Deus recebi toda a multidão na pessoa de Onésimo, cuja caridade se expressa por completo e que é bispo e rogo para que ele seja amado por vós conforme Jesus Cristo e que todos sejam como ele. Bem-aventurado quem vos concedeu, de acordo com vosso merecimento, ter um bispo como ele.

InEf. 2

Quanto a meu companheiro Burrus, que pela vontade de Deus é vosso amigo abençoado pelo coração, peço que ele permaneça comigo para a honra de todos e de seu bispo. Sim, e Krono, que também é digno de Deus e exemplo do amor que carrego, aliviou-me de todas as formas, como o Pai de Jesus Cristo lhe conforta junto a Onésimo, Burrus, Euplo e Fronto; neles vi a vós com os olhos da caridade e do amor. Que eu tenha alegria em vós sempre, se for digno disso. Portanto, em todos os sentidos glorifico a Jesus Cristo, que vos glorificou; estando perfeitamente unidos em submissão ao vosso bispo e presbitério, sejamos santificados em todas as coisas.

InEf. 3

Não ordeno a vós como se eu fosse alguém. Pois, mesmo que estejamos unidos pelo nome, ainda não fui feito perfeito em Jesus Cristo. Agora começo a ser um discípulo, instruindo-me e falo convosco como a colegas. Devo ser treinado por vós para a luta na fé, em admoestação, em resistência, em generosidade. Mas, uma vez que a caridade não me concede a dor do silêncio em respeito a vós, assim fui à frente para exortar-vos, a fim de correr em harmonia com a mente de Deus; em Jesus Cristo também nossa vida é inseparável do pensamento do Pai, assim como os bispos que estão instalados nas partes mais longínquas da Terra estão no pensamento de Jesus Cristo.

InEf. 4

Então, avançar em harmonia como o pensamento do bispo é o que convém a vós, e também o fazeis. Pois seu honorável presbitério é digno de Deus e está sintonizado com o bispo como as cordas da cítara. Portanto, na concordância e no amor harmonioso, Jesus Cristo é cantado. E juntos, formando um coro, que é harmonioso na concordância da mente, tendo recebido as notas de Deus, cantai em uníssono por meio de Jesus Cristo para o Pai, para que Ele possa ouvir-vos e reconhecer, por vossas boas obras, que sois membros de Seu filho. Portanto, é vantajoso serem uma unidade irrepreensível, para que possam ser aliados de Deus sempre.

InEf. 5

Pois se eu, em pouco tempo, tive com o bispo boa intimidade, não a humana, mas espiritual, quanto mais considero a vós bem-aventurados por terem se misturado a ele, como a Igreja a Jesus Cristo, e como Jesus Cristo ao Pai, a fim de que todas as coisas em unidade sejam harmoniosas! Ninguém se engane. Caso alguém não esteja no altar, ainda lhe falta o pão de Deus. Pois se a oração de um ou de outro é poderosa, tanto mais será a do bispo e de toda a Igreja. Então, aquele que não se reúne com os demais age com arrogância e condena a si mesmo. Pois está escrito: "Deus despreza os arrogantes". Então, façamos o esforço diligente para não nos opor ao bispo e que sejamos submissos a Deus.

InEf. 6

Quanto mais o bispo se mantém em silêncio, mais devemos temê-lo. Pois todo aquele que o senhor da casa envia para ser mordomo na administração da casa precisa ser recebido como se fosse aquele que o enviou. Então, seria óbvio contemplar o bispo como o próprio Senhor. De fato, o próprio Onésimo louvava com veemência a vossa boa ordem em Deus, afirmando que todos vivem conforme a verdade e que nenhuma dissidência faz morada entre vós, nem se ouve ninguém mais além de quem fala com verdade a respeito de Jesus Cristo.

InEf. 7

Alguns, com crueldade perversa, têm o costume de portar o nome de Jesus, mas praticam coisas indignas de Deus. Precisamos evitá-los como as feras, pois são cães raivosos que mordem sem aviso. Devemos nos proteger deles, que são de difícil tratamento. Há um só médico, que é ao mesmo tempo corpóreo e espiritual, gerado e não gerado, Deus no ser humano, vida verdadeira na morte, vindo tanto de Maria quanto de Deus, primeiro sofredor, e depois livre de sofrimentos, Jesus Cristo, nosso Senhor.

InEf. 8

Então, não sejais enganados, como de fato não fostes, por serdes inteiramente de Deus. Afinal não se fixou entre vós nenhuma contenda capaz de causar sofrimento, pois viveis conforme Deus. Sou um humilde servo e coloco-me como sacrifício para vós, Efésios, igreja de grande fama pelos séculos. Os da carne não podem praticar as coisas espirituais, nem os espirituais, as coisas da carne. Assim como a fé não pode praticar a incredulidade, nem a incredulidade pratica a fé. Até mesmo as coisas que praticais segundo a carne são espirituais, visto que tudo fazeis em Jesus Cristo.

InEf. 9

Mas eu soube que certas pessoas passaram por ali trazendo maus ensinamentos. Não deixem que semeiem, tapem os ouvidos para não receberem a semeadura deles; visto que sois pedras do templo do Pai, preparadas para a edificação de Deus, levadas para os céus por meio do caminho de Jesus Cristo, que é a cruz, usando como corda o Espírito Santo. A fé é o guia para os céus, enquanto o amor é o caminho que eleva a Deus. Então, sede também unidos no caminho, portadores de Deus, portadores do templo, portadores do Cristo, portadores do santo, adornados nos mandamentos de Jesus Cristo. Alegrando-me também, julguei digno por tudo isso escrever para falar e me congratular convosco, porque, ao longo da vida como seres humanos, nada mais amaram que não fosse Deus.

InEf. 10

Orai também incessantemente em favor do restante da humanidade (pois há para ela esperança de arrependimento) a fim de que se encontre com Deus. Deixem que sejam como discípulos, mesmo que por meio das boas obras. Diante da ira deles, sejam mansos. Diante da arrogância, tenham o espírito humilde. Diante de suas blasfêmias, façam orações. Diante dos erros, continuem firmes na fé. Diante da selvageria deles, sejam civilizados, tratem de nunca os imitar. Sejamos vistos como irmãos pela gentileza. E tratemos de ser imitadores do Senhor. Quem foi mais injustiçado? Quem foi mais usurpado? E rejeitado? Para que nenhuma planta do diabo seja encontrada em nós, mas, com toda pureza e prudência permaneçam em Cristo Jesus, tanto espiritual quanto corporalmente.

InEf. 11

São os últimos tempos. Resta que fiquemos envergonhados, que adotemos o temor à submissão a Deus para que não nos leve ao julgamento. Assim, ou iremos temer a ira vindoura ou amaremos a graça do momento presente. Dessas duas coisas, uma se concretiza: sermos eleitos em Jesus Cristo para viver a verdade. Que nada seja considerado adequado além Dele, em quem levo as correntes, pérolas espirituais, com as quais consigo ressuscitar por vossa oração. De vossa oração que me permita sempre ser participante, para que eu seja eleito na herança dos cristãos efésios, os quais também com os apóstolos sempre concordaram no poder de Jesus Cristo.

InEf. 12

Sei quem sou e a quem escrevo. Eu, condenado. Vós, tratados com misericórdia. Eu, sob perigo. Vós, em estabilidade. Sede caminho dos que são levados a Deus, companheiros iniciados por Paulo, o santificado, já tendo dado testemunho, digno de ser abençoado; em cujas pegadas possais me encontrar, quando eu chegar a Deus, o mesmo Paulo que em toda epístola se lembra de Cristo Jesus.

InEf. 13

Então, cuidai de reunir-vos com mais frequência para a ação de graças a Deus e para Sua glória. Pois, quando estais no mesmo lugar, são demolidos os poderes do mal, com frequência se desfaz a destruição dele na vossa unidade de entendimento da fé. Nada é melhor que a paz, ela acaba com toda guerra das regiões celestes e terrestres.

InEf. 14

Nenhuma dessas coisas deve passar despercebida se tem para com Jesus Cristo a fé e o amor por completo, que são princípio e fim da vida. O princípio, por um lado, é a fé. O fim, o amor. A conformação dos dois em unidade é Deus, e todas as outras coisas relacionadas com a nobreza moral são consequências. Ninguém que professa a fé pode pecar, nem aquele que adquiriu o amor pode odiar. A árvore se revela a partir do seu fruto. Assim também os que professam ser de Cristo serão vistos por aquilo que praticam. Agora, a obra não é confessar a fé, mas é vista quando alguém se acha no poder da fé até o fim.

InEf. 15

Melhor é calar e ser do que falar e não ser. O ensinar é bom quando aquele que fala o pratica. Um, então, é o mestre, o qual fala e é. E as coisas que fez, mesmo em silêncio, são dignas do Pai. Aquele que tomou para si a palavra de Jesus consegue verdadeiramente escutar até mesmo Seu silêncio. Para que se faça perfeito, deve agir por meio das coisas que fala e aprender por meio das coisas que cala. Nada passa despercebido ao Senhor, mas até nossos segredos estão próximos a Ele. Então, façamos tudo compreendendo que Ele habita em nós. Sejamos templos Dele e Ele mesmo esteja em nós como nosso Deus. Assim é, o que também ficará claro aos nossos olhos, pelo amor que levamos justamente a Ele.

InEf. 16

Não vos enganeis, meus irmãos, os destruidores de lares não herdarão o reino de Deus. Vede, se os que fazem isso na carne morrem, quanto mais será os que destroem a fé em Deus, pela qual Jesus Cristo foi crucificado, com um mau exemplo? Essa pessoa se tornou impura, será levada ao fogo que não se apaga, e da mesma forma será levado quem lhe dá ouvidos.

InEf. 17

O Senhor recebeu perfume sobre sua cabeça para que exalasse incorruptibilidade pela Igreja. Não sejam ungidos com o mau cheiro do exemplo do governante deste século! Que ele não consiga prendê-los fora da vida como é proposto! Por que nem todos andamos prudentemente, recebendo o conhecimento de Deus, que é Jesus Cristo? Por que perecemos de modo tolo, ignorando a virtude da graça que o Senhor verdadeiramente enviou?

InEf. 18

Meu espírito é um humilde servo da cruz, que é símbolo de escândalo para os descrentes, mas, para nós, salvação e vida eterna! Onde está o sábio? Onde está o opositor? Onde está a arrogância dos que se fazem inteligentes? Pois nosso Deus, Jesus, o Cristo, foi concebido no ventre por Maria conforme a vontade de Deus, por um lado, da descendência de Davi e, por outro, do Espírito Santo. Ele foi gerado e batizado para que, pelo sofrimento, purificasse a água.

InEf. 19

Ao governante deste século passaram despercebidos a virgindade de Maria e o parto, assim como a morte do Senhor. Três mistérios que gritam e que foram realizados no silêncio de Deus. Como esses mistérios se revelaram nos tempos seguintes? Por uma estrela no céu mais brilhante que todas as outras. Sua luz era inquestionável. Uma novidade que produziu estranhamento. E todas as outras estrelas, junto com o Sol e a Lua, tornaram-se um corpo de dança para ela. Que fazia seu brilho sobressair acima de todas. Era perturbador. De onde vinha aquela novidade? Assim, foi desfeita a mágica e destruídas as algemas da maldade. A ignorância foi jogada por terra. O antigo reino perecia enquanto Deus se revelava em forma humana para a nova vida eterna. Tinha início o que já havia sido preparado da parte de Deus. A partir de então, todas as coisas se movimentaram conjuntamente com o propósito de exterminar a morte.

InEf. 20

Caso Jesus Cristo, em oração, considere a mim digno de Sua vontade, neste pequeno papiro que estou a escrever, poderei expor o que comecei, a administração com respeito ao novo ser humano, Jesus Cristo, em Sua fé, em Seu amor, em Seu sofrimento e ressurreição. Sobretudo, caso o Senhor me revele algo. Reuni-vos todos, indivíduo por indivíduo em comum acordo, na graça proveniente do nome, juntem-se na fé única em Jesus Cristo, que é segundo a carne, da raça de Davi, Filho do Homem e Filho de Deus, a fim de que obedeçais ao bispo e ao presbitério com a mente constantemente atenta, no partir do pão, que é remédio da imortalidade, antídoto para não morrer e para viver em Jesus Cristo para sempre.

InEf. 21

Sou o que oferece a vida por vós, e também por aqueles que, pela honra de Deus, enviastes a Esmirna, de onde também escrevo, agradecendo ao Senhor, amando a Policarpo como também a todos vós. Lembrai-vos de mim, como gostaria que Jesus Cristo também se lembrasse de vós. Orai pela Igreja que está na Síria, de onde partirei preso para Roma, sendo o último dos que creem, fui considerado digno de ser eleito para honra de Deus. Despeço-me desejando que estejais bem, em Deus Pai e em Jesus Cristo, nossa esperança comum.

EPÍSTOLA DE INÁCIO AOS MAGNÉSIOS

InMagn. Prólogo

Inácio, também chamado Teóforo, abençoado na graça de Deus Pai, em Jesus Cristo, nosso Salvador, em quem saúdo a Igreja que está na Magnésia, próxima ao rio Meandro, e desejo a ela grande alegria em Deus Pai e em Jesus Cristo, nosso Senhor, em quem podeis encontrar grande alegria.

InMagn. 1

Sabendo de vosso amor devoto e perfeito, alegrei-me profundamente e resolvi comunicar-me convosco na fé em Jesus Cristo. Para os que pensam ser dignos de portar um nome divino e desejável, nestas cadeias que carrego, louvo as igrejas e oro para que haja nelas união entre o corpo e o espírito de Jesus Cristo, nossa infalível vida e a união da fé e do amor, que é antes de todas as coisas (o que é mais do que tudo) uma união com Jesus e com o Pai, em quem, se perseverarmos pacientemente tudo apesar do soberano deste mundo e dele escaparmos, alcançaremos a Deus.

InMagn. 2

Tive a honra de vos ver na pessoa de Damas, o bispo digno de Deus, e na pessoa dos dignos presbíteros Basso e Apolônio, como também do diácono Zotion, meu companheiro de serviço, de cuja presença espero sempre usufruir. Ele é submisso ao bispo como à graça de Deus e aos presbíteros como à lei de Jesus Cristo.

InMagn. 3

Convém que não abuseis da idade do bispo, mas, pelo poder de Deus Pai, atribuí-lhe toda reverência. De fato, soube que os santos presbíteros não abusaram de sua evidente condição juvenil, pois são pessoas sensatas em Deus, se submetem a ele, não a ele, mas ao Pai do bispo e de todos, Jesus Cristo. Portanto, para honra daquele que nos amou, é preciso obedecer sem nenhuma hipocrisia, porque não é ao bispo visível que se engana, mas ao invisível que se mente. Nesse caso, deve-se contar não com a carne, mas com Deus, que conhece os segredos escondidos.

InMagn. 4

É preciso não só levar o nome de cristão, mas ser verdadeiramente. Alguns falam sempre do bispo, no entanto agem de modo independente. O que não me parece ser uma boa consciência, pois também não se reúnem para o culto de modo significativo, conforme o mandamento.

InMagn. 5

Tudo tem um fim, há duas coisas diante de nós: a morte e a vida, e cada um irá para o seu devido lugar. É como se se tratasse de duas moedas, a de Deus e a do mundo, e cada uma delas está cunhada com uma marca; os infiéis trazem a marca deste mundo, os fiéis trazem no amor a marca de Deus Pai, gravada por Jesus Cristo. Se não estamos dispostos a morrer por Ele e a participar de Sua paixão, a vida Dele não está em nós.

InMagn. 6

Com as pessoas designadas anteriormente vi e amei na fé toda a sua comunidade. Por isso peço que estejam dispostos a fazer suas obras na concórdia de Deus, sob a presidência do bispo, que ocupa o lugar de Deus, dos presbíteros, que representam o colégio dos apóstolos, e dos diáconos, a quem quero muito bem, aos quais foi confiado o serviço de Jesus Cristo, que antes desses tempos estava junto do Pai e por fim se manifestou. Temos todos essa unidade de sentimentos que vem de Deus para que nos respeitemos. Que ninguém olhe seu próximo apenas na carne, mas amai-vos uns aos outros em Jesus Cristo. Que não haja nada que não possamos dividir, e que, unidos ao bispo e aos chefes, tenhamos o sinal e o ensinamento da incorruptibilidade.

InMagn. 7

Assim como o Senhor nada fez por Si mesmo ou por Seus apóstolos sem o Pai, com o qual Ele é um, também não façais nada sem o bispo e os presbíteros. Não tenteis fazer algo louvável se estais fazendo sozinhos. Pelo contrário, reuni-vos em comum, para que se faça uma só oração, uma só súplica, um só espírito, uma só esperança no amor, na alegria imaculada, que é Jesus Cristo, pois nada é melhor do que Ele. Correi todos juntos para o único templo de Deus, ao redor do único altar, em torno do único Jesus Cristo, que saiu do único Pai e que era único em Si e para Ele voltou.

InMagn. 8

Não vos deixeis enganar por doutrinas heterodoxas nem por antigas fábulas inúteis. Porque, se ainda vivemos segundo a lei, devemos admitir que não recebemos a graça. Já os diviníssimos profetas viveram segundo Jesus Cristo. Por essa razão foram perseguidos, afinal eram inspirados por Sua graça, fazendo com que os incrédulos ficassem plenamente convencidos de que existe um só Deus, que se manifestou por meio de Jesus Cristo, Seu Filho, que é como o Verbo falado no silêncio, que fez tudo na justiça e agradou Àquele que O tinha enviado.

InMagn. 9

Aos que viviam na antiga ordem, chegou a nova esperança. Assim, não há mais o sábado, mas o dia do Senhor. Nesse dia, nossa vida se levantou por intermédio Dele e de Sua morte. Alguns podem negá-Lo, porém foi por esse mistério que recebemos a fé e com ela perseveramos para sermos discípulos de Jesus Cristo, nosso único mestre. Como podemos viver sem a Aquele que até os profetas, Seus discípulos no espírito, esperavam como mestre? Foi precisamente Ele que esperavam, pois, ao chegar, Ele os ressuscitou dos mortos.

InMagn. 10

Portanto, não podemos ser insensíveis à Sua bondade. Caso Ele imitasse nossa maneira de agir, não existiríamos. Contudo, tornando-nos Seus discípulos, abraçamos a vida cristã. Quem tem um nome diferente desse não é de Deus. Joguem fora o mau fermento, velho e ácido, e transformem no fermento novo, que é Jesus Cristo. Deixem que Ele os salgue para ninguém se corromper, pois pelo odor também seremos julgados. É absurdo falar de Jesus Cristo e, ao mesmo tempo, ser judeu. Não foi o cristianismo que acreditou no judaísmo, e sim o judaísmo no cristianismo, pois nele se reuniu toda língua que crê em Deus.

InMagn. 11

Meus irmãos, não escrevo isso por ter informações de que haja dentre vós alguém que se comporte assim. Ao contrário, mesmo com minha inferioridade, deixo um aviso, para que não sejam fisgados pelo anzol da vaidade, mas estejam convencidos do nascimento, da paixão e da ressurreição que aconteceram sob o governo de Pôncio Pilatos. Pois essas obras foram realizadas seguramente por Jesus Cristo, que é nossa esperança e de quem não podemos jamais nos afastar.

InMagn. 12

Quero poder alegrar-me de todas as coisas em união convosco, caso haja dignidade em mim. Mesmo acorrentado, não me comparo com um de vós, pois estão livres. Sei que não há orgulho inflado em vós, pois estais com Jesus Cristo. Por outro lado, quando vos faço o elogio, sei que vos tornais rubros de vergonha, assim como está escrito: "O justo acusa a si mesmo".

InMagn. 13

Procurai manter a firmeza nos ensinamentos do Senhor e dos apóstolos para que prospereis em tudo o que fizerdes na carne e no espírito, na fé e no amor ao Filho, ao Pai e ao Espírito, no princípio e no fim, unidos ao seu digníssimo bispo e à preciosa coroa espiritual formada pelos presbíteros e diáconos que andam segundo Deus. Sede submissos ao bispo e também uns aos outros, assim como Jesus Cristo se submeteu na carne ao Pai e os apóstolos se submeteram a Cristo, ao Pai e ao Espírito, a fim de que haja união física e espiritual.

InMagn. 14

Sabendo que estais repletos de Deus, exortei-vos brevemente. Lembrai-vos de mim em vossas orações para que eu alcance a Deus e lembrai-vos da Igreja que está na Síria, da qual ainda não sou digno de levar o nome. Tenho necessidade de vossa oração unida e de vosso amor em Deus para que, pela Igreja que está na Síria, eu mereça receber o orvalho celeste.

InMagn. 15

Nós, os efésios de Esmirna de onde escrevo, vos saudamos. Eles vieram aqui para a glória de Deus, assim como vós; e em tudo me confortaram, juntamente com Policarpo, bispo dos esmirniotas. As outras Igrejas também vos saúdam em honra de Jesus Cristo. Ficai bem, na harmonia com Deus, possuindo o espírito inseparável, que é Jesus Cristo.

EPÍSTOLA DE INÁCIO AOS TRALIANOS

InTral. Prólogo

Inácio, também chamado Teóforo, à Igreja santa de Trales na Ásia, Igreja amada por Deus, Pai de Jesus Cristo, eleita e digna de Deus, que possui a paz na carne e no espírito pela paixão de Jesus Cristo, nossa esperança na ressurreição que nos conduzirá a Ele. Saúdo-vos em toda a plenitude, à maneira dos apóstolos, e vos transmito os votos da maior felicidade.

InTral. 1

Convenci-me de vossos sentimentos puros e intocáveis na paciência, não por hábito, mas por natureza, como me esclareceu Políbio, vosso bispo, que, por vontade de Deus e de Jesus Cristo, visitou-me em Esmirna, para regozijar-se comigo, prisioneiro em Jesus Cristo. Com ele, pude assim contemplar toda a vossa comunidade. Tendo experimentado por meio dele vossa benevolência conforme Deus, eu o glorifiquei, pois vi que são imitadores dele.

InTral. 2

Quando fostes obedientes ao bispo como a Jesus Cristo, ficou evidente para mim que estais vivendo não segundo os homens, mas conforme o próprio Jesus Cristo, que morreu por nós, a fim de, crendo Nele, escaparmos da morte. É necessário que continueis assim, nada realizando sem o bispo, mas em conjunto com o presbitério, como os apóstolos de Jesus Cristo, nossa esperança; pois, se vivermos Nele, também seremos encontrados Nele. Faz-se igualmente imprescindível que os diáconos dos mistérios de Jesus Cristo agradem a todos em tudo. Pois não é pelas comidas e bebidas que são diáconos, mas porque são servos da Igreja de Deus. Terão de precaver-se contra as acusações, como contra o fogo.

InTral. 3

Dessa forma, deverão todos respeitar os diáconos como a Jesus Cristo, como também ao bispo, que é a imagem do Pai, aos presbíteros como o senado de Deus e ao colégio dos apóstolos. Sem eles não existe a Igreja. Estou convencido de que em relação a eles este é vosso procedimento, pois recebi e guardo comigo a prova de vossa caridade por intermédio do bispo, cuja presença se constitui um grande ensinamento, embora sua mansidão seja poder. Suponho que os ateus o respeitem. Por amor vos pouparei, ainda que pudesse escrever com mais veemência sobre o assunto. Não me atrevi a fazê-lo como se fosse apóstolo, pois minha condição é de condenado.

InTral. 4

Tenho muitos pensamentos sobre Deus, mas me contenho para não me perder na vaidade. É nessa hora que sei que tenho de me cuidar, não dando atenção aos que me exaltam, pois seus elogios são meus flagelos. Amo, por certo, o sofrimento, mas não sei se sou digno dele. Minha impaciência não transparece aos olhos da multidão, mas me tortura sempre mais. Necessito assim de mansidão, para aniquilar o príncipe deste mundo.

InTral. 5

Não sou capaz de vos escrever as coisas do céu? Receio que possa vos ferir, já que sois bebês. Perdoai-me por não o fazer, mas, se não fordes capazes de assimilar, podeis sair sufocados. Pois eu, embora prisioneiro e capaz de conhecer algumas coisas celestes, como as hierarquias dos anjos e os exércitos dos principados, coisas visíveis e invisíveis, nem por isso tornei-me discípulo. Muito é necessário aprender para que Deus não nos falte.

InTral. 6

Prefiro exortar-vos, não eu, mas o amor de Jesus Cristo. Servi-vos tão somente de alimento cristão, abstende-vos de comida estranha, ou seja, da heresia. Há os que misturam Jesus Cristo a si, fazendo-se passar por dignos de fé, como quem mistura droga mortífera ao vinho e mel, bebida que o ignorante toma com gosto, porém sente o paladar estragado, pois bebeu para a morte.

InTral. 7

Cuidai-vos a respeito dessas pessoas. Pois poderão fazer-vos orgulhar-se e, ainda mais, vão separar-vos de Jesus Cristo, de Deus, do bispo e das prescrições dos apóstolos. Os que estão no interior do santuário são puros, já os que estão fora dele não são, isto é, quem pratica alguma coisa sem o bispo, o presbitério e o diácono não é puro em sua consciência.

InTral. 8

Não soube de nada deste feitio entre vós. Prefiro tentar prevenir-vos, pois são pessoas queridas a quem previno das ciladas do diabo. Adotai a mansidão e renovai-vos na fé, que é a carne do Senhor, e na caridade, que é o sangue de Jesus Cristo. Que nenhum dentre vós tenha algo contra o seu próximo. Não deis pretextos aos gentios, para que a comunidade de Deus não seja injuriada por causa de uns poucos insensatos. Pois ai daquele que por leviandade deixar Seu nome ser blasfemado.

InTral. 9

Mantende-vos surdos ao ouvirdes alguém falar de outra forma sobre Jesus, da descendência de Davi, filho de Maria, que nasceu, comeu e bebeu, e foi perseguido sob Pôncio Pilatos, crucificado e morreu à vista dos que estão nos céus, na terra e debaixo da terra. Que também ressurgiu dos mortos, ressuscitando-O o próprio Pai. É o mesmo Pai que, à Sua semelhança, ressuscitará em Cristo Jesus os que creem Nele. Fora Dele não temos vida verdadeira.

InTral. 10

Mas se fosse verdade o que alguns, como os ateus, que são os sem fé, afirmam, que Ele sofreu apenas aparentemente, sendo eles próprios mera aparência, por que eu estaria preso? Por que eu desejaria lutar com as feras? Morreria em vão. E estaria mentindo contra o Senhor.

InTral. 11

Fugi dessas plantas parasitas, que produzem o fruto mortífero. Se provardes delas, morrereis na hora. Elas não foram plantadas pelo Pai. Se fossem, apareceriam como rebentos da Cruz, e seu fruto seria imperecível. Da Cruz, por meio da qual Ele por Sua paixão nos conclama a ser Seus membros. Não pode uma cabeça nascer sem membros, uma vez que Deus nos promete a unidade, e essa união é Ele próprio.

InTral. 12

Saúdo a todos a partir de Esmirna, em companhia das Igrejas de Deus que estão comigo; elas me confortaram por completo na carne e no espírito. Meus grilhões, carrego por amor de Jesus Cristo com o pedido de ir ao encontro de Deus; peço-vos perseverança e concórdia na oração comum! Convém que vós, especialmente os presbíteros, conforteis o bispo para a honra do Pai, de Jesus Cristo e dos apóstolos. Desejo que me escuteis com amor para que minha carta não me transforme em testemunho contra vós. Rezai também por mim, pois preciso de vossa caridade junto à misericórdia de Deus, para tornar-me digno da herança que busco alcançar, a fim de que não seja reprovado.

InTral. 13

A caridade dos esmirniotas e efésios os saúda. Lembrai-vos em vossas orações da Igreja na Síria. Não sou merecedor de trazer seu nome, pois sou o último dentre eles. Ficai bem em Jesus Cristo, sujeitando-vos ao bispo como ao mandamento do Senhor e ao presbitério. Amai-vos uns aos outros em um coração único. Meu espírito se empenha convosco, não apenas agora, também quando encontrar com Deus. Ainda estou em perigo, mas o Pai é fiel para cumprir em Jesus Cristo o meu e o vosso pedido. Que possamos nos encontrar irrepreensíveis Nele.

EPÍSTOLA DE INÁCIO AOS ROMANOS

InRom. Prólogo

Inácio, também chamado Teóforo, à Igreja que recebeu a misericórdia, por meio da magnificência do Pai Altíssimo e de Jesus Cristo, seu filho único, à Igreja amada e iluminada pela bondade daquele que fez todas as coisas que existem, segundo a fé e o amor dela por Jesus Cristo, nosso Deus, à Igreja que preside na região dos romanos, digna de Deus, de honra, de ser chamada feliz, de louvor, de sucesso, de pureza, onde preside o amor, que porta a lei de Cristo e o nome do Pai. Eu a saúdo em nome de Jesus Cristo, o filho do Pai. Àqueles que física e espiritualmente estão unidos a todos os seus mandamentos, inabalavelmente repletos da graça de Deus, purificados de toda mácula, eu lhes desejo alegria pura em Jesus Cristo, nosso Deus.

InRom. 1

Depois de rezar a Deus, obtive a visão de vossos rostos santos, pois fui insistente no pedido desse favor. Acorrentado em Jesus Cristo, desejo saudar-vos, se por vontade de Deus eu for digno de ir até o fim. O começo parece fácil, mas quero obter minha graça sem obstáculo no recebimento da minha herança. Receio que vosso amor possa me prejudicar. Pois é fácil para vós fazerdes o que quiserdes, mas para mim é difícil alcançar a Deus, a menos que me poupem.

InRom. 2

Não desejo que agradeis aos homens, mas que agradeis a Deus, como já fazeis. Eu não teria outra oportunidade como esta de alcançar a Deus. Quando vos calastes, fizestes vossa melhor obra. Quando guardastes silêncio a meu respeito, poderia eu me tornar pertencente a Deus. Se amardes minha carne, deverei correr outra vez. Não desejeis nada para mim, a não ser me oferecer em sacrifício a Deus, enquanto o altar estiver preparado, para que, reunidos em coro no amor, canteis ao Pai, por Jesus Cristo, pois Deus se dignou fazer com que o bispo da Síria se encontrasse aqui, percorrendo do Oriente ao Ocidente. É bom deitar-se, longe do mundo, em direção a Deus, para depois Nele se levantar.

InRom. 3

Nunca tivestes inveja de ninguém nem ensinastes isso a outros. Quero permanecer firme no vosso ensinamento. Pedi a força interior e exterior para mim, de modo que eu não só fale, mas também queira, que eu não só me diga cristão, mas de fato seja. Se eu assim for, poderei também ser chamado como tal e serei verdadeiramente fiel, quando não for mais visível para o mundo. Nada do que é visível é bom. De fato, nosso Deus Jesus Cristo, estando agora com seu Pai, consegue manifestar-se ainda mais. O cristianismo, ao ser odiado pelo mundo, mostra que não é obra de persuasão, mas de grandeza.

InRom. 4

Escrevo a todas as Igrejas e anuncio que, de boa vontade, morro por Deus, a não ser que um de vós me impeça. Suplico que não tenhais benevolência inoportuna por mim. Deixai que eu me torne pasto das feras para que consiga alcançar a Deus. Sou trigo de Deus, serei moído pelos dentes das feras e me apresentarei como trigo puro de Cristo. Peço que acaricieis as feras que serão minha sepultura, não deixeis nada do meu corpo para não ser um fardo depois de morto. Então serei verdadeiramente discípulo de Jesus Cristo quando o mundo não vir mais o meu corpo. Suplicai a Cristo por mim, para que por Ele eu seja vítima oferecida a Deus. Não o ordeno, como Pedro e Paulo fizeram. Eles eram apóstolos, eu sou um condenado. Eles eram livres, eu sou um escravo. Contudo, se sofro, serei livre em Jesus Cristo e ressurgirei Nele como pessoa livre. Acorrentado preciso aprender a não desejar nada.

InRom. 5

Desde a Síria até Roma, estou lutando contra as feras, por terra e mar, noite e dia, acorrentado a dez leopardos e a um exército de soldados, que só pioram quando são gentilmente tratados. Contudo, os maus-tratos me tornam um discípulo melhor, mas nem por isso sou justificado. Alegro-me com as feras que estão sendo preparadas. Desejo que sejam rápidas. Farei carinho nelas para que me devorem de uma única vez, sem ter medo, como outros tiveram e não ousaram tocá-las. Se recusarem, posso forçá-las. Perdoai-me, sei do que preciso. Estou começando a me tornar discípulo. Que nada de visível e invisível por inveja me impeça de alcançar Jesus Cristo. Fogo e cruz, manadas de feras, chagas, desmembramentos, mutilações, trituração de ossos de todo o corpo, que os piores flagelos cubram a mim, sendo a única condição alcançar Jesus Cristo.

InRom. 6

De nada me servem os encantos do mundo ou os reinos destes tempos. Prefiro morrer para Cristo Jesus a ser rei dos confins da Terra. Procuro o que morreu por nós, quero aquele que ressuscitou por nós. Minha partida se aproxima. Perdoai-me, irmãos, não me impeçais de viver a verdade, não queirais que eu morra. Não me abandoneis ao mundo, não seduzais com a matéria mundana aquele que procura pertencer a Deus. Permiti que eu receba a luz pura. Quando lá chegar serei homem. Deixai que eu seja um imitador da paixão de Deus. Se tendes Deus em vós, compreendei o que quero e tende compaixão de mim, conhecendo a minha opressão.

InRom. 7

O príncipe mundano deseja me arrebatar e corromper o meu pensamento. Peço que ninguém o ajude. Antes, colocai-se ao meu lado, ou seja, ao lado de Deus. Não podeis ter Jesus Cristo na boca e desejar as coisas do mundo. Que a inveja não se torne morada de vosso ser. Mesmo se estiverdes ao meu lado e eu vos implorar, não vos deixeis persuadir. Mas convencei-vos do que escrevo. É certo que escrevo com anseio de morrer. Minha vida foi crucificada e não encontro em mim fogo para amar a matéria. Dentro de mim, uma água viva murmura: "Vem para o Pai". Não sinto prazer pela comida nem tenho outros prazeres desta vida. Apenas o amor Dele é incorruptível. Desejo o pão de Deus, que é a carne de Jesus Cristo, da linhagem de Davi, e por bebida desejo o Seu sangue.

InRom. 8

Não me interessa mais viver segundo os homens. O vosso interesse será feito. Desejai isso para que possais ser amados por Deus. Direi poucas palavras: "Crê em mim". Jesus Cristo dará Seu manifesto de que sou sincero. Pois Sua boca não mente, pois por intermédio dela o Pai verdadeiramente falou. Rogai para que eu alcance minha meta. O que escrevo não é de minha carne, mas vem do pensamento de Deus. Se eu sofrer, foi o vosso desejo; se eu for rejeitado, foi o vosso ódio.

InRom. 9

Lembrai-vos em vossas orações da Igreja da Síria, que tem Deus por pastor. Somente Jesus Cristo será seu bispo, Ele e vosso amor. Quanto a mim, é vergonhoso ser contado como um de seus fiéis. Não me considero digno, estou muito atrás deles, como um fracassado. Contudo, se conseguir alcançar a Deus, terei recebido a misericórdia. Eu vos saúdo, e ao amor das igrejas que me receberam em nome de Jesus Cristo, nunca como forasteiro. Embora não as tenha visitado em carne pelo meu caminho, eu as vi de cidade em cidade.

InRom. 10

Estou em Esmirna a escrever essas coisas por intermédio dos efésios, que são dignos de toda felicidade. Há entre eles Kronus, que está comigo, um nome que agora me é querido. Acredito que conheceis os que foram antes de mim da Síria até Roma, para a glória de Deus. Avisai que estou próximo. Todos são dignos de Deus e de vós, e seria bom reconfortá-los em todas as coisas. Escrevo nove dias antes dos idos de setembro. Passem bem até o fim, na paciente espera de Jesus Cristo.

EPÍSTOLA DE INÁCIO AOS FILADELFOS

InFilad. Prólogo

Inácio, também chamado Teóforo, à Igreja de Deus Pai e do Senhor Jesus Cristo, que está em Filadélfia, na Ásia, a qual obteve misericórdia e foi consolidada na concordância de Deus, repleta de inabalável alegria na paixão de nosso Senhor, em toda misericórdia, plenamente consciente da ressurreição dele. Eu a saúdo no sangue de Jesus Cristo. Ela é minha alegria eterna e duradoura, sobretudo com seus fiéis que permanecerem unidos com o bispo, com os presbíteros e os diáconos que estão com ele, estabelecidos conforme o pensamento de Jesus Cristo, que, segundo Sua própria vontade, os fortificou e confirmou com o Seu Espírito Santo.

InFilad. 1

Sei que o bispo serve à comunidade e não obteve o ministério por si mesmo, nem pelos homens, nem por soberba, mas pelo amor de Deus Pai e do Senhor Jesus Cristo. Muito me admirei com a sua bondade.

Seu silêncio pode mais do que aqueles que falam coisas vãs. Pois ele está em harmonia com os mandamentos, como a cítara às cordas. Assim, minha alma se alegra com o conhecimento que ele tem de Deus, sabendo de sua virtude e perfeição; alegra-me também sua constância e tranquilidade, que estão em sintonia com a tolerância do Deus vivo.

InFilad. 2

Filhos da luz verdadeira, evitai divisões e maus ensinamentos. Segui como ovelhas o pastor onde ele estiver. É verdade que muitos lobos se disfarçam como dignos de fé, pelo aliciamento mau, e cativam os que buscam a Deus. Mas, onde estiverdes unidos, não acharão lugar.

InFilad. 3

Afastai-vos das plantas más, que Jesus Cristo não cultivou, porque não pertencem à plantação do Pai. Há uma seleção, mas não significa divisão entre vós. Podemos dizer que todos aqueles que são de Deus e de Jesus Cristo estão também com o bispo. Aqueles que, arrependidos, vierem para a unidade da Igreja serão também de Deus para que vivam conforme Jesus Cristo. Não vos enganeis, meus irmãos. Quem segue aquele que cria o cisma não herdará o reino de Deus. Se alguém caminha em doutrina estranha, não tem comunhão com a Paixão.

InFilad. 4

Sede cuidadosos em tomar parte de uma eucaristia. Pois só há uma carne de nosso Senhor Jesus Cristo e um só cálice na unidade do seu sangue; há um único altar, assim como só há um bispo com o presbitério e os diáconos, meus companheiros de serviço. Desse modo, tudo que fizerdes, fazei segundo Deus.

InFilad. 5

Irmãos, meu amor transborda numa grande alegria; gostaria de vos fortalecer, não eu, mas Jesus Cristo. Estou acorrentado a ele, sigo temendo, pois ainda sou imperfeito. Entretanto, vossa oração a Deus poderá me fazer perfeito, a fim de que obtenha minha herança na misericórdia, refugiando-me no evangelho como se fosse à carne de Jesus e nos apóstolos como também no presbitério da Igreja. Amemos os profetas, que também anunciaram o evangelho, esperaram em Deus e Nele colocaram sua esperança. Por crerem Nele, foram salvos, permanecendo na unidade de Jesus Cristo, sendo santos dignos de amor e admiração, sendo aprovados por Jesus e admitidos na Boa-Nova da nossa esperança comum.

InFilad. 6

No caso de alguém do judaísmo vos falar, não o escuteis; pois é melhor ouvir o cristianismo de um homem circuncidado do que ouvir o judaísmo de um incircunciso. Quem não fala a respeito de Jesus Cristo para mim é túmulo de mortos, nos quais se escrevem apenas nomes de homens. Fugi dos maus artifícios e dos engodos do príncipe mundano para que não tenhais o pensamento embaralhado por ele e não enfraqueçais vosso amor. Tornai-vos uma coisa só, um coração único. Dou graças ao meu Deus por estar com a consciência tranquila a vosso respeito e porque ninguém poderá se vangloriar, em público ou em particular, que eu tenha sido um fardo maior ou menor. A todos a quem falei, espero que não o recebam como testemunho contra si mesmos.

InFilad. 7

Quiseram me enganar na carne, mas o espírito que vem de Deus não se engana. Ele sabe de onde vem e para onde vai, pois revela os segredos. Eu estava no meio de vós e gritei com a voz de Deus: "Permanecei unidos ao bispo, ao presbitério e aos diáconos!". Houve quem suspeitasse que eu estava prevendo divisões, mas Aquele pelo qual me acorrento é minha testemunha que não o soube por meio da carne. Foi o Espírito que anunciou: "Não façais nada sem o bispo, guardai vosso corpo como templo de Deus, amai a união, fugi das divisões, sede imitadores de Jesus Cristo, como ele é de Seu Pai".

InFilad. 8

Fiz tudo como homem que age pela unidade que em mim habita. Deus não habita onde existe divisão e cólera. Mas o Senhor perdoa a todos os que se arrependem, se, ao se arrepender, voltam à unidade de Deus e ao sinédrio do bispo. Creio na graça de Jesus Cristo que livrará a todos do cárcere. Clamo que não façais nada com espírito de vingança, mas conforme os ensinamentos de Cristo. Escutei de alguns: "Se eu não vejo isso nos papéis, não devo crer no evangelho". Quando lhes alertei que estava escrito, responderam que precisava provar. Creio que o papel é Jesus Cristo, meus papéis invioláveis são Sua cruz, Sua morte, Sua ressurreição e a fé por intermédio Dele. Assim desejo ser justificado, mediante vossas orações.

InFilad. 9

Os sacerdotes eram bons, especialmente o Sumo Sacerdote, a quem confiaram o Santo dos Santos; a ele foram confiados os segredos de Deus. Ele é a porta do Pai, por onde entraram Abraão, Isaque e Jacó, os profetas, os apóstolos e a Igreja. Tudo isso se combina na unidade de Deus. O evangelho, porém, tem algo além que é especial: a vinda do Salvador, nosso Senhor Jesus Cristo, Sua paixão e ressurreição. Os amados profetas O anunciaram, e a Boa-Nova é a prova da incorruptibilidade. Tudo é igualmente bom quando se acredita no amor.

InFilad. 10

Chegou a mim que, graças à vossa oração e à misericórdia que tendes em Cristo Jesus, a Igreja de Antioquia da Síria está em paz. Como Igreja de Deus, a nós convém eleger um diácono e que eu vá até lá como mensageiro de Deus, para me alegrar com os que estão reunidos, e glorificar o nome. Será feliz em Jesus Cristo aquele que for julgado digno de tal serviço, e também será glorificado. Para quem assim deseja, não será impossível fazê-lo em nome de Deus, assim como ocorreu nas Igrejas próximas, como aquelas que enviaram seus bispos, outras seus presbíteros e diáconos.

InFilad. 11

Quanto a Fílon, o diácono da Cilícia, homem legitimado que agora me auxilia na Palavra de Deus com Reo Agatópodo, homem eleito que renunciou à vida da terra e me acompanha desde a Síria, eles dão testemunho. Agradeço a Deus porque os recebestes, como o Senhor os recebeu. Aqueles que não os honraram que possam ser perdoados pela graça de Jesus Cristo. Saúdo com o amor dos irmãos que estão em Trôade, de onde escrevo, por intermédio de Burrus, enviado pelos efésios e esmirniotas para me honrarem. Eles também serão honrados pelo Senhor Jesus Cristo, pois esperam na carne, na alma e no espírito, na fé, no amor e na harmonia. Passai bem em Cristo Jesus, nossa esperança comum.

EPÍSTOLA DE INÁCIO AOS ESMIRNIOTAS

InEsmir. Prólogo

Inácio, também chamado Teóforo, à Igreja de Deus Pai e de Seu filho amado Jesus Cristo, que obteve por misericórdia todos os dons, repleta de fé e amor, à qual não falta nenhum dom, caríssima a Deus, portadora dos objetos sagrados, que está em Esmirna na Ásia, as melhores saudações, com o espírito irrepreensível e com a palavra de Deus.

InEsmir. 1

Dou graças a Jesus Cristo, que vos tornou tão sábios. Constatei que sois perfeitos na fé imutável, pareceis pregados na carne e no espírito à cruz de Jesus Cristo e confirmados no amor do Seu sangue. Estão plenamente convencidos de que o nosso Senhor é da descendência de Davi segundo a carne, Filho de Deus segundo a vontade e o poder de Deus, nascido da virgem, batizado por João, para que toda a justiça fosse cumprida por Ele. Em nosso favor Ele foi pregado em Sua carne, sob Pôncio Pilatos e o tetrarca Herodes. É graças a esse fruto, à Sua bendita paixão, que nós existimos, para erguer para sempre um estandarte pela ressurreição aos Seus santos e fiéis, tanto judeus como pagãos, no corpo da unidade da Sua Igreja.

InEsmir. 2

O sofrimento Dele foi para nos salvar. Ele sofreu e ressuscitou verdadeiramente. Não apenas na aparência, como dizem certos incrédulos. São eles que existem apenas na aparência. Se assim pensam, acontecerá a eles ficarem sem os corpos e semelhantes a espíritos.

InEsmir. 3

Quanto a mim, acredito e sei que Ele estava na sua carne mesmo após a ressurreição. Quando veio a Pedro e aos que estavam com ele, disse-lhes: "Pegai, tocai e vede que eu não sou espírito sem corpo". Imediatamente eles O tocaram, no contato com Sua carne e em Seu espírito, por isso acreditaram. Por isso também desprezaram a morte e foram reconhecidos como superiores a ela. E, depois da ressurreição, Ele comeu e bebeu junto a eles, como um ser de carne, embora espiritualmente unido ao Pai.

InEsmir. 4

Irmãos amados, eu vos recomendo essas coisas, sabendo que temos o mesmo pensamento. Preciso, porém, fazer com que fiqueis de sobreaviso contra as feras em forma humana. Não deveis recebê-las nem mesmo encontrá-las, se possível. Apenas orai por elas para que se convertam, mesmo que seja difícil. Lembrai que Jesus Cristo tem poder, Ele é nossa verdadeira vida. Vede que, se isso foi realizado apenas em aparência por nosso Senhor, eu também estaria acorrentado em aparência. Por que me entregaria à morte, ao fogo, à espada, às feras? Mas ficar perto da espada, ficar perto de Deus; ficar próximo às feras, ficar próximo a Deus. Que seja somente em nome de Jesus Cristo, para sofrer com Ele. Suporto tudo, visto que Ele me dá forças, que Ele se fez homem perfeito.

InEsmir. 5

Alguns o negam por ignorância, na verdade foram renegados por Ele por serem advogados da morte, e não da verdade. Esses não se converteram com as profecias, nem com a lei de Moisés, nem hoje com o evangelho, nem com os sofrimentos de cada um de nós, sendo que professam a nós essa mesma opinião. De que me vale um homem louvar-me, quando blasfema contra meu Senhor, não confessando que Ele assumiu a carne? Quem não professa isso, nega-O por completo e carregará consigo um cadáver. Os nomes deles não nos interessa escrever, pois são infiéis; preferiria me esquecer deles, até que se convertam à paixão, que é a nossa ressurreição.

InEsmir. 6

Ninguém deve se iludir. Mesmo os poderes celestes e a glória dos anjos, os arcontes visíveis e invisíveis sentirão seu julgamento, caso não creiam no sangue de Cristo. Que o bom entendedor compreenda. Que ninguém exalte sua posição, pois o essencial é a fé e o amor, nada é preferível a eles. Considerem bem sua oposição ao pensamento de Deus aqueles que ainda estão presos a doutrinas heterodoxas a respeito da graça de Jesus Cristo que veio a nós. Eles não dão a devida importância à obrigação da caridade nem se interessam pela viúva, pelo órfão, pelo oprimido, pelo prisioneiro, pelo que padece de fome ou sede.

InEsmir. 7

Eles recusam o dom de Deus e morrem na disputa. Seria bem mais útil se praticassem a caridade para também ressuscitarem. Convém que mantenhamos distância dessas pessoas e que não mais falemos delas em particular e em público. Vamos dar toda atenção aos profetas, especialmente ao evangelho, pois aí foi revelada a paixão e se consumou a ressurreição.

InEsmir. 8

Segui o bispo como Jesus Cristo ao Pai. Segui o presbitério como aos apóstolos. Acatai os diáconos como à lei de Deus. Que ninguém faça sem o bispo coisas relacionadas à Igreja. Tratemos como legítima somente a eucaristia feita sob a presidência do bispo ou de seu subordinado. Onde quer que o bispo esteja, que sua comunidade o acompanhe, assim como a presença de Cristo Jesus também nos assegura a presença da Igreja Católica. Sem o bispo, não será permitido batizar ou celebrar o ágape. Tudo que ele aprovar é agradável também a Deus, assim sempre estaremos fazendo algo seguro e legítimo.

InEsmir. 9

É sempre bom que despertemos para a sobriedade a fim de nos arrepender e nos voltar para Deus enquanto é tempo. É bom reconhecer Deus e o bispo. Aqueles que honram o bispo estão honrando a Deus, já os que fazem algo escuso ao bispo prestam culto ao diabo. Assim, haverá graça abundante, pois sois merecedores. Vós me confortastes em tudo, e Jesus Cristo há de vos confortar. Recebi provas do vosso carinho na minha presença e na minha ausência. Deus vos recompense; por amor Dele, se suportardes tudo, chegareis até sua presença.

InEsmir. 10

Fizestes bem em receber a Fílon e Reos Agátopos, como diáconos de Cristo-Deus, que pela causa de Deus me seguiram. Eles rendem graças ao Senhor por vós, porque os confortastes em tudo. Nada disso será perdido. Dou como preço de resgate meu espírito e minhas algemas, pois não as desprezaram e não se envergonharam delas. Por isso Jesus Cristo também não se envergonhará de vós, Ele que é a fé perfeita.

InEsmir. 11

Vossa oração beneficiou a Igreja de Antioquia na Síria, de onde vim preso com grilhões ao agrado de Deus. A todos de lá saúdo, embora eu mesmo não seja digno dela por ser um insignificante dentre eles. Mas, pela vontade de Deus, fui aceito como digno não pela minha consciência justa, mas pela graça de Deus. Desejo que ela continue a ser-me concedida em perfeição, para que em minhas orações eu possa encontrar a Deus. No entanto, para que Sua obra se complete perfeita, tanto na terra como no céu, é providencial que a vossa Igreja, para honra de Deus, escolha um embaixador que vá à Síria e lá os felicite, pois eles conseguiram gozar de paz, e assim readquiriram sua grandeza, sendo-lhes restaurado o corpo. Vejo que seria de grande virtude que enviásseis um dos de vosso povo com uma carta, para celebrardes em comunhão com eles a paz que lhes foi concedida conforme a vontade de Deus e porque já chegaram ao porto, graças às vossas orações. Visto que sois perfeitos, que vossos conselhos também sejam perfeitos; pois, se pretendeis fazer o bem, Deus está pronto a vos conceder os meios.

InEsmir. 12

O amor dos irmãos de Trôade vos saúda, de onde escrevo por intermédio de Burros, que foi enviado juntamente com os efésios, seus irmãos, para me fazer companhia. Ele me trouxe bom ânimo. Todos deveriam imitá-lo como exemplo no serviço de Deus. Sei que a graça o recompensará em todos os sentidos. Saúdo ao vosso bispo, digno de Deus, e a vosso presbitério, de toda forma agradável a Deus, aos diáconos, meus companheiros de serviço, a cada um e a todos, em nome de Jesus Cristo, na Sua carne e no Seu sangue, em Sua paixão e ressurreição, que foi corporal e espiritual, na unidade de Deus e na vossa. Sejam convosco a graça, a misericórdia, a paz e a paciência para todo o sempre.

InEsmir. 13

Saúdo as famílias de meus irmãos, com suas esposas e seus filhos e com as virgens, chamadas viúvas. Passai bem na força do Pai. Saudações da parte de Fílon, que está comigo. Meus cumprimentos à família de Tavia, a quem desejo que se fortaleça na fé e na caridade, corporal e espiritual. Saudações a Alceu, nome que me é tão querido, a Dafnos, o incomparável, e a Eutecno. Enfim, a todos nominalmente. Passai bem na graça de Deus.

EPÍSTOLA DE INÁCIO A POLICARPO

InPol. Prólogo

Inácio, também chamado Teóforo, a Policarpo, bispo da Igreja dos esmirniotas, àquele que tem como bispo a Deus-Pai e ao Senhor Jesus Cristo, os melhores votos de felicidades.

InPol. 1

Acolhendo teus sentimentos em Deus, com exaltação me rejubilo, vendo que eles estão fundados numa rocha inabalável. Também por ter sido achado digno de contemplar teu rosto puro, felicidade que só poderia se perpetuar em Deus. Pela graça com a qual estás revestido, te exorto a avançar em teu caminho e peço que faças o mesmo com os outros, para que se salvem. Justificando tua posição, empenhando-te física e espiritualmente. Cuida da unidade, nada é melhor do que ela. Promove a todos como o Senhor te promoveu. Suporta tudo com amor, como já estás fazendo. Estejas disposto a orar sempre e continuamente, pede mais inteligência do que já recebeste, sê vigilante, dono de um espírito sempre alerta. Fala com o próximo várias vezes, à maneira de Deus. Carrega as enfermidades de todos como atleta consumado. Quanto maior o labor, maior o lucro.

InPol. 2

Não será teu mérito o agrado aos bons discípulos. Antes, traz primeiro com doçura os contaminados à submissão. Nem toda ferida se cura com o mesmo emplastro. Nas crises violentas, usamos compressas úmidas para acalmar. Sê prudente como a serpente a cada momento e sempre inocente como a pomba. Por isso somos seres de carne e espírito, podemos atrair ao rosto o que aparece diante dos olhos. Roga que as coisas invisíveis sejam reveladas a ti, para que não te falte nada e tenhas toda graça em abundância. Agora tua presença é obrigatória para chegares a Deus, assim como os pilotos anelam pelos ventos e os açoitados da tempestade pelo porto. Sê sóbrio como atleta de Deus. O prêmio é a incorruptibilidade e a vida eterna, disso já estás convencido. Em todos os sentidos, eu e minhas cadeias, queridas para ti, somos teu resgate.

InPol. 3

Não permitas que aqueles que parecem razoáveis e contudo ensinam doutrinas estranhas te desanimem. Permanece firme como uma bigorna sob os golpes. Todo grande atleta recebe pancadas até vencer. Não tenhas dúvida de que teremos que suportar tudo por Deus, para que Ele possa nos suportar. Torna-te ainda mais zeloso contigo, aprende a reconhecer os tempos. Tem paciência de aguardar o que está acima do oportunismo, o que é atemporal, o invisível que na fé se fez visível, o impalpável, o incorruptível que por nós se fez corromper, aquele que por nós sofreu!

InPol. 4

Não deixes as viúvas esquecidas de tua atenção. Depois do Senhor, faze tudo o que puderes por elas. Que nada seja feito sem o teu consentimento, nem faças nada sem o consentimento de Deus, como de fato não fazes. Continua firme. Que as reuniões sejam frequentes, vai à procura de todos, um por um. Não trates com arrogância os escravos e escravas, que eles se afastem do orgulho e sirvam com mais dedicação para a glória de Deus, e assim consigam alcançar a liberdade. Que não se inflamem querendo libertar-se à custa da comunidade, pois assim estariam a se tornar escravos da cobiça.

InPol. 5

Foge do trabalho indigno, prega contra ele. Fala às irmãs que amem ao Senhor e se contentem com os maridos na carne e no espírito. E, em nome de Jesus Cristo, também recomenda aos irmãos que amem suas esposas como o Senhor ama a Igreja. Pois, se alguém for capaz de perseverar na castidade em honra da carne do Senhor, conseguirá perseverar sem orgulho. Se não conseguir, está perdido; e, se quiser ser maior que o bispo, é porque está corrompido. É de boa-fé que os homens e as senhoras se casem contraindo união com o consentimento do bispo, assim o casamento se realizará segundo o Senhor, e não conforme a paixão. Que tudo seja feito para a honra de Deus.

InPol. 6

Dai atenção ao bispo, e Deus também vos dará atenção. Ofereço-me como resgate para aqueles que atendem ao chamado do bispo, dos presbíteros e diáconos. E que me seja concedido ter parte com eles na presença de Deus. Permanecei uns ao lado dos outros na labuta, lutai juntos, correi, sofrei, dormi, acordai unidos como administradores de Deus, e como seus assessores e servos. Procurai agradar àquele que lutou como estandarte e de quem igualmente recebestes o pagamento. Não deixeis entrar um desertor entre vós. Vosso batismo será como escudo, a fé como capacete, o amor como lança, a paciência como armadura. Vossos fundos de reserva são vossas obras, que podereis receber um dia como vencimentos devidos. Sede magnânimos uns com os outros na doçura, como Deus é convosco. Que possais ser sempre minha alegria.

InPol. 7

Uma vez que soube que a Igreja em Antioquia da Síria goza de paz, graças a vossas orações, eu me encorajo mais na confiança em Deus, pois me encontrarei com Ele pelo sofrimento, e no dia da ressurreição poderei ser contado como Seu discípulo por vossa intercessão. É conveniente, ó abençoado Policarpo, convocar um conselho divino e escolher alguém que seja querido e incansável para que possa ser mensageiro de Deus, para que ele viaje para a Síria e celebre sua caridade incansável para a glória de Deus. Um cristão não tem poder sobre si, mas fica à disposição de Deus. Essa obra é de Deus e vossa, se a levardes até o fim. Fico confiante na graça que estais prontos para uma boa obra em conformidade com Deus. Conhecendo vosso zelo pela verdade, eu vos exortei nessas poucas linhas.

InPol. 8

Uma vez que não pude escrever a todas as Igrejas, por ter que partir apressadamente de Trôade para Nápoles, como manda a vontade de Deus, peço que tu escrevas às Igrejas do Oriente, pois possuis o espírito de Deus, a fim de que elas também façam o mesmo. Aquelas que podem, que enviem mensageiros às outras por cartas por intermédio de enviados teus. Assim, sereis enaltecidos por uma obra imperecível, como bem mereceis. Saudações a todos e especialmente à viúva de Epítropos, com a família e os filhos. Saudações a Átalo, meu amigo, e àquele que for visto como digno de viajar à Síria. A graça estará sempre com ele e com Policarpo, que o envia. Faço votos de que passeis bem em nosso Deus Jesus Cristo, no qual haveis de permanecer em união com Deus e o bispo. Saudações a Alceu, que me é tão caro. Passai bem no Senhor.

EPÍSTOLA DE POLICARPO

PolFil. Prólogo

Eu, Policarpo, e os presbíteros que estão junto a mim, à Igreja de Deus que está em Filipos. Pedimos que a piedade e a paz do Todo-Poderoso Deus e do Senhor Jesus Cristo, nosso Salvador, vos sejam multiplicadas.

PolFil. 1

Alegra-me grandemente vos ver em nosso Senhor Jesus Cristo, pois tendes seguido o exemplo do verdadeiro amor como mostrado por Deus. Acompanho todos aqueles que estão acorrentados com os ornamentos dos santos, que são de fato os diademas dos verdadeiros eleitos de Deus e de nosso Senhor. Porque as fortes raízes de vossa fé, durante esse tempo transcorrido, suportaram firmes e trouxeram frutos a nosso Senhor Jesus Cristo, que por nossos pecados sofreu até a morte, mas Deus ressuscitou da morte, tendo soltado as amarras do túmulo. Mesmo não o vendo, acreditais e, acreditando, vos regozijais com inexprimível alegria e cheios de glória, alegria na qual muitos desejam entrar. Sabeis que é pela graça que sois salvos, não pelas obras, mas pela vontade de Deus por intermédio de Jesus Cristo.

PolFil. 2

Portanto, abraçai a causa e servi ao Senhor no temor e na verdade, renunciando ao que é inútil, às conversas vãs e aos erros da multidão, e acreditai naquele que ressuscitou nosso Senhor Jesus Cristo da morte e lhe deu a glória e um trono à sua direita. A Ele todas as coisas no céu e na terra estão subordinadas. A Ele todo espírito deve servir. Ele é o juiz dos vivos e dos mortos. Deus pedirá contas do sangue Dele aos que não acreditam Nele. Aquele que ressuscitou dos mortos também nos ressuscitará, se fizermos Sua vontade e seguirmos Seus mandamentos, amando o que Ele amou, abstendo-nos de toda injustiça, arrogância, amor ao dinheiro, murmurações, falsos testemunhos, não pagando mal com mal, injúria com injúria, golpe com golpe, maldição com maldição. Sejamos misericordiosos, pois o Senhor disse em Seus ensinamentos: "Não julgueis para não serdes julgados, perdoai e sereis perdoados, sede misericordiosos e alcançareis misericórdia; pois com a medida que medirdes sereis medidos". E uma vez mais: "Abençoados são os pobres e os perseguidos por causa da verdade, pois deles é o reino de Deus".

PolFil. 3

Não é por mim mesmo, irmãos, que falo de justiça, mas porque foi o vosso primeiro pedido. Pois nem eu nem ninguém chegamos à sabedoria do abençoado e glorificado Paulo. Ele, em vossa companhia, comunicou com exatidão e força a palavra da verdade na presença dos vivos. E, quando nos deixou, escreveu-vos uma carta, que, se a estudardes com cuidado, podereis ser edificados na fé que vos foi dada, que é a mãe de todos nós, seguida pela esperança e pelo amor para com Deus e Cristo, assim como para com o próximo. Todo aquele que permanecer nessas virtudes terá cumprido os mandamentos da justiça, pois quem permanece no amor está longe de todo pecado.

PolFil. 4

O amor pelo dinheiro é a raiz de todos os males. Sabendo que não trouxemos nada ao mundo e que também não podemos levar nada ao deixá-lo, protejamo-nos com as armas da justiça e aprendamos, antes de tudo, a caminhar nos mandamentos do Senhor. Ensinem também suas esposas a caminhar com fé, na caridade e na pureza, amando ternamente seus maridos com toda a fidelidade e amando a todos igualmente na castidade. Que elas eduquem suas crianças no conhecimento e no temor a Deus. Que as viúvas tenham discrição, conforme a fé de nosso Senhor, orem continuamente por todos, permaneçam longe de toda calúnia, murmuração, falso testemunho, amor ao dinheiro e de todo o mal. Sabendo que elas são o altar de Deus, que vê todas as coisas, pois nada se esconde Dele, nem raciocínios, nem pensamentos, nem as coisas secretas do coração.

PolFil. 5

Sabendo, portanto, que Deus não mente, precisamos caminhar dignos de Seus mandamentos e de Sua glória. Isso também se dá com os diáconos, que devem ser inocentes na presença da justiça divina, pois são servos de Deus e de Cristo, e não dos homens. Não devem ser caluniadores, falsos ou amantes do dinheiro, mas temperados em tudo, misericordiosos, diligentes, andando de acordo com os mandamentos do Senhor, que se tornou um servo (diácono) de todos nós. Se formos bons imitadores no presente, poderemos receber o mundo vindouro, conforme Sua promessa de que nos ressuscitará da morte, se vivermos de forma digna Dele. Reinaremos ao Seu lado se deveras tivermos fé. Faça-se o mesmo com os jovens, que devem ser irrepreensíveis em tudo, especialmente cuidadosos ao preservar a pureza e ao se manterem como se tivessem um freio, longe do mal. Pois é bom que eles cortem fora toda a luxúria que existe neste mundo, todo desejo da carne que luta contra o Espírito. E nenhum fornicador, nem efeminado, nem aquele que abusa de si mesmo com os outros terão parte no reino de Deus, nem quem faz ações inconsistentes e indevidas. Por isso, é preciso que se abstenham de tudo isso, permaneçam obedientes aos presbíteros e diáconos, assim como a Deus e a Cristo. As virgens devem andar com uma consciência inocente e pura.

PolFil. 6

Os presbíteros devem ser compassivos e misericordiosos com todos, trazendo de volta aqueles que saíram do caminho reto, visitando os doentes, sem desprezar a viúva, o órfão ou o pobre. Ao contrário, devem sempre provê-los do que é bom diante de Deus e dos homens, abstendo-se de toda cólera, respeitando as pessoas, não fazendo julgamentos injustos, mantendo-se longe de toda cobiça, sem pensar mal de ninguém, sem severidade nos julgamentos, sabendo que nós todos estamos em débito quanto ao pecado. E, se suplicamos ao Senhor para nos perdoar, também devemos perdoar aos outros, pois estamos diante dos olhos de nosso Senhor e Deus, e deveremos comparecer ao tribunal do Cristo para prestar conta do que fizemos. Por isso, devemos servir a Ele com temor e com toda reverência, conforme Ele mesmo ordenou, da mesma maneira que os apóstolos nos ensinam no evangelho e os profetas que proclamam a vinda do Senhor. Sejamos zelosos na busca do bem, mantendo distância das causas ofensivas, dos falsos irmãos e daqueles que de maneira hipócrita proclamam o nome do Senhor, fazendo os homens insensatos caírem no erro.

PolFil. 7

"Aquele que não confessa Jesus Cristo encarnado é um anticristo." Aquele que não confessa o testemunho da cruz é do demônio. Aquele que perverte as profecias do Senhor para sua própria satisfação, dizendo que não há ressurreição ou julgamento, será o primeiro nascido de satanás. Por isso abandonemos os discursos vãos das multidões e suas falsas doutrinas, voltemos aos ensinamentos que nos foram dados desde o princípio, permanecendo sóbrios com a oração, perseverando no jejum, suplicando em nossas orações ao Deus que tudo vê para que não nos deixe cair em tentação, pois o Senhor disse: "O espírito está pronto, mas a carne é fraca".

PolFil. 8

Continuemos perseverando em nossa esperança, nas primícias da justiça do Senhor Jesus Cristo, que carregou nossos pecados em Seu próprio corpo no madeiro da cruz, que não cometeu pecado nem foi achada falsidade em Sua boca, mas suportou todas as coisas por nós, para que assim pudéssemos viver Nele. Sejamos imitadores de Sua paciência. Se sofrermos pelo nome Dele, seremos glorificados Nele. Pois este é o exemplo que Ele mesmo deixou e em que nós cremos.

PolFil. 9

Eu vos exorto a obedecerdes atenciosamente à palavra da justiça e a exercitardes a paciência, assim como tendes visto por vós mesmos os casos dos abençoados Inácio, Zózimo e Rufo, e muitos outros que estão entre vós, o próprio Paulo e o restante dos apóstolos. Fazei isso com a certeza de que não caminhastes em vão, mas com a fé, a justiça e a confiança de que eles estão agora no lugar que lhes foi reservado na presença do Senhor, com quem eles também sofreram. Eles não amaram o presente, mas aquele que morreu por nós e que foi ressuscitado por Deus.

PolFil. 10

Permanecei nesse caminho e segui o exemplo do Senhor, sendo firmes e imutáveis na fé, amando o próximo, e continuai unidos uns aos outros, gozando juntos da verdade, mostrando a mansidão do Senhor nas suas relações com o próximo, sem desprezar ninguém. Quando puderdes fazer o bem, não o postergueis, pois é a esmola que livra da morte. Todos estão comprometidos uns com os outros. Tende uma conduta justa entre os gentios, para que recebais em dobro a recompensa de vossas boas obras e para que o Senhor não seja blasfemado por vossa causa. Mas pobre daquele que blasfema o nome do Senhor! Ensinai, portanto, a sobriedade a todos e manifestai-a em vossa conduta.

PolFil. 11

Estou muito triste por Valente, que foi presbítero entre vós, pois ele não entendeu completamente o cargo que foi lhe dado na Igreja. Gostaria de estimular-vos a vos afastardes da avareza, para que sejais castos e verdadeiros. Abstende-vos de todo tipo de mal. Pois, se um homem não consegue se governar nesses assuntos, como pode ensiná-los aos outros? Se um homem não se mantém longe da avareza, será desonrado pela idolatria e julgado como um dos pagãos. Quem ignora o julgamento do Senhor? Não aprendemos que os santos julgarão o mundo, conforme Paulo ensinou? Mas não vi nem ouvi nada semelhante entre aqueles com quem Paulo trabalhou e que foram louvados no início de sua epístola. É fato que ele vos elogia diante de todas as Igrejas que nessa época conheciam o Senhor, pois nós, de Esmirna, ainda não O conhecíamos. Sinto-me profundamente entristecido, irmãos, por Valente e por sua esposa, aos quais o Senhor ainda pode conceder um verdadeiro arrependimento! Sede sóbrios em relação a esse assunto e não os olheis como inimigos, mas chamai-os de volta como membros sofredores e perdidos, pois devemos salvar todo o corpo. Agindo assim, edificareis uns aos outros.

PolFil. 12

Por tudo isso acredito que estais bem versados nas Sagradas Escrituras e que não há segredos para vós. Mas para mim esse privilégio não está garantido. Pois está declarado nas Escrituras: "Irai-vos e não pequeis, e não deixeis que o sol se ponha sobre vossa ira". Feliz é quem se lembra disso, o que, eu acredito, seja o vosso caso. Que o Deus e Pai de nosso Senhor Jesus Cristo, que é o Filho de Deus e nosso eterno pontífice, edifique-vos na fé e na verdade em toda mansidão, gentileza, paciência, magnanimidade, tolerância e pureza. Que Ele vos dê parte de Sua herança entre os santos e aos que estão convosco, e a todos os que estão debaixo do céu, que creem em nosso Senhor Jesus Cristo e em Seu Pai, que O ressuscitou dos mortos. Orai por todos os santos. Orai também pelos reis, pelas autoridades, pelos príncipes, por aqueles que vos perseguem e vos odeiam e pelos inimigos da cruz, para que vosso fruto seja manifestado a todos e que sejais perfeitos nele.

PolFil. 13

Escrevestes para mim, vós mesmos e Inácio, pedindo que, se alguém fosse daqui para a Síria, vos levasse a carta. Atenderei essa requisição se encontrar uma boa oportunidade, pessoalmente ou por meio de outro que nos sirva de mensageiro. Quanto às cartas de Inácio, as que ele nos enviou e as outras que pudemos ler aqui, iremos enviá-las como pediram. Estão anexas. Podereis encontrar nelas grande utilidade, pois encerram fé, paciência e toda edificação relativa a nosso Senhor. Qualquer outra informação que conseguirdes a respeito de Inácio e daqueles que estão com ele, tende a gentileza de nos informar.

PolFil. 14

Essas coisas vos tenho escrito por intermédio de Crescente, a quem recentemente vos recomendei e agora vos recomendo novamente, pois ele tem crescido irrepreensível entre nós e creio que será da mesma maneira convosco. Também ireis receber sua irmã quando ela aí chegar. Que a graça de Nosso Senhor Jesus Cristo esteja com todos vós. Amém.

A CARTA DOS ESMIRNIOTAS OU O MARTÍRIO DE POLICARPO

MartPol. Prólogo

À Igreja de Deus estabelecida em Esmirna, à Igreja de Deus estabelecida em Filomélia e a todas as comunidades da Igreja santa e universal, onde quer que estejam; a misericórdia, a paz e a caridade de Deus Pai, de Jesus Cristo Nosso Senhor se multipliquem em vós.

MartPol. 1

Escrevemos, irmãos, a respeito dos mártires e do bem-aventurado Policarpo, cujo martírio foi o selo final, que pôs termo à perseguição. Na verdade, quase todos os acontecimentos anteriores se efetuaram para que o Senhor nos mostrasse do céu o exemplo de martírio conforme o evangelho. Policarpo esperou tranquilamente ser entregue, como o Senhor, para que aprendêssemos com seu exemplo a não nos preocupar somente conosco, mas também com os interesses do próximo. Realmente, a caridade verdadeira e firme consiste em não desejar apenas a própria salvação, mas a dos irmãos.

MartPol. 2

Vemos como são abençoados e nobres esses martírios que se deram conforme a vontade de Deus. Pois é nosso dever piedoso atribuir tudo ao poder de Deus. Afinal, quem não admira a generosidade dos mártires, sua paciência e seu amor ao Mestre? Dilacerados pelos açoites a ponto de se tornar visível a estrutura íntima da carne, das veias e das artérias, suportaram tudo com tal firmeza que os espectadores se compadeciam e choravam. No entanto, eles chegaram a tanto heroísmo que não se ouviu deles um grito nem se viu uma lágrima. Assim, esses generosos mártires de Cristo mostraram que naquela hora em que sofriam não estavam mais no corpo, mais ainda, que o próprio Cristo estava presente e falando com eles. Confiando unicamente na graça do Cristo, desprezaram os sofrimentos do mundo, adquirindo, por uma hora de tormento, o resgate do castigo eterno. O fogo dos algozes cruéis parecia-lhes frio, pois, querendo fugir do fogo que não se apaga, fitavam com os olhos do coração os bens reservados aos que perseveram até o fim. Viam assim "os bens que o ouvido não ouviu, os olhos não viram nem subiram ao coração do homem", mas que o Senhor lhes mostrava porque já não eram homens, e sim anjos. Com a mesma coragem, outros enfrentaram sofrimentos horríveis, foram lançados às feras, estirados sobre conchas marinhas, torturados por toda sorte de suplícios, tendo o castigo prolongado pelo tirano, para tentar induzi-los a negar a fé.

MartPol. 3

Graças a Deus, porque Ele prevaleceu contra todos. Pois Germânico saiu fortalecido com heroica resistência de seu maravilhoso combate com as feras, que era a covardia dos outros. Querendo o cônsul persuadi-lo a ter compaixão da sua juventude, Germânico, ele, ao contrário, excitou a fera contra si mesmo com pancadas, na ânsia de livrar-se quanto antes da convivência daquela gente injusta e criminosa. Por isso o povo, espantado diante do heroísmo dos cristãos, dessa raça que ama a Deus e é amada por Ele, gritou: "Abaixo os ateus! Tragam Policarpo!".

MartPol. 4

No entanto, um homem chamado Quinto, um frígio recentemente chegado da Frígia, ao deparar-se com as feras, acovardou-se. Ele tinha desafiado espontaneamente o poder público e incitado outros a fazer o mesmo. Mas não resistiu às solicitações repetidas do procônsul, jurou e ofereceu incenso. Eis, irmãos, o motivo de não louvarmos os que se entregam espontaneamente, uma vez que não é isso que o evangelho ensina.

MartPol. 5

Policarpo foi o mais admirável, não se perturbou ao receber essa notícia e quis permanecer na cidade. Muitos, entretanto, o persuadiram a retirar-se. Ele foi para uma pequena casa de campo, pouco distante, onde permaneceu com alguns amigos, nada fazendo senão rezar dia e noite por todos e por todas as igrejas, conforme seu hábito. E, quando rezava, teve uma visão, três dias antes de ser preso. Viu seu travesseiro pegando fogo. Voltando-se para os que estavam com ele, disse: "Devo ser queimado vivo".

MartPol. 6

Como prosseguiram suas buscas, Policarpo foi transferido para outra casa de campo. Logo depois chegaram seus perseguidores, mas não o acharam. Então prenderam dois jovens escravos, e um deles, após longa tortura, deu-lhes a indicação. Assim, ele não poderia mais escapar, pois tinha traidores em sua própria casa. O chefe de polícia, que com razão tinha o nome de Herodes, apressou-se em conduzir Policarpo ao estádio. Foi assim que Policarpo obteve sua parte na herança do Cristo a quem havia se apegado. Ao passo que os traidores participaram do castigo de Judas.

MartPol. 7

Era sexta-feira, mais ou menos hora da ceia, quando partiram os perseguidores com um exército de Cavalaria, armados na forma habitual, como se procurassem um ladrão. Como guia havia um escravo. Chegando pela madrugada encontraram Policarpo no primeiro andar da pequena casa. Ele poderia ter buscado outro refúgio, mas não quis, e disse: "Seja feita a vontade de Deus". Informado da presença dos soldados, desceu e conversou com eles, que ficaram pasmos ao ver sua idade e sua calma. Perguntaram entre si por que capturar com tanto empenho um senhor idoso como aquele. Policarpo, entretanto, mandou servir-lhes comida e bebida à vontade. Pediu-lhes apenas o prazo de uma hora para rezar. Sendo atendido, começou a orar em pé, e a graça divina transbordava dele de tal maneira que, pelo período de duas horas, não pôde interrompê-la. Todos os que ouviram se espantaram, e muitos se arrependeram de perseguir a um senhor de idade tão pleno do amor de Deus.

MartPol. 8

Concluída a oração, na qual se lembrara de todos os que havia conhecido, grandes e pequenos, nobres e humildes, da Igreja Católica e de toda parte do mundo, chegou o momento da partida. Montado em um jumento, foi conduzido para a cidade, já na manhã do grande sábado. Vieram ao seu encontro Herodes, o chefe de polícia, e o pai dele, Niceto, que se sentaram com ele no carro para tentar persuadi-lo: "Que mal pode haver em dizer: César é Senhor, oferecer um sacrifício e falar mais algumas coisas que se seguem para salvar-se?". A princípio ele não respondeu, mas, como insistiam, ele disse: "Não farei o que me aconselham!". Perdida, assim, a esperança de seduzi-lo, insultaram-no com palavras ameaçadoras e jogaram-no do carro com tanta precipitação que feriu a perna na queda. Policarpo nem sequer olhou para trás, apenas prosseguiu de imediato e depressa o caminho para o estádio, como se nada houvesse sofrido. Lá, reinava tal tumulto que ninguém podia ser ouvido.

MartPol. 9

Quando Policarpo entrou, ouviu-se uma voz do céu: "Coragem, Policarpo, age como homem!". Ninguém viu quem falou, mas a voz foi ouvida pelos irmãos presentes. No momento em que Policarpo chegou e a multidão viu que ele estava preso, aumentou o barulho. Foi levado à presença do procônsul, que iniciou o interrogatório, perguntando se de fato era Policarpo. Recebida a resposta afirmativa, tentou persuadi-lo a renegar a fé: "Respeita a tua velhice". E seguiram-se os argumentos usuais, em tais circunstâncias: "Jura pela sorte de César, renega as tuas ideias e diz: 'Morte aos ateus!'". Policarpo então, voltando-se para a multidão do estádio, fixando firmemente um olhar severo naquela ralé criminosa, elevou a mão contra eles e disse, com os olhos voltados para o céu: "Morte aos ateus". Mas, quando o procônsul insistiu ainda "Faz o juramento e eu te libertarei. Insulta a Cristo!", Policarpo respondeu: "Há oitenta e seis anos que O sirvo e nunca me fez mal algum. Como poderia blasfemar meu Rei e Salvador?".

MartPol. 10

Quando o procônsul insistiu, dizendo "Jura pela sorte de César", replicou Policarpo: "Se esperas em vão que eu vá jurar pela sorte de César, como dizes, e ignoras quem eu sou, ouve o que te digo com franqueza: sou cristão! Se, por acaso, quiseres aprender a doutrina do cristianismo, concede-me o prazo de um dia e me dá uma audiência!". Disse-lhe o procônsul: "Experimenta persuadir o povo". Respondeu-lhe Policarpo: "Julgo que diante de ti devo explicar-me, pois aprendemos a honrar devidamente os príncipes e as autoridades estabelecidos por Deus quando não são nocivos à nossa fé. Quanto àquela gente, porém, não a julgo digna de ouvir minha justificação".

MartPol. 11

Nem com isso o procônsul desistiu: "Tenho feras", disse, "às quais te lanço, se negares a conversão". "Mande-as vir", respondeu Policarpo, "pois é impossível para nós uma conversão do melhor para o pior; o que é bom é poder passar dos males à justiça". De novo o procônsul disse: "Eu te farei consumir pelo fogo, já que desprezaste as feras. A não ser que te arrependas". Policarpo respondeu: "Ameaças a mim com o fogo que arde um momento e logo se apaga. Não conheces o fogo do juízo que há de vir e da pena eterna que queima os inimigos de Deus. Mas por que a demora? Dá a sentença que te apraz!".

MartPol. 12

Proferindo estas e outras palavras, foi inspirado com coragem e alegria, e em seu rosto resplandeceu a graça. Pois o interrogatório não o perturbou, mas fez o procônsul perder a calma. Este mandou então o arauto proclamar por três vezes no estádio: "Policarpo acaba de confessar-se cristão". Mal o tinha anunciado, a multidão de gentios e judeus de Esmirna prorrompeu em gritos furiosos e desenfreados: "Eis o mestre da Ásia, o pai dos cristãos, o blasfemador dos nossos deuses, aquele induz tantos outros a não mais honrá-los com sacrifícios e orações". E assim gritando, exigiram do asiarca Filipe que lançasse um leão sobre Policarpo. Ele se recusou, observando que isso era impossível, pois os combates de feras haviam sido proibidos. Ocorreu imediatamente outra ideia à multidão, que gritava a uma só voz: "Que Policarpo seja queimado vivo!". De fato, era o cumprimento da visão do travesseiro. Ele tinha visto chamas quando estava em oração e, voltando-se para os fiéis que o rodeavam, dissera em tom profético: "Devo ser queimado vivo".

MartPol. 13

Tudo foi feito com rapidez. O povo saiu em busca de lenha nos armazéns e nos banhos, e, como sempre nessas ocasiões, os judeus eram os mais ardorosos. Armada a fogueira, Policarpo despiu suas vestes, desatou o cinto e tentou desamarrar as sandálias, o que já não fazia, pois os fiéis sempre se apressavam em ajudá-lo, no desejo de tocar-lhe o corpo, pois muito antes do martírio já brilhava o esplendor da santidade de sua vida. Rapidamente cercaram-no com as coisas trazidas para o fogo. Quando os algozes quiseram amarrá-lo, disse-lhes: "Deixai-me livre. Quem me dá forças para suportar o fogo também me dará forças para que eu fique sobre ele imóvel sem necessitar deste vosso cuidado".

MartPol. 14

Não o pregaram, mas amarraram-lhe as mãos. Policarpo, com as mãos atadas às costas, cordeiro escolhido tomado de um grande rebanho para o sacrifício, holocausto agradável preparado ao Senhor, olhando o céu, disse: "Senhor, Deus onipotente, Pai de Jesus Cristo, Teu filho amado e bendito, pelo qual Te conhecemos. Deus de toda a família dos justos que vive na Tua presença, eu Te bendigo por me julgares digno deste dia e desta hora, digno de participar no número dos mártires, do cálice do Teu Cristo para a ressurreição da vida eterna do corpo e da alma, na incorruptibilidade do Espírito Santo! Recebe-me, hoje, com eles, na Tua presença como sacrifício agradável e perfeito, e o que para mim reservaste, revela-me e realiza-o, Deus da verdade. Por isso e por tudo eu Te louvo, Te bendigo, Te glorifico por Teu filho, Jesus Cristo, nosso eterno Sumo Sacerdote no céu. Por Ele, com Ele e o Espírito Santo, glória seja dada a Ti, agora e para sempre. Amém".

MartPol. 15

Após pronunciar o amém e completar a oração, os algozes atearam fogo e levantou-se uma grande chama. E nós, a quem foi permitido ver, vimos um prodígio e para anunciá-lo fomos poupados. O fogo tomou uma forma de cúpula, como a vela de um barco batida pelo vento, e envolveu o corpo do mártir por todos os lados. Ele estava no meio não como carne queimada, mas como um pão que se assa ou como ouro sendo refinado na fornalha. Sentimos então um odor suave como o do incenso ou de outra essência preciosa.

MartPol. 16

Vendo, afinal, que o fogo não conseguia consumir o corpo, os ímpios mandaram o executor transpassá-lo com o punhal. E, quando isso foi feito, saiu da ferida tal quantidade de sangue que apagou o fogo. E toda a multidão ficou pasma ao verificar tão grande diferença entre os infiéis e os eleitos. Um destes era certamente Policarpo, o admirável mártir, bispo da Igreja Católica de Esmirna, que em nossos dias foi verdadeiramente apóstolo e profeta pela doutrina, pois toda a palavra saída da sua boca já foi ou será realizada.

MartPol. 17

Mas o invejoso e perverso maligno, que é adversário do povo justo, conhecendo a vida de Policarpo, imaculada desde o começo, e vendo que agora, depois do seu admirável martírio, recebera a coroa da imortalidade e entrara na posse da recompensa eterna, que ninguém poderia mais disputar ou roubar, fez tudo que pôde para impedir que seu corpo fosse levado por nós, embora muitos desejassem possuir seus santos despojos. O maligno sugeriu a Niceto, pai de Herodes e irmão de Alceu, que fosse ao governador pedir-lhe que não entregasse o corpo. "Seriam capazes", disse Niceto, "de abandonar o crucificado, para adorar a Policarpo"! Ele disse isso instigado e apoiado pelos judeus, que nos espiavam quando queríamos tirar o corpo do fogo. Ignoravam que nunca poderemos abandonar o Cristo que sofreu para a salvação dos que se salvam no mundo inteiro, Ele, o inocente que sofreu pelos pecadores. Como haveríamos de adorar a outro? Ao Cristo adoramos como Filho de Deus, aos mártires amamos como discípulos e imitadores do Senhor, dignos da nossa veneração pela fidelidade inquebrantável ao seu Rei e Mestre. Oxalá pudéssemos nos unir a eles e nos tornar seus condiscípulos!

MartPol. 18

Vendo o centurião que havia a oposição dos judeus, fez queimar publicamente o corpo, conforme o costume pagão. Desse modo, pudemos mais tarde recolher seus restos, mais preciosos do que pedras raras, mais valiosos do que ouro, para depositá-los em lugar conveniente, onde todos pudessem se reunir com a ajuda do Senhor, para celebrar com alegria e júbilo o dia do seu nascimento pelo martírio, em memória dos que combateram antes de nós, preparando-nos e fortificando-nos para as lutas futuras.

MartPol. 19

Essa é a história do bem-aventurado Policarpo, que, com os outros cristãos de Filadélfia, foi o duodécimo martirizado em Esmirna. Dele conservamos a memória e até os pagãos falam dele em toda parte. Ele não foi somente mestre pela doutrina, foi mártir extraordinário, cujo martírio, conforme o evangelho do Cristo, todos desejam imitar. Triunfou sobre o governador injusto por sua paciência e conquistou assim a coroa da incorruptibilidade. Por isso, participou da alegria dos apóstolos e dos justos, glorificou a Deus, Pai Todo-Poderoso, e bendisse a nosso Senhor Jesus Cristo, salvador das nossas almas e guia dos nossos corpos, pastor da Igreja Católica espalhada pela Terra.

MartPol. 20

Pedistes de fato uma narração pormenorizada dos acontecimentos, mas neste momento redigimos, por nosso irmão Marcião, somente um resumo. Lida esta carta, mandem-na aos irmãos que moram mais longe para que também louvem ao Senhor pelas escolhas que faz entre os seus servos. A Deus, que na Sua graça e liberdade pode fazer entrar no Seu reino eterno a todos nós por Jesus Cristo, Seu Filho unigênito, glória, honra, poder e majestade para sempre! Saudamos todos os santos. Saudações dos nossos e de Evaristo, que escreve esta carta, e de toda a sua casa.

MartPol. 21

O bem-aventurado Policarpo sofreu o martírio no dia dois do mês Xanthicos, sétimo dia antes dos idos de março, num sábado, à hora oitava. Quem o prendeu foi Herodes, sob o pontificado de Filipe de Trales, sendo procônsul Estácio Quadrado, mas no reinado eterno de nosso Senhor Jesus Cristo, a quem sejam glória, honra, majestade e o trono de geração em geração. Amém.

MartPol. 22

Nós vos oferecemos a Deus, irmãos, enquanto caminhardes pela palavra de Jesus Cristo de acordo com o evangelho, que é a glória a Deus para a salvação de Seus santos eleitos. Sendo que o abençoado Policarpo sofreu o martírio, em seus passos podemos ver o caminho para o reino de Jesus Cristo. Este relato Gaio copiou dos papéis de Irineu, um discípulo de Policarpo. O mesmo também viveu com Irineu. E eu, Isócrates, o escrevi em Corinto a partir da cópia de Gaio. Que a graça esteja com todos os homens. E eu, Pionius, novamente escrevi a partir da cópia aqui mencionada, tendo procurado por ela (pois o abençoado Policarpo mostrou isso a mim em revelação, como declaro na sequência), coletando-a quando já estava quase desgastada pela idade; que o Senhor Jesus Cristo também possa me reunir aos Seus eleitos em seu reino celestial, a quem seja a glória com o Pai e o Espírito Santo para todo o sempre. Amém.

Os Pais Apostólicos

²Essa carta Gaio copiou dos papéis de Irineu. Ele viveu como discípulo do santo Policarpo. Pois esse Irineu, estando em Roma na época do martírio do bispo Policarpo, instruiu a muitos, por isso muitos de seus tratados excelentes e ortodoxos estão em circulação. Neles menciona Policarpo, dizendo que fora instruído por ele. E refutou todas as heresias, entregando o domínio católico da Igreja, assim como havia recebido do santo. Menciona também que, quando Marcião, de quem os marcionitas recebem seu nome, encontrou o santo Policarpo em certa ocasião e disse "Reconheça-nos, Policarpo", sua resposta a Marcião foi: "Sim, reconheço o primogênito de satanás". Também é feita nos escritos de Irineu a afirmação de que, no mesmo dia e hora em que Policarpo foi martirizado em Esmirna, Irineu estava na cidade de Roma e ouviu uma voz como de uma trombeta, dizendo: "Policarpo é martirizado".

A partir desses papéis de Irineu então, como já foi dito, Gaio fez uma cópia, e, a partir da cópia de Gaio, Isócrates fez outra em Corinto.

E Pionius novamente escreveu a partir da cópia de Isócrates, tendo procurado por ela em obediência a uma revelação do santo Policarpo, coletando-a quando já estava quase desgastada pela idade; que o Senhor Jesus Cristo também possa me reunir aos Seus eleitos em Seu reino celestial, a quem seja a glória com o Pai e o Espírito Santo para todo o sempre. Amém.

---

2. Os três últimos parágrafos, conforme lidos nos manuscritos de Moscou.

O ENSINO DO SENHOR AOS GENTIOS PELOS DOZE APÓSTOLOS

(também conhecido como DIDACHÊ)

Did. 1

Existem dois caminhos: o caminho da vida e o da morte. Há uma grande diferença entre os dois. Este é o caminho da vida: primeiro, ame a Deus que o criou, segundo, ame a seu próximo como a si mesmo. Não faça ao outro aquilo que não quer que lhe façam. Este é o ensinamento derivado dessas palavras: "Abençoa aqueles que te amaldiçoam, reza por teus inimigos e jejua por aqueles que te perseguem. Ora, se amas aqueles que te amam, que mérito terás? Os pagãos também não fazem o mesmo? Quanto a ti, ama aqueles que te odeiam e assim não terás nenhum inimigo. Não te deixes levar pelo instinto. Se alguém te esbofeteia na face direita, oferece-lhe também a outra face, e assim tu serás perfeito. Se alguém te obriga a acompanhá-lo por um quilômetro, acompanha-o por dois. Se alguém te tira o manto, oferece-lhe também a túnica. Se alguém toma alguma coisa que te pertence, não a peças de volta porque não é direito. Dá a quem te pede e não peças nada de volta, pois o Pai quer que os teus bens sejam dados a todos. Bem-aventurado aquele que dá conforme o mandamento, pois será considerado inocente. Ai daquele que recebe: se pede por estar necessitado, será considerado inocente, mas, se recebeu sem necessidade, prestará contas do motivo e da finalidade. Será posto na prisão e será interrogado sobre o que fez, e daí não sairá até que devolva o último centavo". Sobre isso também foi dito: "Que a tua esmola fique suando nas tuas mãos até que saibas para quem estás dando".

Did. 2

O segundo mandamento da instrução é: não mate, não cometa adultério, não corrompa os jovens, não fornique, não roube, não pratique a magia nem a feitiçaria. Não mate a criança no ventre de sua mãe e nem depois que ela tenha nascido. Não cobice os bens alheios, não cometa falso juramento, nem preste falso testemunho, não seja maldoso nem vingativo. Não tenha duplo pensamento ou linguajar, pois o duplo sentido é armadilha fatal. A sua palavra não deve ser em vão, mas comprovada na prática. Não seja avarento, nem ladrão, nem fingido, nem malicioso, nem soberbo. Não planeje o mal contra o seu próximo. Não odeie ninguém, mas corrija alguns, reze por outros e ame os outros mais até do que a si mesmo.

Did. 3

Filho, procure evitar tudo o que é mau e tudo que se parece com o mal. Não seja colérico, porque a ira conduz à morte. Não seja ciumento também nem briguento ou violento, pois o homicídio nasce de todas essas coisas. Filho, não cobice as mulheres, pois a cobiça leva à fornicação.

Evite falar palavras obscenas e olhar maliciosamente, já que os adultérios surgem dessas coisas. Filho, não se aproxime da adivinhação, porque ela leva à idolatria. Não pratique encantamentos, astrologia ou purificações nem queira ver ou ouvir sobre isso, pois disso tudo nasce a idolatria. Filho, não seja mentiroso, pois a mentira leva ao roubo. Não persiga o dinheiro nem cobice a fama, porque assim nascem os roubos. Filho, não fale demais, pois falar muito leva à blasfêmia. Não seja insolente nem tenhas mente perversa, porque assim nascem as blasfêmias. Seja manso, pois os mansos herdarão a terra. Seja paciente, misericordioso, sem maldade, tranquilo e bondoso. Respeite sempre as palavras que escutou. Não louve a si mesmo nem se entregue à insolência. Não se junte aos poderosos, mas aproxime-se dos justos e pobres. Aceite tudo o que acontece com você como algo bom e saiba que nada acontece sem a permissão de Deus.

Did. 4

Filho, lembre-se dia e noite daquele que prega a palavra de Deus para você. Honre-o como se fosse o próprio Senhor, pois Ele está presente onde a soberania do Senhor é anunciada. Procure estar todos os dias na companhia dos fiéis para encontrar forças em suas palavras. Não provoque divisão. Ao contrário, reconcilie aqueles que brigam entre si. Julgue de forma justa e corrija as culpas sem distinguir as pessoas. Não hesite sobre o que deve ou não ser. Não se pareça com aqueles que dão a mão quando precisam e a retiram quando devem dar. Se o trabalho de suas mãos lhe rende algo, ofereça-o como reparação pelos seus pecados. Não hesite em dar nem dê reclamando porque, na verdade, você sabe quem realmente pagou sua recompensa. Reverencie a ele, como à própria imagem de Deus. Despreze toda a hipocrisia e tudo aquilo que não agrada ao Senhor. Não viole os mandamentos do Senhor. Guarde tudo aquilo que você recebeu, não acrescente nem retire nada. Confesse seus pecados na reunião dos fiéis e não comece a orar estando com a consciência perturbada. Esse é o caminho da vida.

Did. 5

Este é o caminho da morte. Primeiro, é mau e cheio de maldições: homicídios, adultérios, paixões, fornicações, roubos, idolatria, magias, feitiçarias, rapinas, falsos testemunhos, hipocrisias, coração divididos, fraudes, orgulho, maldades, arrogância, avareza, palavras obscenas, ciúmes, insolência, altivez, ostentação e falta de temor a Deus. Nesse caminho trilham os perseguidores dos justos, os inimigos da verdade, os amantes da mentira, os ignorantes da justiça, os que não desejam o bem nem o justo julgamento, os que não praticam o bem, mas sim o mal. A calma e a paciência estão longe deles. Eles amam as coisas vãs, são ávidos por recompensas, não se compadecem dos pobres, não se importam com os perseguidos, não reconhecem o Criador. São também assassinos de crianças, corruptores da imagem de Deus, desprezam os necessitados, oprimem os aflitos, defendem os ricos, julgam injustamente os pobres e, finalmente, são pecadores consumados. Filho, afaste-se disso tudo.

Did. 6

Fique alerta para que ninguém o afaste do caminho da instrução, pois quem faz isso ensina coisas que não pertencem a Deus. Será perfeito se conseguir suportar todo o jugo do Senhor. Se isso não for possível, faça o que puder. A respeito da comida, observe o que puder. Não coma nada do que é sacrificado aos ídolos, pois esse culto é destinado a deuses mortos.

Did. 7

A respeito do batismo, faça assim: depois de recitadas todas essas coisas, batize em água corrente, em nome do Pai, do Filho e do Espírito Santo. Se não tiver água corrente, batize em outra água. Se não puder batizar com água fria, batize com água quente. Na falta de uma ou outra, derrame água três vezes sobre a cabeça, em nome do Pai, do Filho e do Espírito Santo. Antes de batizar, tanto aquele que batiza como o batizando, bem como aqueles que puderem, devem observar o jejum. Deve-se ordenar ao batizando jejum de um ou dois dias.

Did. 8

Os seus jejuns não devem coincidir com os dos hipócritas. Eles jejuam no segundo e no quinto dia da semana. Jejue, porém, no quarto dia e no dia da preparação. Não reze como os hipócritas, mas como o Senhor ordenou em seu evangelho, desta forma: "Pai nosso que estás no céu, santificado seja o Teu nome, venha o Teu reino, seja feita a Tua vontade, assim na terra como no céu. O pão nosso de cada dia nos dá hoje, perdoa nossas dívidas, assim como também perdoamos os nossos devedores, e não nos deixes cair em tentação, mas livra-nos do mal, porque Teu é o poder e a glória para sempre". Rezem assim três vezes ao dia.

Did. 9

Celebre a eucaristia assim: diga primeiro sobre o cálice: "Nós Te agradecemos, Pai nosso, por causa da santa vinha do Teu servo Davi, que nos revelaste por meio do Teu servo Jesus. A Ti, glória para sempre". Depois diga sobre o pão partido: "Nós Te agradecemos, Pai, por causa da vida e do conhecimento que nos revelaste por meio do Teu servo Jesus. A Ti, glória para sempre. Da mesma forma que este pão partido havia sido semeado sobre as colinas e depois foi recolhido para se tornar um, assim também seja reunida a Tua Igreja desde os confins da terra no Teu reino, porque Teu é o poder e a glória, por Jesus Cristo, para sempre". Que ninguém coma nem beba da eucaristia sem antes ter sido batizado em nome do Senhor, pois sobre isso o Senhor disse: "Não deis as coisas santas aos cães".

Did. 10

Após ser saciado, agradeça assim: "Nós Te agradecemos, Pai santo, por Teu santo nome que fizeste habitar em nossos corações e pelo conhecimento, pela fé e imortalidade que nos revelaste por meio do Teu Filho Jesus. A Ti, glória para sempre. Tu, Senhor onipotente, criaste todas as coisas por causa do Teu nome e deste aos homens o prazer do alimento e da bebida para que Te agradeçam; mas nos concedeste comida e bebida espirituais e a vida eterna por intermédio do Teu Filho. Antes de tudo, Te agradecemos porque és poderoso. A Ti, glória para sempre. Lembra-Te, Senhor, da Tua Igreja, livrando-a de todo o mal e aperfeiçoando-a no Teu amor. Reúne dos quatro ventos essa Igreja santificada para o Teu reino que lhe preparaste, porque Teu é o poder e a glória para sempre. Que a Tua graça venha e passe por este mundo. Hosana ao Deus de Davi. Venha quem é fiel, converta-se quem é infiel. Maranata. Amém". Mas permita que os profetas ofereçam ações de graça o quanto desejarem.

Did. 11

Se encontrar alguém que ensina tudo o que já foi dito, deve ser acolhido. Mas, se aquele que ensina é perverso e ensina outra doutrina para destruí-lo, não lhe dê atenção. No entanto, se ele ensina a estabelecer a justiça e o conhecimento do Senhor, deve acolhê-lo como se fosse o Senhor. Já quanto aos apóstolos e profetas, faça conforme o princípio do evangelho. Todo apóstolo deve ser recebido como o próprio Senhor. Ele não deve ficar mais que um dia ou, se necessário, mais outro. Se ficar três dias, é um falso profeta. Ao partir, o apóstolo não deve levar nada a não ser o pão necessário para chegar ao lugar onde deve parar. Se pedir dinheiro, é um falso profeta. Não ponha à prova nem julgue um profeta que fala tudo por inspiração do Espírito, pois todo pecado será perdoado, mas esse não será perdoado. Nem todo aquele que fala inspirado é profeta, a não ser que viva como o Senhor. É desse modo que se reconhece o falso e o verdadeiro profeta. Todo profeta que por inspiração do Espírito manda preparar a mesa não deve comer dela. Caso contrário, é um falso profeta. Todo profeta que ensina a verdade, mas não pratica o que ensina é um falso profeta. Todo profeta comprovado e verdadeiro, que age pelo ministério terreno da Igreja, mas não ensina a fazer como ele fez não deverá ser julgado aqui; ele será julgado por Deus. Assim foi também com os antigos profetas. Se alguém disser por inspiração do Espírito "Dê-me dinheiro" ou qualquer outra coisa, não o escutem. Porém, se ele pedir para dar a outros necessitados, então ninguém o julgue.

Did. 12

Acolham todo aquele que vier em nome do Senhor. Depois, examinem-no para conhecê-lo, pois já têm discernimento para distinguir a esquerda da direita. Se o hóspede estiver de passagem, deem-lhe ajuda no que puderem. Entretanto, ele não deve permanecer mais que dois ou três dias, se necessário. Se quiser se estabelecer e tiver uma profissão, então que trabalhe para se sustentar. Porém, se não tiver profissão, procedam de acordo com a prudência, para que um cristão não viva ociosamente em seu meio. Se ele não aceitar isso, trata-se de um comerciante de Cristo. Tenham cuidado com essa gente!

Did. 13

Todo verdadeiro profeta que queira estabelecer-se em seu meio é digno do alimento. Assim também o verdadeiro mestre é digno do seu alimento, como qualquer operário. Por isso, tomem os primeiros frutos de todos os produtos da vinha e da eira, dos bois e das ovelhas, e os deem aos profetas, pois são eles os seus sumos sacerdotes. Porém, na falta de profetas, deem aos pobres. Se fizerem pão, tomem os primeiros e os deem conforme o preceito. Da mesma maneira, ao abrirem um recipiente de vinho ou óleo, tomem a primeira parte e a deem aos profetas. Tomem uma parte de seu dinheiro, da sua roupa e de todas as suas posses, conforme lhe parecer oportuno, e os deem de acordo com o preceito.

Did. 14

Reúnam-se no dia do Senhor para partir o pão e agradecer após terem confessado seus pecados, para que o sacrifício seja puro. Aquele que está brigado com seu companheiro não pode congregar-se antes de se reconciliar, para que o sacrifício oferecido não seja profanado. Esse é o sacrifício do qual o Senhor disse: "Em todo lugar e em todo tempo seja oferecido um sacrifício puro, porque sou um grande rei, disse o Senhor, e o meu nome é admirável entre as nações".

Did. 15

Escolham bispos e diáconos dignos do Senhor. Eles devem ser homens mansos, desprendidos do dinheiro, verdadeiros e provados, pois também exercem o ministério dos profetas e dos mestres. Não os desprezem, porque eles têm a mesma dignidade que os profetas e os mestres. Corrijam uns aos outros, não com ódio, mas com paz, como no evangelho. E ninguém fale com uma pessoa que tenha ofendido o próximo e que essa pessoa não escute uma só palavra sua até que tenha se arrependido. Façam suas orações, ofereçam e ajam conforme o evangelho de nosso Senhor.

Did. 16

Sejam vigilantes quanto à própria vida. Não deixem que suas lâmpadas se apaguem nem afrouxem o cinto dos rins. Fiquem preparados, porque não sabem a que horas nosso Senhor chegará. Reúnam-se com frequência, para que, juntos, procurem o que é adequado para a alma, porque de nada lhes servirá todo o tempo que viverem na fé se no último instante não estiverem perfeitos. De fato, nos últimos dias se multiplicarão os falsos profetas e os corruptores, as ovelhas se transformarão em lobos e o amor se converterá em ódio. Aumentando a injustiça, os homens se desprezarão, perseguirão e trairão mutuamente. Então o sedutor do mundo aparecerá, como se fosse o filho de Deus, e fará sinais e prodígios. A terra será entregue em suas mãos e cometerá crimes como jamais foram cometidos antes no mundo. Então toda criatura humana passará pela prova de fogo, e muitos, escandalizados, perecerão. No entanto, aqueles que permanecerem firmes na fé serão salvos por aquele que os outros amaldiçoam. Aparecerão os sinais da verdade: primeiro, o sinal da abertura no céu, depois, o sinal do toque da trombeta e, em terceiro, a ressurreição dos mortos. Sim, a ressurreição, mas não de todos, conforme foi dito: "O Senhor virá, e todos os santos estarão com Ele". E o mundo assistirá ao Senhor chegando sobre as nuvens do céu.

EPÍSTOLA DE BARNABÉ

Barn. 1

Filhos e filhas, eu vos saúdo na paz, em nome do Senhor que nos amou. Vendo que os decretos de Deus a vosso respeito são grandes e ricos, eu me alegro imensamente por vossos espíritos felizes e gloriosos, pois dele recebestes a semente plantada em vós, a graça do dom espiritual. Por isso, eu me alegro mais na esperança de me salvar, porque verdadeiramente vejo que o Espírito da fonte abundante do Senhor foi derramado sobre vós. Nesse caso, foi isso que me chamou a atenção ao vos ver, e era o que eu tanto desejava. Estou convencido e intimamente persuadido disso, porque conversei muito convosco. O Senhor caminhou comigo no caminho da justiça e também me senti impulsionado a vos amar mais do que à minha própria vida, pois a fé e o amor que habitam em vós são grandes e fundados sobre a esperança da vida dele. Penso que, ao me preocupar em participar convosco daquilo que recebi, poderia ter recompensa por servir a espíritos como os vossos. Esforcei-me para enviar estas poucas linhas para que tivésseis, além de vossa fé, o conhecimento perfeito. Os ensinamentos do Senhor são três: a esperança da vida, começo e fim da nossa fé; a justiça, começo e fim do julgamento; o amor, testemunho pleno da alegria e contentamento das obras realizadas na justiça. Assim, por meio dos profetas, o Senhor nos fez conhecer o passado e o presente e nos fez saborear antecipadamente o futuro. Vendo que uma e outra coisa se realizam conforme Ele falou, devemos entregar uma oferta mais rica e elevada em temor a Ele. Quanto a mim, não é como mestre, mas como um de vós que preparei algumas coisas. Por meio delas sereis felizes nas circunstâncias presentes.

Barn. 2

Como os dias têm poder e são maus, devemos para o nosso próprio bem procurar as decisões do Senhor. Os auxiliares da nossa fé são o temor e a perseverança, e nossos companheiros de luta são a paciência e o autocontrole. Se essas virtudes permanecem puras diante do Senhor, a sabedoria, a inteligência, a ciência e o conhecimento virão regozijar-se com elas. Os profetas nos mostraram que Deus não tem necessidade de sacrifícios, nem de holocaustos, nem de ofertas. Em certa ocasião, Ele disse: "Que me importa a multidão de vossos sacrifícios? Estou farto dos holocaustos de carneiros e da gordura de cordeiros, não me interessa o sangue de touros e de bodes nem que venham apresentá-los diante de mim. Quem pediu essas coisas? Não continuem a pisar em meus átrios. Se oferecem flor de farinha é em vão; seu incenso para mim é abominação. Não suporto suas festas e seus sábados". Ele rejeitou essas coisas, pois a nova lei de nosso Senhor Jesus Cristo existe sem o jugo da necessidade, que não precisa de oferta preparada por homens. Ele ainda lhes disse: "Por acaso ordenei a seus pais, ao saírem do Egito, que me oferecessem holocaustos? Pelo contrário, eu lhes ordenei: 'Que nenhum de vós guarde em seu coração rancor contra o próximo e que não ame o juramento falso'". Devemos compreender, a menos que não tenhamos entendimento, qual é o desígnio de nosso Pai em sua bondade, pois Ele se dirige a nós desejando que procuremos o modo de nos aproximar dele sem nos extraviar, como aqueles homens. Portanto, Ele nos disse: "O sacrifício para Deus é um coração arrependido, o perfume de suave odor para o Senhor é o coração que glorifica o seu Criador". Irmãos, devemos cuidar de nossa salvação, para que o maligno não introduza em nós o erro e nos atire como pedra de funda para longe da nossa vida.

Barn. 3

A respeito do jejum, falou-lhes ainda: "'Com que finalidade jejuais por mim', diz o Senhor, 'para que vossa voz seja ouvida clamando em alta voz? Não é esse o jejum que escolhi', diz o Senhor, 'não pedi ao homem que humilhe a si mesmo nem que dobre o pescoço como um arco, nem que se cubra com pano de saco e cinza. Não chameis isso de jejum aceitável'. Para nós, porém, Ele disse: 'Esse é o jejum que escolhi. Desata todas as amarras da injustiça; desfaz as cordas dos contratos injustos; coloca os oprimidos em liberdade; rasga toda escritura injusta; reparte teu pão com os famintos; se vires alguém nu, veste-o; conduz para a tua casa os desabrigados; se vires um pobre, não o desprezes; não te afastes dos membros de tua família. Então tua luz romperá pela manhã, tuas vestes rapidamente resplandecerão, a justiça irá à tua frente e a glória de Deus te envolverá. E outra vez clamarás e Deus te ouvirá. Ao falar, ele te dirá: Eis-me aqui! Isso quando tirares de ti o jugo, o dedo opressor, a palavra de murmuração, quando deres de coração o teu pão ao faminto e tiveres compaixão da pessoa necessitada'". Por isso, irmãos, o paciente Deus, prevendo que o povo que Ele preparou do Seu amado creria com simplicidade, nos antecipou todas essas coisas, para que nós, como prosélitos, não naufragássemos sob a lei deles.

Barn. 4

É preciso, portanto, que examinemos com grande atenção a situação presente, para buscar o que nos salvará. Fujamos de todas as obras injustas, para que essas obras jamais se apoderem de nós. Odiemos o erro do mundo presente, para que sejamos amados no futuro. Não daremos à nossa alma a liberdade, para que ela não tenha poder de correr com os maus e pecadores, e assim não nos tornemos semelhantes a eles. O máximo do escândalo se aproxima, conforme está escrito, como disse Enoque. É por isso que o Senhor abreviou os tempos e os dias, para que Seu amado chegue mais depressa à herança. Disse o profeta: "Dez reis reinarão sobre a terra e, depois disso, surgirá um pequeno rei que humilhará três reis de uma só vez". Sobre isso, Daniel disse algo semelhante: "Vi a quarta besta maligna, forte e mais terrível do que todas as bestas do mar. Dela brotaram dez chifres, e desses saiu um pequeno chifre, como broto. Este, de uma só vez, humilhou três dos chifres grandes". Devemos compreender isso. Além do mais, peço insistentemente, sendo um de vós e vos amando a todos e a cada um mais do que a mim mesmo, tomai cuidado para não ficardes como certas pessoas, que acumulam pecados, dizendo que a aliança está garantida para nós. Eles, os judeus, a perderam definitivamente, embora Moisés já a tivesse recebido. A Escritura disse: "Moisés jejuou na montanha durante quarenta dias e quarenta noites, e depois recebeu do Senhor a aliança, as tábuas de pedra escritas pelo dedo da mão do Senhor". Eles a perderam por se terem voltado para os ídolos. E assim disse o Senhor: "Moisés, Moisés, desce depressa, pois teu povo pecou, aqueles que fizeste sair da terra do Egito". Moisés compreendeu e jogou as duas tábuas de suas mãos. A aliança deles foi rompida, para que a de Jesus, o amado, fosse selada em nosso coração pela esperança da fé que temos Nele. Querendo escrever muitas coisas não como mestre, mas como alguém que ama, não querendo perder o que já possuímos, eu escrevi na forma de vosso humilde servidor. Estejamos atentos nestes últimos dias! Nada adiantará todo o tempo de nossa vida e de nossa fé se agora, neste tempo de impiedade e na iminência dos escândalos, não resistirmos como convém a filhos de Deus. Para que as trevas não se infiltrem em nós às escondidas, fujamos de toda vaidade e desprezemos as obras do mau caminho. Não vos isoleis, dobrai-vos sobre vós mesmos, como se já estivésseis justificados, mas reuni-vos para procurardes juntos o bem comum. E a Escritura disse: "Ai daqueles que se creem inteligentes e que são sábios diante de si mesmos!". Tornemo-nos espirituais, tornemo-nos um templo perfeito para Deus. Quanto nos for possível, apliquemo-nos ao temor a Deus e combatamos para observar Seus mandamentos, a fim de nos alegrarmos em suas disposições. O Senhor julgará o mundo com imparcialidade. Cada um receberá segundo o que fez. Se for bom, sua justiça o precederá, se for mau, diante dele irá o salário do mal. Tomemos cuidado para não ficarmos tranquilos, adormecendo sobre nossos pecados, e deixarmos o príncipe do mal se apoderar de nós, afastando-nos do reino do Senhor. Meus irmãos, compreendei o seguinte: quando virdes que, depois de tantos sinais e prodígios acontecidos em Israel, assim mesmo eles foram deixados de lado, tomemos cuidado, como está escrito, para que não sejamos nós "os muitos chamados, mas poucos escolhidos".

Barn. 5

O Senhor suportou entregar Sua própria carne à destruição, para que fôssemos purificados pelo perdão dos pecados, isto é, pelo sangue que Ele derramou. Em relação a Ele, a Escritura disse o seguinte sobre Israel e sobre nós: "Ele foi ferido por causa de nossas injustiças e maltratado por nossos pecados; fomos curados por suas feridas. Foi conduzido como ovelha ao matadouro e, como cordeiro, ficou calado diante do tosquiador". Precisamos, portanto, multiplicar nossos agradecimentos ao Senhor, porque Ele nos fez conhecer as coisas passadas nos tornando sábios e não nos falta inteligência para as coisas futuras. A Escritura disse: "Não se estendem injustamente as redes para os pássaros". Isso quer dizer que o homem poderá se perder mesmo com o conhecimento do caminho da justiça, mas escolherá o caminho das trevas. Ainda o seguinte, meus irmãos: se o Senhor suportou sofrer por nós, embora fosse o Senhor do mundo inteiro, a quem Deus disse desde a criação do mundo "Façamos o homem à nossa imagem e semelhança", como pôde suportar sofrer pela mão dos homens? Aprendei que os profetas tinham Sua graça e profetizaram a respeito Dele. E Ele, para destruir a morte e mostrar a ressurreição dos mortos, teve de encarnar e sofrer, cumprindo a promessa feita aos pais e preparando sozinho o novo povo, demonstrando durante Sua estada na Terra que Ele mesmo exerceria o julgamento depois da ressurreição. Por fim, embora Ele tenha ensinado a Israel e realizado tão grandes prodígios e sinais, eles não aceitaram sua pregação de amá-Lo acima de tudo. Ao escolher Seus apóstolos que iriam anunciar a Boa-Nova, que eram homens com muitos pecados, Ele nos mostrou que não chamava os justos, e sim os pecadores. Dessa forma Ele manifestou que era o Filho de Deus. Vemos que, se Ele não tivesse encarnado, como poderíamos ter sido salvos? Pois, se Ele não tivesse vindo em carne, os homens não teriam olhado para Ele e sido salvos, pois, quando olham para o sol, que deixará de ser, que é o trabalho de Suas próprias mãos, não podem enfrentar seus raios.

Portanto, se o Filho de Deus veio em carne, foi para alcançar os pecados daqueles que tinham perseguido mortalmente os profetas. E por isso Ele os suportou. Deus disse que é deles que vem a ferida de Sua carne: "Quando ferirem o seu pastor, então as ovelhas do rebanho perecerão". Ele próprio desejou o sofrimento de estar sobre o madeiro, pois o profeta dizia a Seu respeito: "Poupa minha vida da espada". E: "Transpassa com cravos a minha carne, porque uma assembleia de malfeitores se levantou contra mim". E disse ainda: "Irei oferecer minhas costas aos açoites e minha face às bofetadas. Mas manterei o meu rosto como pedra dura".

Barn. 6

O que ele disse quando cumpriu o mandamento? "Quem quer me julgar que se coloque diante de mim. E quem quer ser justificado que esteja diante de mim. Que se aproxime do servo do Senhor. Ai de vós! Porque todos envelhecereis como uma veste e a traça vos roerá". E o profeta continua a ser como sólida pedra que esmaga: "Colocarei nos alicerces de Sião uma pedra de grande valor, escolhida, angular e preciosa". E em seguida: "Aquele que nela crer viverá para sempre". Será que a nossa esperança está numa pedra? De modo nenhum. Mas é que o Senhor fortaleceu Sua carne. Ele disse: "Ele me tornou como pedra dura". O profeta continua: "A pedra que os construtores rejeitaram tornou-se a pedra angular". E disse ainda: "Este é um dia grande e maravilhoso que o Senhor fez". Eu, humilde servo do amor, escrevo com simplicidade, para que compreendam os dizeres do profeta: "Uma assembleia de malfeitores me rodeou. Eles me cercaram como abelhas ao favo". E: "Sobre minhas vestes tiraram sortes". E como sofreria e revelaria na carne Sua paixão, foi assim feito de antemão. Com relação a Israel, disse: "Ai da alma deles! Pois realizaram o mal contra si mesmos, dizendo: Amarremos o justo, porque ele nos incomoda". Que lhes disse Moisés? "Eis o que disse o Senhor Deus: 'Entrai na terra boa, que o Senhor prometeu a Abraão, Isaque e Jacó. Tomai posse dessa terra, onde correm leite e mel'." O que disse a sabedoria? Aprendei: "Depositai vossa esperança em Jesus, que irá revelar-se na carne". O homem é terra que sofre, pois é da terra que Adão foi plasmado. Que significa: "Na terra boa, terra onde correm leite e mel". Bendito seja nosso Senhor, irmãos, pois Ele nos deu a sabedoria e o entendimento de Seus segredos. Já o profeta disse: "Quem poderá compreender uma parábola do Senhor, a não ser o sábio que conhece e ama o seu Senhor?". Depois de nossa renovação pelo perdão dos pecados, Ele nos renovou, e agora temos alma de criança, como se nos tivessem plasmado novamente. A Escritura fala a nosso respeito, quando Ele disse ao Filho: "Façamos o homem à nossa imagem e semelhança. Serão dominantes sobre os animais da terra, as aves do céu e os peixes do mar". E, vendo sua boa criação, o Senhor disse: "Crescei, multiplicai-vos e enchei a terra". Vou mostrar como Ele fala de nós. Quando realizou a segunda criação nos últimos tempos, o Senhor disse: "Eis que faço as últimas coisas como as primeiras". Nesse sentido falou o profeta: "Entrai na terra onde correm leite e mel, e dominai-a". Assim, criados de novo, conforme o que foi profetizado: "Eis, disse o Senhor, que arrancarei deles", isto é, daqueles que o Espírito do Senhor via de antemão, "os corações de pedra e implantarei neles corações de carne". É na carne que Ele devia manifestar-se e habitar em nós. Meus irmãos, nossos corações assim habitados formam o templo sagrado do Senhor. E o Senhor disse ainda: "Como me apresentarei diante do Senhor e serei glorificado?". Ele disse: "Celebrarei a ti na assembleia de meus irmãos e cantarei teus louvores em meio à assembleia dos santos". Portanto, somos nós que Ele encontra no caminho para a boa terra. E o que significam o leite e o mel? Como uma criança, seremos nutridos primeiro com o mel e depois com o leite. Dessa maneira, seremos alimentados pela fé na promessa e depois na palavra, dominando a terra. Ora, Ele tinha dito antes: "Que eles cresçam, se multipliquem e dominem os peixes". Quem é capaz de dominar as feras, os peixes, os pássaros do céu? Devemos compreender que dominar implica poder, de modo que alguém dê ordens e exerça um domínio. Se não for hoje, será a seu tempo, quando formos perfeitos para sermos herdeiros da aliança do Senhor.

Barn. 7

Compreendei, filhos da alegria, que o bom Senhor nos revelou tudo de antemão, para que saibamos a quem celebrar com ação de graças. Se o Filho de Deus, nosso Senhor, que julgará os vivos e os mortos, precisou sofrer para nos dar a vida por meio de Seus ferimentos, devemos crer que o Filho de Deus não poderia sofrer a não ser por nós. Além disso, na cruz, deram-Lhe vinagre e fel como bebidas. Escutai como os sacerdotes do templo se expressaram sobre isso. O mandamento dizia: "Quem não jejuar no dia certo, será condenado à morte". O Senhor nos concedeu uma ordem porque Ele também se ofereceria pelos nossos pecados, como receptáculo do Espírito, em sacrifício, a fim de que fosse cumprida a prefiguração manifestada em Isaque e oferecida sobre o altar. Qual foi Sua ordem por meio do profeta? "Que comam, durante o jejum, do bode oferecido por todos os pecados." Notai bem: "E que todos os sacerdotes, e somente eles, comam as vísceras sem as lavar no vinagre". Por que isso? "Porque me fizeram beber fel com vinagre, quando ofereci minha carne pelos pecados do meu novo povo. Somente uns a comerão, enquanto o povo jejuará e se flagelará com pano de saco e cinza". Isso mostra que Ele sabia que sofreria na mão deles. Como Ele ordenou? Prestai atenção: "Pegai dois bodes bonitos e iguais e oferecei-os em sacrifício. Que o sacerdote aceite o primeiro como holocausto pelos pecados". E o que farão com o outro? Ele disse: "O outro é maldito". Notai como a figura de Jesus se manifesta: "Desprezai este bode, cuspindo nele, transpassai-o, coroai sua cabeça com lã escarlate e, assim, ele será expulso para o deserto". Feito isso, aquele que leva o bode o conduz ao deserto, tira-lhe a lã e a coloca sobre um arbusto chamado sarça, cujos frutos costumamos comer quando nos encontramos no campo. Somente os frutos da sarça são doces. O que significa isso? Prestai atenção: "O primeiro bode sobre o altar, o outro é maldito". Justamente o maldito é que é coroado. É que eles verão, naquele dia, sobre sua carne, o manto escarlate e dirão: "Não é este que outrora crucificamos, depois de desprezá-lo, transpassá-lo e cuspi-lo? Na verdade, era este que se dizia Filho de Deus". Qual a sua semelhança? São bodes semelhantes, belos, iguais, para que, quando o virem, se espantem com a semelhança. Essa é a figura de Jesus que devia sofrer. E por que se coloca a lã no meio dos espinhos? É uma figura de Jesus proposta para a Igreja, porque os espinhos são terríveis, aquele que quer pegar a lã escarlate deve sofrer muito, deve apossar-se dela da dor. Ele disse: "Dessa forma, aqueles que desejam ver-me e alcançar o meu reino devem passar por tribulações e sofrimentos para conquistar-me".

Barn. 8

E o que pensais que representa o mandamento dado a Israel: "Os homens que têm pecados consumados ofereçam a novilha ao sacrifício e a queimem"? Além disso, as crianças devem recolher suas cinzas, colocá-las nos vasos, enrolar a lã escarlate num pedaço de madeira (de novo aqui a imagem da cruz e a lã escarlate) e o hissopo. Com isso, as crianças as derramariam por todos os membros do povo para que ficassem purificados dos pecados. Reconheceis como Ele fala com simplicidade? A novilha é Jesus; os pecadores que a oferecem são aqueles que o conduziram para ser sacrificado. Basta com esses homens! Basta com a glória dos pecadores! As crianças que fazem a aspersão são aquelas que anunciaram a remissão dos pecados e a purificação do coração. A elas foi conferida a autoridade de anunciar o evangelho, são doze para testemunhar às tribos, pois as tribos de Israel eram doze. E por que são três crianças que fazem a aspersão? Para testemunhar Abraão, Isaque e Jacó, que são grandes diante de Deus. Mas e a lã sobre o madeiro? Ela significa que o reino de Jesus está sobre o madeiro e que os que Nele creem viverão para sempre. Qual o motivo da lã e do hissopo? Porque no seu reino haverá dias maus e poluídos, e deles seremos salvos. Sendo que é pelo respingo poluído do hissopo que ocorre a cura da carne doente. Assim, esses acontecimentos ficam claros para nós, mas para os outros ainda são obscuros, pois eles não ouviram a voz do Senhor.

Barn. 9

Agora é dos ouvidos que Ele fala, quando disse que circuncidou nossos ouvidos e nossos corações. O Senhor disse, por intermédio do profeta: "Obedeceram-me com os ouvidos". E ainda: "Os que estão longe escutarão com os ouvidos e conhecerão o que eu fiz". Acrescentou: "Circuncidai vossos ouvidos, disse o Senhor". Disse também: "Escuta, Israel, o que o Senhor teu Deus disse: 'Quem deseja viver para sempre, que escute com o ouvido a voz do meu servo'". E disse mais: "Escuta o céu, dá ouvidos à terra, pois o Senhor dará isso como testemunho". E mais: "Escutai a palavra do Senhor, príncipes deste povo". E disse ainda: "Filhos, escutai a voz que grita no deserto". Portanto, Ele circuncidou nossos ouvidos para que escutássemos a palavra e tivéssemos fé.

Contudo, a circuncisão que fizeram com confiança foi rejeitada. De fato, ele dissera que a circuncisão não devia ser da carne, mas houve aí uma transgressão, porque um anjo mau os enganou. Todavia, Ele lhes disse: "Assim fala o Senhor vosso Deus; aqui está o mandamento: 'Não semeeis entre os espinhos, mas circuncidai-vos para o Senhor'". E disse: "Circuncidai a maldade do coração". E ainda: "Eis que todas as nações têm o prepúcio incircunciso, mas este povo tem o coração incircunciso". Porém lhe dirão: "O povo recebeu a circuncisão como selo. Contudo, todos os sírios, os árabes e sacerdotes dos ídolos também têm a circuncisão. Pertencem também eles à aliança? Até os egípcios praticam a circuncisão!". Filhos do amor, aprendei estas coisas: "Abraão, praticando por primeiro a circuncisão, circuncidava porque o Espírito dirigia profeticamente seu olhar para Jesus, dando-lhe o conhecimento das três letras". E disse: "Abraão circuncidou dezoito homens de sua casa e mais trezentos". Qual é o conhecimento manifestado? Notai que Ele menciona em primeiro lugar os dezoito e depois, fazendo distinção, os trezentos. Dezoito se escreve: I que vale dez, e H que representa oito. Temos: IH (sou) = Jesus. E como a cruz em forma de T devia trazer a graça, ele menciona também trezentos (= T). Portanto, o significado é claro, pelas duas primeiras letras temos Jesus, e a cruz está na terceira. Quem depositou em nós o dom do conhecimento sabe: "Ninguém sem dignidade recebeu de mim o conhecimento da fé. Sei, portanto, que são dignos".

Barn. 10

Moisés disse: "Não comerão porco, nem águia, nem gavião, nem corvo, nem peixe algum que não tenha escamas". Porque existiam em sua mente três ensinamentos. Por fim, ele disse em Deuteronômio: "Exporei a esse povo as minhas decisões". A proibição de comer não é um mandamento de Deus, pois Moisés falava simbolicamente. O significado do que ele disse sobre o porco é: "Não vos reunais a esses homens que se assemelham aos porcos, isto é, que quando vivem na abundância se esquecem do Senhor. Mas na necessidade reconhecem o Senhor". Assim é o porco, enquanto está comendo, ele não conhece seu dono. Mas, quando está com fome, ele grunhe para seu dono e, uma vez atendido, volta a se calar. E disse: "Também não comais a águia, o gavião, nem o milhafre, nem o corvo". Isto é: não vos reunais nem imiteis a esses homens que não sabem ganhar o alimento por meio do trabalho e do suor, que são injustos quando arrebatam o bem alheio. Andam com ar inocente, mas espionam e observam de quem vão amealhar por ambição. Eles são como essas aves, as únicas que não providenciam o próprio alimento, mas se empoleiram ociosamente, procurando a ocasião de se alimentar da carne dos outros. São flagelos da crueldade. Ele continua: "Não comais moreia, polvo ou molusco". Isto é: não vos assemelhes nem vos junteis aos homens que são radicalmente injustos e já estão condenados à morte. O mesmo acontece com esses peixes: são os únicos amaldiçoados, que nadam nas profundezas, sem subir como os outros. E permanecem no fundo da terra, habitando o abismo. Também: "Não comais lebre". Por que razão? Isso quer dizer: não seja um pederasta, nem imite os que são assim. Porque a lebre, a cada ano, multiplica seu orifício. Ela tem tantos orifícios quanto sua idade. Também: "Não comais hiena". Isso quer dizer: não sejais adúlteros ou homossexuais e não vos assemelheis aos que são. Por que razão? Porque esse animal muda de sexo todos os anos e torna-se ora macho, ora fêmea. Ele desprezou também a doninha. Muito bem! Não sejais como aqueles que cometem a injustiça com a boca por depravação nem vos junteis a essas bocas depravadas. Pois esse mal se concebe pela boca. Moisés, tendo recebido tríplice ensinamento sobre os alimentos, usou linguagem simbólica. Eles o entenderam sobre os alimentos materiais, por causa do desejo carnal. Davi recebeu o conhecimento desse mesmo ensinamento tríplice. Ele fala de forma semelhante: "Feliz o homem que não segue conselho dos injustos, como os peixes que se movem nas trevas profundas; e não se coloca no caminho dos pecadores, como aqueles que aparentam temer ao Senhor, mas são pecadores como o porco; e não se coloca como os destruidores, ou como as aves que se posicionam para a rapina". Aí estão os mandamentos que se referem à comida. Moisés, porém, disse: "Comei todo animal que tem o casco fendido e que rumina". O que ele quis dizer? Que esse animal recebe sua comida e reconhece quem o alimenta, e no repouso parece se alegrar. Está bem de acordo com o mandamento. Reuni-vos àqueles que temem o Senhor, que meditam no coração sobre o sentido exato da palavra que receberam, que ensinam e observam as decisões do Senhor, que sabem que a meditação é alegre exercício e que ruminam a palavra do Senhor.

O que significa o casco fendido? É o caminho dos justos neste mundo que esperam o mundo santo. Vede como Moisés legislou bem! Mas foi possível que compreendessem tudo isso? Nós compreendemos exatamente os mandamentos e pudemos repassá-los como o Senhor desejou. Por isso, Ele circuncidou nossos ouvidos e nosso coração, para compreendermos essas coisas.

Barn. 11

Vamos estudar a intenção do Senhor ao nos ensinar sobre a água e a cruz. Quanto à água, está escrito que Israel não teria recebido o batismo que leva à remissão dos pecados, mas edificariam para si mesmos. Disse o profeta: "Pasma, ó céu! Terra, treme ainda mais! Pois este povo cometeu mal duplo: eles abandonaram a mim, que sou a fonte viva da água, e cavaram para si uma cisterna da morte. Por acaso o Sinai, minha montanha santa, é rocha deserta? Serão como os passarinhos que voam, quando lhes tiram o ninho". E o profeta disse ainda: "Eu marcharei à tua frente, aplainarei as montanhas, quebrarei as portas de bronze, despedaçarei as trancas de ferro e te darei tesouros secretos, escondidos e invisíveis, para que saibas que eu sou o Senhor Deus. Habitarás uma caverna alta de rocha sólida, onde a água não falta. Verás o rei em sua glória e tua alma meditará no temor do Senhor".

Outro profeta disse: "Quem assim age será como a árvore plantada junto à corrente d'água, que dá seu fruto no tempo certo. Sua folhagem não cairá, e tudo o que fizer terá sucesso. Não são assim os injustos. Eles são como a poeira que o vento espalha na face da terra. E por isso os injustos não se levantarão no julgamento nem os pecadores no conselho dos justos. Pois o Senhor conhece o caminho dos justos, mas o caminho da injustiça perecerá". Notai que Ele menciona ao mesmo tempo a água e a cruz, dizendo: "Felizes aqueles que, tendo lançado sua esperança na cruz, desceram para a água". Pois Ele disse que o pagamento vem no tempo certo, ou seja, que Ele retribuirá. Mas para hoje o que Ele diz? "Sua folhagem não cairá." Isso significa que toda palavra de fé e amor que sair da vossa boca será para muitos causa de conversão e esperança. E outro profeta disse ainda: "E a terra de Jacó irá celebrar mais do que qualquer outra terra". Isso quer dizer que Ele glorifica o vaso do seu Espírito. E continua: "Havia um rio que corria, vindo da direita, e árvores esplêndidas tiravam dele seu crescimento. Qualquer pessoa que delas se alimentar viverá eternamente". Isso significa que descemos carregados de pecados e poluição para a água, mas nos erguemos dela para dar frutos em nosso coração, tendo no Espírito o temor e a esperança em Jesus. "Quem se alimentar delas viverá eternamente", isto é, quem escutar as palavras que são ditas e nelas crer viverá eternamente.

Barn. 12

Da mesma forma Ele fala da cruz por meio de outro profeta: "Quando tais coisas se cumprirão?, disse o Senhor. Quando um madeiro for estendido no chão e novamente levantado. E quando o sangue gotejar do madeiro". Tais palavras se referem à cruz e àquele que seria crucificado. Ele falou a Moisés, quando Israel foi atacado pelos povos estrangeiros: "Recordai esse combate que ocorreu, por vossos pecados estáveis sendo entregues à morte". Falando ao coração de Moisés, o Espírito lhe apresentou a figura da cruz e daquele que deveria sofrer. Ele lhe disse: "Se não esperardes nele, sereis para sempre atacados". Então Moisés amontoou as armas no meio do combate, ficou em pé no lugar mais alto de todos, estendeu os braços, e Israel venceu novamente. No entanto, cada vez que os abaixava, os israelitas sucumbiam. Por quê? Para que soubessem que não podiam ser salvos se não confiassem nele. Ainda a outro profeta Ele disse: "O dia inteiro estendi meus braços a um povo desobediente e que se opõe ao caminho da justiça". Quando outra vez Israel sucumbia, Moisés fez a prefiguração de Jesus, mostrando que Ele devia sofrer, pois aquele que pensavam ter morrido na cruz lhes daria a vida. O Senhor fez com que todo tipo de serpente os mordesse e eles sucumbiam, como a serpente foi para Eva o instrumento da desobediência. Ele queria convencê-los de que era por causa da desobediência que seriam entregues à tortura da morte. Finalmente, o próprio Moisés deu a ordem: "Não tereis como vosso deus nenhuma imagem fundida ou esculpida". Mas ele fez uma serpente de bronze, colocou-a diante de todos e convocou o povo. Quando se reuniram naquele lugar, suplicaram a Moisés que intercedesse pela cura deles. Moisés lhes respondeu: "Quando alguém for mordido, venha até a serpente fixada ao madeiro e creia com confiança. Quem crer que a serpente, embora morta, possa dar a vida no mesmo instante será salvo". Assim fizeram. Novamente a glória de Jesus se mostrou, porque tudo está Nele e tudo é para Ele. Moisés fala a respeito do profeta Josué, filho de Num, que recebeu esse nome para que todo o povo ouvisse que o Pai revela todas as coisas concernentes a Seu filho Jesus. Enviando-o para explorar o país, depois de sua nomeação, Moisés disse a Josué: "Toma em tuas mãos um livro e escreve o que disse o Senhor: 'Nos últimos dias, o Filho de Deus arrancará pelas raízes a casa de Amaleque'". Mais uma vez, Jesus é manifestado em prefiguração carnal, não um filho do homem, mas o Filho de Deus. Como diriam que o Cristo é filho de Davi, o próprio Davi, temendo e prevendo o erro dos pecadores, profetiza: "Disse o Senhor ao meu Senhor: Senta-te à minha direita, até que eu ponha os teus inimigos como estrado de teus pés". Isaías também disse: "O Senhor disse a Cristo, meu Senhor: Eu te tomo pela mão direita, para que as nações te obedeçam eu romperei a força dos reis". Vede como Davi o chama Senhor, e não filho!

Barn. 13

Vejamos agora qual é o povo que recebe a herança, esse ou o primeiro. E a aliança será para nós ou para eles? Escutai, então, o que disse a Escritura a respeito do povo: "Isaque rezava pela sua mulher Rebeca, que era estéril, e ela concebeu". Depois: "Rebeca saiu para consultar o Senhor, e o Senhor lhe disse: 'Há duas nações em teu ventre e dois povos em tuas entranhas. Um povo dominará o outro, e o mais velho servirá ao mais jovem'". Devemos compreender quem são Isaque e Rebeca, e a quem Ele se referia ao mostrar que este povo é maior do que aquele. Em outra profecia, Jacó se dirige mais claramente ainda a seu filho José, dizendo: "O Senhor não me privou de tua presença. Traz-me teus filhos para que eu os abençoe". Ele levou Efraim e Manassés, querendo que Manassés, o mais velho, recebesse a bênção. José o conduziu para a mão direita de seu pai Jacó. No entanto, Jacó viu em espírito a prefiguração do povo futuro. E o que ele fez? Jacó cruzou as mãos e colocou a mão direita sobre a cabeça de Efraim, o segundo e o mais novo, abençoando-o. Então José disse a Jacó: "Desvia tua mão direita e coloca-a sobre a cabeça de Manassés, pois ele é o meu filho primogênito". Jacó respondeu: "Eu sei, meu filho, eu sei. O mais velho servirá ao mais jovem, e é este que será abençoado". Vejam a quem ele se referia ao decidir que este povo seria o primeiro e o herdeiro da aliança. Isso também se dá no caso de Abraão, assim nosso conhecimento torna-se completo. O que foi dito a Abraão, por somente ele ter acreditado e se estabelecido na justiça? "Abraão, eu te estabeleci como pai das nações que, embora incircuncisas, acreditam em Deus".

Barn. 14

Assim, vamos continuar pesquisando para ver se Ele deu ao povo a aliança que prometera como juramento a seus antepassados. Pois é certo que Ele cumpriu a aliança, mas eles não foram dignos de recebê-la, por causa de seus pecados. O profeta disse: "Moisés jejuou quarenta dias e quarenta noites no Monte Sinai para receber a aliança do Senhor com o povo. Moisés recebeu do Senhor as duas tábuas escritas em espírito pelo dedo da mão do Senhor. Moisés as tomou e começou a descer para levá-las ao povo. Moisés ouviu do Senhor: 'Moisés, Moisés, apressa-te a descer, pois teu povo, que fizeste sair da terra do Egito, pecou'. Moisés compreendeu que seu povo tinha feito imagens de metal fundido. Então atirou para longe as tábuas da aliança do Senhor, e elas se quebraram". Moisés, portanto, recebeu a aliança, mas o povo não era digno dela. Aprendei que nós a recebemos. Moisés a recebeu como servo, mas o próprio Senhor, depois de sofrer por nós, novamente entregou-a ao povo como herança. Ele apareceu para carregar o máximo de pecados, e nós recebemos a aliança mediante o Senhor Jesus, o herdeiro. Jesus estava preparado para manifestar a libertação das trevas de nosso coração já consumidos pela morte e entregues aos desvios da injustiça e para estabelecer conosco uma aliança com a palavra. Está escrito que o Pai lhe ordenou que nos libertasse das trevas, a fim de preparar para si um povo santo. Disse o profeta: "Eu, o Senhor teu Deus, te chamei na justiça, te tomarei pela mão e te fortificarei. Eu te coloquei como aliança de um povo, como luz das nações para abrir os olhos dos cegos, para libertar das cadeias os prisioneiros que estão nas trevas". Sabei, portanto, de onde fomos libertos! O profeta disse ainda: "Eu te coloquei como luz das nações, para que sirvas como salvação até os confins da Terra. Assim disse o Senhor, o Deus que te libertou". E ainda: "O Espírito do Senhor está sobre mim, por isso me ungiu para anunciar aos pobres o evangelho da graça. Ele me enviou para curar os corações quebrantados, para proclamar aos prisioneiros a liberdade e restaurar aos cegos a vista, para anunciar o ano favorável do Senhor e o dia da retribuição, para consolar todos os que choram".

Barn. 15

Sobre o sábado, está escrito no Decálogo que Deus o entregou pessoalmente a Moisés sobre o Monte Sinai: "Santificai o sábado do Senhor com mãos e coração puros". Em outro lugar, disse: "Se meus filhos guardarem o sábado, eu estenderei a minha misericórdia a eles". Ele menciona o sábado no princípio da criação: "Em seis dias, Deus fez as obras de suas mãos e as terminou no sétimo dia, quando descansou e o santificou". Prestai atenção, filhos, ao significado: "terminou no sétimo dia". Isto é, o Senhor consumará o Universo em seis mil anos, pois um dia para ele significa mil anos. Ele próprio afirma, dizendo: "Vede, um dia do Senhor será como mil anos". Portanto, filhos, "seis dias" são seis mil anos, quando o Universo será consumado. "E descansou no sétimo dia." Isso quer dizer que Seu Filho, quando vier para pôr fim ao tempo da injustiça, para julgar os injustos e mudar o sol, a lua e as estrelas, então repousará no sétimo dia. Por fim, ele disse: "Santifica--o com mãos e coração puros". Contudo, se pensamos que alguém agora seria capaz de santificar com o coração puro esse dia que Deus santificou, então nós nos enganamos completamente. Mas se no presente não ocorrer a santificação, Ele o santificará verdadeiramente no repouso, quando nós formos capazes disso, isto é, quando tivermos sido justificados e recebermos o objeto da promessa, quando não houver mais injustiça e o Senhor renovar tudo. Poderemos assim santificá-lo, pois fomos mesmo santificados. Ele finalmente disse: "Não suporto vossas festas e vossos sábados". Vede o que isso significa: "Não são os sábados atuais que me agradam, mas os que eu fiz. Depois de ter levado todas as coisas ao repouso, farei o início do oitavo dia, isto é, o começo de outro mundo. Assim celebraremos como festa alegre o oitavo dia, no qual Jesus ressuscitou dos mortos e, depois de se manifestar, subiu aos céus".

Barn. 16

Com relação ao templo, eu mostrarei a esses infelizes extraviados como puseram sua esperança num edifício, como se fosse a casa do Deus que os criou. Pois, quase como os pagãos, eles O consagraram no templo. Mas o Senhor o aboliu. Aprendei: "Quem mediu o céu com o palmo e a terra com a mão? Não fui eu?, disse o Senhor. O céu é o meu trono e a terra é o estrado sob meus pés. Que casa construireis para mim, onde será o lugar do meu repouso?". Vede como era vã a esperança deles. Por fim, ele disse: "Aqueles que destruíram esse templo, eles mesmos o edificarão". E isso está acontecendo. Por causa da guerra deles, o templo foi destruído pelos inimigos. E agora os mesmos servos dos inimigos o reconstruirão. Ele tinha igualmente revelado que a cidade, o templo e o povo de Israel seriam entregues. A Escritura disse: "Acontecerá no fim dos dias que o Senhor entregará à destruição as ovelhas do pasto, o covil e a sua torre". E aconteceu conforme o Senhor disse. Indagamos se existe um templo de Deus. Sim, onde ele disse quem o construirá e aperfeiçoará. Está escrito: "Quando a semana estiver terminada, será construído um templo de Deus, com esplendor, em nome do Senhor". Acredito que existe um templo. E como ele "será construído em nome do Senhor"? Aprendei: antes de acreditarmos em Deus, nosso coração era uma habitação corruptível e frágil, exatamente como um templo construído pela mão humana. Estava cheio de idolatria e era casa de demônios, pois todas as nossas ações se opunham a Deus. Contudo, "ele será construído em nome do Senhor". Ficai atentos, para que o templo do Senhor seja construído com esplendor. De que modo? Aprendei: recebendo o perdão dos pecados e pondo nossa esperança no nome, nós nos tornamos novos, recriados desde o princípio. É por isso que Deus habita verdadeiramente em nós, tornando-nos Sua morada. Como? Pela Sua palavra de fé, pelo chamado da Sua promessa, pela sabedoria das Suas leis, pelos mandamentos da doutrina, profetizando em nós, habitando em nós, abrindo para nós a porta do templo, que é a nossa boca, e dando-nos o arrependimento, Ele nos introduz no templo incorruptível. Logo, quem deseja ser salvo não olha para o homem, mas para Aquele que habita nele e fala por meio dele, e fica maravilhado de nunca em tempo algum ter ouvido essas palavras daquele que fala por meio da boca humana. Esse é o templo espiritual construído pelo Senhor.

Barn. 17

Procurei explicar essas coisas com a maior simplicidade possível, e espero não ter deixado nada de lado. Pois se tivesse escrito sobre o presente ou o futuro não poderíeis compreender, pois isso permanece em parábolas.

Barn. 18

Esse assunto se encerra. Passemos a outro tipo de conhecimento e ensinamento. Existem dois caminhos de ensinamento e autoridade: o da luz e o das trevas. A diferença entre os dois é grande. De fato, sobre um estão postados os anjos de Deus, portadores da luz, e sobre o outro, os anjos do maligno. Um é Senhor da eternidade, ao passo que o outro é príncipe do presente tempo da injustiça.

Barn. 19

Este é o caminho da luz: se alguém quer andar no caminho e chegar ao lugar determinado, que se esforce em suas obras. Este é o conhecimento que nos foi dado para andar nesse caminho. Ama aquele que te criou. Teme aquele que te formou. Glorifica a quem que te resgatou da morte. Sê simples de coração e rico de espírito. Não te reúnas àqueles que andam no caminho da morte. Odeia tudo o que não é agradável a Deus. Odeia toda hipocrisia. Não abandones os mandamentos do Senhor. Não te engrandeças, sê humilde em todas as circunstâncias. Não te exaltes em glória. Não planejes o mal contra o teu próximo. Não te entregues à insolência. Não pratiques a prostituição, nem o adultério, nem a pederastia. Não divulgues a palavra de Deus entre pessoas impuras. Não faças diferença entre as pessoas, ao corrigir alguém por sua falta. Sê manso, tranquilo, respeitando as palavras que ouves. Não sejas vingativo para com teu irmão. Não fale sobre o que vai ou não acontecer. Não tomes em vão o nome do Senhor. Ama o teu próximo mais do que a ti mesmo. Não mates a criança no ventre da mãe, nem logo que ela tiver nascido. Não te descuides de teu filho ou de tua filha. Pelo contrário, dá-lhes instrução desde a infância no temor do Senhor. Não cobices os bens do teu próximo. Não sejas avarento, não reúnas teu coração aos grandes, mas conserva-o com os justos e pobres. Aceita como boas as coisas que te acontecem, sabendo que nada acontece sem o consentimento de Deus. Não sejas dúbio no pensar e no falar, porque a duplicidade é armadilha mortal. Sê submisso a teus senhores, com respeito e reverência, como à imagem de Deus. Não comandes com rudeza o teu servo ou a tua serva, pois eles esperam no mesmo Deus que tu, para que não percam o temor a Deus, que está acima de todos. Ele não chamará pela aparência, mas aos que o Espírito preparou. Compartilha tudo com o teu próximo e não digas que as coisas são tuas. Pois se sois companheiros nas coisas imperecíveis, quanto mais sereis no que é perecível. Não sejas falante loquaz, porque a boca é armadilha mortal. O quanto possível, sê puro em tua alma. Não sejas como os que estendem a mão na hora de receber e a retiram na hora de dar. Ama com teu olhar todo aquele que te anuncia a palavra de Deus. Lembra-te noite e dia do dia do julgamento. A cada momento, procura a companhia dos santos. Empenha-te com a pregação, exortando e preocupando-te em salvar uma alma pela palavra, ou em trabalhar com tuas mãos para resgatar teus pecados. Não hesites em dar nem dês reclamando, pois sabes quem é o verdadeiro remunerador da tua recompensa. Guarda o que recebeste, sem nada acrescentar ou tirar. Despreza totalmente o mal. Julga com justiça. Não provoques a divisão. Pelo contrário, reconcilia aqueles que brigam entre si. Confessa os teus pecados. Não te apresentes para a oração com má consciência. Esse é o caminho da luz.

Barn. 20

O caminho das trevas é tortuoso e cheio de maldições. Ele é o caminho da morte eterna nos tormentos. Nele se encontram as coisas que arruínam a alma dos homens: idolatria, insolência, altivez do poder, hipocrisia, duplicidade de coração, adultério, homicídio, furor, orgulho, transgressão, fraude, maldade, arrogância, feitiçaria, magia, avareza e ausência do temor de Deus. Perseguidores de bons homens, desprezam a verdade, amam a mentira, ignoram a recompensa da justiça, não se reúnem ao bem ou à justiça, não cuidam da viúva e do órfão, não vigiam o temor de Deus. No mal, afastam-se da mansidão e da paciência, amam as vaidades, correm atrás da recompensa, não têm misericórdia do pobre, recusam ajudar o oprimido, difamam facilmente, ignoram o seu Criador, matam crianças, corrompem a imagem de Deus, não se compadecem do necessitado, não se importam com os atribulados, defendem os ricos, são injustos com os pobres, enfim, são pecadores consumados.

Barn. 21

É bom, portanto, aprender as sentenças do Senhor que estão escritas e conformar o comportamento de acordo com elas. Aquele que as pratica será glorificado no reino de Deus, mas aquele que escolher o outro caminho perecerá com suas obras. Por isso existe ressurreição e por isso existe retribuição. Aos que se dizem superiores, peço que aceitem um conselho da minha benevolência: tende entre vós pessoas com quem possam praticar o bem. Não deixeis de assim fazer. Está próximo o dia em que todas as coisas perecerão com o maligno. Está próximo o justo Senhor com a sua retribuição. Peço ainda: sede bons legisladores uns com os outros, sede fiéis conselheiros de vós mesmos, afastai-vos de toda hipocrisia. O Deus que reina sobre o mundo inteiro vos dará sabedoria, inteligência, ciência, conhecimento de suas decisões e perseverança. Deixai-vos instruir por Deus, procurando o que o Senhor quer, e agi de tal modo que possais ser encontrados no dia do julgamento. Se puderdes recordar o bem, lembrai-vos de mim ao meditar sobre essas coisas. Desse modo, meu desejo e minha vigilância levarão à realização de algum bem. Peço com insistência, como uma graça: enquanto o belo vaso ainda está convosco, não negligencieis nada, mas buscai constantemente cumprir todos os mandamentos, porque eles são dignos. Por tudo isso eu me esforcei em vos escrever, segundo minhas possibilidades. Eu vos saúdo, filhos do amor e da paz. Que o Senhor da glória e de toda graça esteja com vosso espírito.

O PASTOR DE HERMAS

Herm.Vi

Visão 1

Meu senhor havia ido a Roma para me vender a uma certa Rode. Vários anos depois, pude revê-la e comecei a amá-la como irmã. Algum tempo depois a vi tomando banho no Tibre, estendi a mão e a ajudei a sair do rio. Olhando sua beleza, pensava comigo mesmo: eu seria muito feliz se tivesse mulher com essa beleza e caráter. Foi o que pensei, nada além disso. Passado algum tempo, dirigindo-me para Cumas, refletia como são grandes, marcantes e poderosas as obras de Deus. Durante a viagem, adormeci. Então o Espírito me arrebatou e me conduziu através de um caminho intransitável, por onde ninguém mais podia andar. O lugar era escarpado, todo permeado por águas. Atravessei o rio e, chegando à planície, ajoelhei-me e comecei a rezar a Deus, confessando-lhe meus pecados. Durante minha oração, o céu se abriu e vi a mulher que havia desejado. Do céu, ela me saudou: "Bom dia, Hermas". Olhei para ela e disse: "Senhora, que fazes aí?". Ela me respondeu: "Fui transportada para denunciar ao Senhor os teus pecados". Eu respondi: "Então, agora é minha acusadora?". Ela disse: "Não! Ouve as palavras que vou te dizer: Deus, que habita nos céus, que do nada criou os seres, que os multiplicou e os fez crescer em vista da sua santa Igreja, está irritado contigo, porque cometeste pecado contra mim". Então lhe respondi nestes termos: "Cometi falta contra ti? Em que lugar e quando, alguma vez te dirigi palavra desonrosa? Por acaso, não te considerei sempre como deusa? Por acaso não te tratei sempre como irmã? Mulher, por que me acusas falsamente de maldade e impureza?". Sorrindo, ela me disse: "O desejo da maldade entrou no teu coração. Não te parece que, para um homem justo, é prejudicial ter no coração o desejo da maldade? É falta, e grande, porque o homem justo tem pensamentos justos. É mediante esses pensamentos justos que ele aumenta sua glória nos céus e faz que o Senhor seja indulgente para com todos os seus atos. Já aqueles que são maus no coração só atraem para si morte e prisão, sobretudo aqueles que passam esta vida se vangloriando de suas riquezas e não se interessam pelos bens futuros. Suas almas deverão se arrepender, pois eles, não tendo esperança, desesperam de si e da própria vida. Quanto a ti, reza a Deus. Ele curará teus pecados e os pecados de toda a tua família e de todos os santos". Quando ela terminou de dizer essas palavras, os céus se fecharam, e eu estava tremendo e triste. Disse a mim mesmo: "Se o pecado está escrito contra mim, como poderei alcançar a salvação? Como aplacarei a Deus pelos meus pecados realmente cometidos? Com que palavras pedirei ao Senhor que me seja favorável?". Essas eram minhas reflexões e hesitações, quando vi diante de mim uma poltrona grande forrada de lã branca como a neve. Em seguida, surgiu uma senhora idosa, com vestes resplandecentes e um livro nas mãos. Ela sentou-se e me saudou: "Bom dia, Hermas". Triste, respondi chorando: "Bom dia, senhora". Ela me disse: "Por que essa tristeza toda, Hermas? Vejo que és paciente e calmo e estás sempre sorridente, por que estás abatido dessa maneira, sem alegria?". Respondi: "É porque uma excelente mulher diz que cometi contra ela uma falta". Então ela continuou: "Para um servo de Deus não se trata do ato em si mesmo. Mas o desejo a respeito dela entrou no teu coração. Para os servos de Deus, intenção desse tipo conduz ao pecado. Para o espírito muito santo e já provado, intenção má, desejar má ação é de espantar, sobretudo tratando-se de ti, que és casto, Hermas, que te absténs de todo mau desejo, que és pleno de perfeita simplicidade e grande inocência". Quando ela terminou de ler e se levantou da poltrona, chegaram quatro jovens que levaram a poltrona e foram embora, em direção ao Oriente. Então ela me chamou, tocou no meu peito e disse: "Gostaste da minha leitura?". Respondi: "Senhora, as últimas palavras me agradam, mas as anteriores são penosas e duras". Ela ainda falava comigo quando apareceram dois homens, tomaram-na pelos braços e se foram, na mesma direção da poltrona, para o lado do Oriente. Quando estava para partir, o ar dela era alegre e, ao se retirar, me disse: "Sê homem, Hermas".

Visão 2

Eu me dirigia para Cumas, na mesma época do ano anterior. Enquanto caminhava, lembrei-me da visão que tivera um ano antes. Novamente um espírito me arrebatou e me transportou para o mesmo lugar. Chegando, ajoelhei e comecei a rezar ao Senhor, glorificando Seu nome, por ter me considerado digno e me fazer conhecer meus pecados passados. Ao me levantar da oração, vi diante de mim a senhora idosa do ano anterior. Ela caminhava e lia um pequeno livro. Então me disse: "Podes anunciar isto aos eleitos de Deus?". Eu lhe respondi: "Senhora, não consigo guardar na memória tantas coisas. Dá-me o livrinho, para que eu faça uma cópia". Ela disse: "Toma-o e depois devolva-o a mim". Eu o tomei e, afastando-me para um lugar do campo, copiei tudo, letra por letra, porque não conseguia reconhecer as sílabas. Quando terminei de copiar as letras do livrinho, ele repentinamente saiu das minhas mãos, sem eu ver quem o tomara. Depois de quinze dias de jejum e muitas orações ao Senhor, o sentido do texto revelou-se a mim. Estava escrito o seguinte: "Hermas, teus filhos se revoltaram contra Deus, blasfemaram o Senhor, traíram seus pais com muita maldade e se tornaram traidores dos pais. Sua traição não trouxe benefícios, e ainda continuaram aumentando os seus pecados com a impureza e as contaminações da maldade; desse modo, suas injustiças chegaram ao máximo. Transmite essas palavras a todos os teus filhos e à tua esposa, que doravante deve ser como tua irmã. Ela deve dominar a língua para não praticar o mal, por isso, ouvindo essas palavras, ela poderá dominá-la e alcançará a misericórdia. Depois que tiveres levado essas palavras que o Senhor me ordenou revelar-te, todos os pecados passados de todos os santos que pecaram até hoje serão perdoados, se fizerem penitência de todo o coração e afastarem de seus corações as dúvidas. O Senhor jurou por sua glória e respeito de seus eleitos: se depois deste dia, fixado como limite, ainda cometerem um só pecado que seja, eles não obterão a salvação, pois a penitência para os justos tem limite. Contudo, para os pagãos, a penitência pode ser feita até o último dia. Diz, portanto, aos chefes da Igreja que endireitem seus caminhos na justiça, a fim de receberem plenamente, com grande glória, o que lhes foi prometido. Perseverai na prática da justiça e não duvideis, para que o vosso caminho esteja com os santos anjos. Felizes são os que suportam a grande tribulação que se aproxima e todos os que não renegam a sua própria vida. Porque o Senhor jurou por Seu Filho: 'Aqueles que renegarem o seu Senhor perderão a própria vida, como também aqueles que estão dispostos a renegá-lo nos dias futuros'. Quanto àqueles que o renegaram antes, o Senhor, em sua grande misericórdia, tornou-se próximo a eles. Quanto a ti, Hermas, não tenhas rancor contra teus filhos, nem abandones tua irmã. E, assim, eles serão purificados dos pecados que cometeram. Se não guardares rancor, eles receberão educação correta. O rancor provoca a morte. Quanto a ti, Hermas, sofreste grandes tribulações pessoais por causa das transgressões de tua família e porque não cuidavas dela. Foste negligente e te envolveste em maus negócios. O que te salva, porém, é não teres abandonado o Deus vivo, assim como a tua simplicidade e a tua grande continência. Isso te salvará, contanto que perseveres e salves também todos aqueles que agem assim e andam no caminho da inocência e da simplicidade. Esses dominarão todo o mal e permanecerão firmes até a vida eterna. Felizes aqueles que praticam a justiça, jamais perecerão. Diz a Máximo: 'A tribulação há de chegar, se te achares apto a renegar de novo. O Senhor está próximo daqueles que fazem penitência, como está escrito no livro de Eldad e Medat, que profetizaram para o povo no deserto'". Irmãos, enquanto eu dormia, tive uma revelação. Feita por um jovem encantador, que me disse: "Quem achas que é a mulher idosa que te emprestou o livrinho?". Eu respondi: "Sibila". Ele disse: "Pois se enganou, não é ela". Perguntei: "Quem é então?". Ele me respondeu: "É a Igreja". Eu lhe perguntei: "Então por que era tão idosa?". Ele respondeu: "Porque foi criada antes de todas as coisas. Por isso ela é idosa, foi por ela que o mundo foi formado". Depois disso, tive uma visão em minha casa. A mulher idosa apareceu e me perguntou se eu já havia entregue o livrinho aos presbíteros. Respondi a ela que não. Ela continuou: "Fizeste bem, porque tenho algumas palavras a acrescentar. Quando terminar tudo o que tenho a dizer, poderás conhecer todos os eleitos. Farás, então, duas cópias do livrinho e as mandarás, uma a Clemente e outra a Grapta. Clemente, por sua vez, mandará a cópia às outras cidades, porque essa missão será dele. Grapta exortará as viúvas e os órfãos. E a tua será lida para esta cidade, na presença dos presbíteros que dirigem a Igreja".

Visão 3

Irmãos, esta foi a terceira visão que tive. Fazia o jejum frequentemente e pedia ao Senhor que me concedesse a revelação da promessa que veio através da mulher idosa. Nessa mesma noite, ela me apareceu e disse: "Já que tens tanto desejo de conhecer tudo, vá ao campo onde se cultiva o trigo, à quinta hora eu aparecerei e te mostrarei o que precisas ver". Eu lhe perguntei: "Senhora, em que lugar do campo?". Ela respondeu: "Onde quiseres". Escolhi um lugar belo e afastado. Contudo, antes que eu lhe falasse sobre o lugar, ela me disse: "Irei onde estiveres". Irmãos, eu caminhava pelo campo, contando as horas. Cheguei ao lugar onde lhe havia dito que estaria e vi um banco de marfim, em cima dele uma almofada de linho, e estendido sobre ela um véu de linho finíssimo. Ao ver esses objetos, sem que houvesse ninguém no lugar, fiquei espantado. Fui tomado de tremor, e meus cabelos ficaram em pé. A solidão me deu calafrios. Contudo, caí em mim, lembrei-me da glória de Deus e recobrei a coragem. Ajoelhei-me e confessei novamente ao Senhor os meus pecados, como já fizera antes. Então ela apareceu com seis jovens, aproximou-se de mim, ouviu-me rezando e confessando meus pecados ao Senhor. Tocou-me e disse: "Hermas, para de suplicar somente por teus pecados. Suplica também pela justiça, a fim de obter um tanto dela para a tua família". Ela me ergueu pela mão, levou-me até o banco e disse aos jovens: "Ide construir". Eles se retiraram, deixando-nos sozinhos. Ela me disse: "Senta aqui". Eu lhe respondi: "Senhora, deixa que os presbíteros se sentem primeiro". Ela replicou: "Faz o que te digo: senta". Quis então sentar-me à direita, porém ela não permitiu, fez um sinal com a mão para eu me sentar à esquerda. Fiquei pensativo e triste, porque ela não me permitira sentar à direita. Assim, ela falou: "Estás triste, Hermas? O lugar da direita está reservado para outros, para os que já agradaram ao Senhor e sofreram por seu nome. Ainda falta muito para poderes sentar-te com eles. Contudo, persevera na tua simplicidade, como já fizeste até agora, e poderás sentar-te ao lado deles e também com todos aqueles que farão o que eles fizeram e sofrerão o que eles sofreram". Eu lhe perguntei: "O que é que sofreram?". Ela me respondeu: "Houve: açoites, prisões, grandes tribulações, cruzes, feras, tudo por causa do nome. É por isso que está reservado a eles o lado direito do santuário, a eles e a todo aquele que sofre pelo nome. Os outros ficam do lado esquerdo. Mas uns e outros, os da direita e os da esquerda, gozam dos mesmos dons e das mesmas promessas. Os que estão sentados à direita, porém, têm glória particular. Se desejas sentar-te à direita com eles, deverás ser purificado de teus defeitos, que ainda são numerosos, e todos aqueles que não tiverem duvidado serão purificados de todos os seus pecados cometidos até hoje". Depois de dizer isso, ela fez menção de ir embora. Lancei-me a seus pés, suplicando-lhe, pelo Senhor, que me concedesse a visão que me prometera. Ela tomou de novo minha mão, levantou-me e me fez sentar novamente à esquerda. Ela se sentou à direita. Depois, levantou um bastão brilhante e me disse: "Estás vendo algo grande?". Eu lhe respondi: "Senhora, não vejo nada". Ela continuou: "Não estás vendo diante de ti uma grande torre que está sendo construída sobre as águas, com pedras quadradas e brilhantes?". E estava em construção uma forma quadrada feita pelos seis jovens que tinham vindo com ela. Outros milhares e milhares de homens carregavam as pedras, uns do fundo da água, outros da Terra e as entregavam aos seis jovens, que as recebiam e construíam. Eles colocavam as pedras tiradas do fundo da água, pois já eram lavradas, e se ajustavam imediatamente na construção com as outras pedras. Ajustavam-se tão bem umas com as outras que não se via nenhuma juntura, e a torre parecia construída como um só bloco. Das pedras trazidas da terra, umas eram rejeitadas e outras utilizadas, e ainda outras eram quebradas e jogadas longe da torre. Muitas outras pedras estavam no chão ao redor do edifício. Não as utilizavam na construção, porque algumas estavam carcomidas, outras rachadas, outras mutiladas, algumas eram brancas e redondas e não se encaixavam. Vi também outras pedras jogadas longe da torre, caindo no caminho e, sem parar, rolando para lugares inacessíveis. Outras caíam no fogo e queimavam, e outras ainda caíam perto da água, mas não conseguiam rolar, embora desejassem entrar na água.

Depois de ter me mostrado tudo isso, ela quis ir embora. Eu lhe disse: "Senhora, de que me serve ver essas coisas, se não sei o que significam?". Ela respondeu: "Estás curioso para conhecer o que se refere à torre!". Eu lhe disse: "Sim, senhora, quero conhecer para anunciar aos irmãos e alegrá-los, para que, ouvindo isso, conheçam a Deus em toda a sua glória." Ela então me disse: "Muitos ouvirão. Contudo, depois de ouvirem, uns se alegrarão e outros chorarão. Todavia, também estes últimos, se ouvirem e fizerem penitência, se alegrarão. Ouve, portanto, as parábolas da torre, pois eu vou revelar tudo. Não me incomodes mais pedindo-me revelação. Mas sei que não irás parar de pedir, pois és insaciável. A torre que viste em construção sou eu mesma, a Igreja, de agora e de antes. Pergunta o que desejas saber a respeito da torre que revelarei, para que te alegres com os santos". Eu lhe pedi: "Senhora, agora que me julgou digno de todas as revelações, revela-me". Ela me disse: "O que convém te revelar será revelado. Basta que teu coração esteja voltado para Deus e não duvides de nada do que vês". Eu lhe perguntei: "Senhora, por que a torre está construída sobre as águas?". Sua resposta foi: "Já te disse isso antes, e de fato pesquisas diligentemente, portanto encontrarás a verdade. Ouve por que a torre foi construída sobre as águas: é porque sua vida foi salva pela água e ainda será. A torre foi construída pela palavra do nome Todo-Poderoso e glorioso e é sustentada pela força invisível do Senhor".

Então continuei: "Senhora, que coisa grande e admirável! Senhora, quem são os seis jovens que constroem?". Outra resposta: "São os santos anjos de Deus, criados em primeiro lugar. O Senhor confiou-lhes toda a Sua criação, para desenvolvê-la, construí-la e governá-la. É por meio deles que a construção da torre será terminada". Perguntei ainda: "E quem são os que carregam as pedras?". Ela respondeu: "Também são anjos do Senhor, mas os seis primeiros são superiores a eles. Quando a construção da torre estiver terminada, todos se alegrarão ao redor dela e glorificarão a Deus por ela ter sido terminada". Eu disse: "Senhora, gostaria de conhecer o destino das pedras e qual o significado de cada uma delas". Ela me deu a resposta: "Não és mais digno que os outros para que isso te seja revelado. Há outros na tua frente, e são melhores. É a eles que essas visões deveriam ser reveladas. Contudo, para que o nome do Senhor seja glorificado, podes receber e receberás essas revelações, por causa dos que vacilam, dos que perguntam sobre o que é real. Diz a eles que tudo isso é verdadeiro e que não há nada fora da verdade. Tudo é firme, sólido e bem alicerçado. Ouve sobre as pedras da construção. As pedras quadradas e brancas, que se ajustam bem entre si, são os apóstolos, os bispos, os doutores e os diáconos. Todos esses, caminhando segundo a santidade de Deus, desempenharam com pureza e santidade seu ministério a serviço dos eleitos de Deus. Uns já morreram e outros ainda vivem. Esses são os que estiveram sempre de mútuo acordo, conservaram a paz entre si e se ouviram reciprocamente. É por isso que na construção da torre suas junturas se ajustavam bem. Perguntei novamente: "E quem são as pedras tiradas do fundo da água, que se colocam na construção e pelas suas junturas se ajustam bem às outras já colocadas?". Sua resposta foi: "São os que sofreram em nome de Deus". Continuei: "Senhora, quero saber também quem são as pedras tiradas da terra". Ela respondeu: "As que entram na construção sem ser talhadas são os que o Senhor aprovou, porque andaram no caminho reto do Senhor e respeitaram perfeitamente seus mandamentos". Sem parar, continuei: "E quem são aquelas que eram levadas e postas na construção?". Respondeu-me: "São os novatos na fé, porém fiéis. Os anjos os incentivaram a praticar o bem, e não havia mal neles". Perguntei ainda: "E quem são aquelas que eram rejeitadas e jogadas fora?". Ela respondeu: "São aqueles que pecaram e que desejam fazer penitência. Por isso não foram jogados muito longe da torre. Se fizerem penitência, serão úteis para a construção. Aqueles que têm intenção de fazer penitência, caso realmente façam, ficarão firmes na fé, contanto que comecem agora, enquanto a torre ainda está em construção. Quando ela estiver terminada, não haverá mais lugar para eles, serão rejeitados e só poderão permanecer perto da torre. Quer saber sobre as pedras que são cortadas e jogadas para bem longe da torre? São os filhos da injustiça. Têm fé hipócrita, e nenhuma forma de maldade se afastou deles. É por isso que não alcançam a salvação. São inúteis para a construção, por causa de suas maldades. Foram, portanto, feitos em pedaços e jogados para longe pela ira do Senhor, pois O irritaram. Estão com as outras jogadas em grande número pelo chão, que não entravam na construção; as carcomidas são os que conheceram a verdade, mas não perseveraram nela nem aderiram aos santos. Por isso são inúteis". Perguntei mais: "E quem são as pedras com rachaduras?". Sua resposta foi: "São aqueles que nutrem rancor mútuo no coração e não conservam a paz. Assumem aparência de paz, mas suas maldades, que são as rachaduras dessas pedras, persistem em seu coração. As pedras mutiladas são os que têm fé no essencial, permanecem ligados à justiça, mas neles subsistem restos de injustiça. É por isso que elas estão mutiladas, e não inteiras". Mais uma vez perguntei: "Senhora e quem são as pedras brancas e redondas, que não se adaptam à construção?". Ela me respondeu: "Até quando serás ignorante e sem bom senso? Perguntarás tudo sem nada compreender sozinho? São os que têm fé, mas também conservam as riquezas deste mundo. Quando chega a tribulação, por causa de suas riquezas e negócios, eles renegam seu Senhor". Eu então lhe repliquei: "Senhora, quando é que eles serão úteis para a construção?". Ela me disse: "Quando for aparada a riqueza que os domina, então serão úteis para Deus. A pedra redonda não pode se tornar quadrada se não for cortada e não perder algo de si. Do mesmo modo, os ricos deste mundo não poderão ser úteis ao Senhor se suas riquezas não forem aparadas. Aprende contigo mesmo: enquanto eras rico, eras inútil. Agora és útil e proveitoso para a vida. Tornai-vos úteis para Deus! Pensa que também és uma dessas pedras. As pedras que viste jogadas longe da torre, caindo no caminho e rolando daí para lugares inacessíveis são aqueles que tiveram a fé, mas que, devido às suas dúvidas, abandonaram o seu verdadeiro caminho. Eles acham que podem encontrar caminho melhor, se extraviam e enveredam lamentavelmente por lugares inacessíveis. As que caem no fogo e queimam são os que se afastaram para sempre do Deus vivo e não despertaram para a inteligência de fazer penitência das paixões e das obras perversas que praticam. Quer saber quem são aquelas que caem junto da água, mas não conseguem rolar para dentro? São os que ouviram a palavra de Deus e querem ser batizados em nome do Senhor. Contudo, quando tomam consciência da pureza que a verdade exige, mudam de opinião e voltam novamente para seus desejos perversos".

E, assim, ela terminou a explicação da torre. Sem escrúpulos, eu lhe perguntei se todas essas pedras rejeitadas e impróprias para a construção podiam fazer penitência e encontrar lugar na torre. Esta foi a resposta: "Podem fazer penitência, mas não podem se encaixar nessa torre. Elas se encaixarão em outro lugar muito menor e só depois que tiverem passado pelas provações da penitência e cumprido os dias necessários para expiar os seus pecados serão transportadas para outro lugar, para participarem da palavra de justiça. Se refletirem sobre as obras perversas que cometeram, serão tirados das provações, caso não reflitam, não serão salvos, e isso devido à dureza de seus corações". Quando terminei de interrogá-la sobre todas essas coisas, ela me disse: "Queres ver mais alguma coisa?". Eu, desejoso de ver, fiquei muito contente. Ela me olhou sorridente e perguntou: "Vês sete mulheres ao redor da construção?". Eu respondi: "Sim, senhora". Ela continuou: "A torre é sustentada por elas, por ordem do Senhor. Ouve agora as funções que elas desempenham. A primeira, de mãos fortes, chama-se Fé. É por meio dela que os eleitos do Senhor são salvos. A segunda, que tem cinto e aspecto viril, chama-se Continência, e é filha da Fé. Todo aquele que a segue é feliz durante a vida, porque se abstém de toda má ação, crendo que pelo afastamento de toda perversidade herdará a vida eterna". Eu então perguntei: "Senhora, e as outras?". Ela continuou: "Elas são filhas umas das outras e se chamam Simplicidade, Ciência, Inocência, Santidade e Caridade. Portanto, se realizares todas as obras da mãe delas, viverás". Perguntei: "Senhora, eu desejaria saber qual é o poder de cada uma delas". Ela respondeu: "Ouça quais são os poderes delas. Elas estão subordinadas umas às outras e seguem-se mutuamente, conforme são geradas. Da Fé nasce a Continência; da Continência, a Simplicidade; da Simplicidade, a Inocência; da Inocência, a Santidade; da Santidade, a Ciência; da Ciência, a Caridade. Suas obras são puras, santas e divinas. Quem quer que se torne seu servidor e tenha força para perseverar em suas obras, habitará na torre, junto com os santos de Deus". Perguntei-lhe ainda sobre os tempos, para saber se já havia chegado o fim. Ela, então, clamou fortemente: "Insensato! Não vês que a torre ainda está em construção? Quando estiver terminada, então chegará o fim. E ela será terminada logo. Não me perguntes mais nada. Basta a ti e aos santos se lembrarem disso e renovarem seus espíritos. Mas não é somente para ti que tudo isso foi revelado: deves tornar isso conhecido de todos, em três dias. Em primeiro lugar, deverás refletir. Hermas, eu te ordeno repetir literalmente aos santos todas as palavras que vou te dizer, para que, depois de ouvi-las e observá-las, sejam purificados os pecados deles, e tu com eles".

"Filhos, escutai, busquei com toda a simplicidade, inocência e santidade, pela misericórdia do Senhor, que, gota a gota, fez cair sobre vós a justiça, que fôsseis justificados e santificados de toda maldade e perversidade. Porém, não quereis vos corrigir da maldade. Agora, portanto, escutai, vivei em paz uns com os outros, cuidai uns dos outros e socorrei-vos mutuamente. Não vos apossais dos bens que Deus criou em abundância, mas reparti-os com os necessitados. Alguns, pelo excesso no comer, acabam por enfraquecer o corpo e minar a saúde. Outros não têm o que comer e têm a saúde arruinada pela insuficiência de alimentos, e o corpo se deteriora. Essa intemperança é danosa para todos os que possuem e não repartem com os necessitados. Vede o julgamento que está por vir. Os que têm muito procurem os que têm fome, enquanto a torre não estiver terminada, porque, depois de terminada, ainda que quiserem fazer o bem, não terão mais ocasião. Atenção, aqueles que se orgulham de suas riquezas compartilhem, para que os necessitados não gemam e o gemido deles chegue até o Senhor, e sejais excluídos, junto com vossos bens, para fora da porta da torre. Eu me dirijo agora aos chefes da Igreja e àqueles que ocupam os primeiros lugares. Não vos torneis semelhantes aos envenenadores. Eles levam seus venenos em frascos, mas vós levais a poção e o veneno no coração. Estais endurecidos, vos recusais a purificar vossos corações com o pensamento na unidade, a fim de obter a misericórdia do grande rei. Atenção, meus filhos, para que essas divisões não tirem a vossa vida. Como pretendeis instruir os eleitos do Senhor, se não tendes instrução? Instruí-vos uns aos outros e conservai a paz mútua, a fim de que também eu, apresentando-me alegre diante do Pai, possa falar favoravelmente a respeito de todos ao Senhor."

Quando ela terminou de falar comigo, chegaram os seis jovens encarregados da construção e a levaram para a torre. Outros quatro tomaram o banco e também o levaram para a torre. Não vi o rosto deles, pois estavam de costas. No momento em que ela se retirava, eu pedi que me explicasse as três formas sob as quais ela me aparecera. E ela me respondeu: "Quanto a essas coisas, é necessário que perguntes a outro, para que te sejam reveladas". Irmãos, eu a tinha visto, na primeira visão do ano anterior, muito idosa e sentada na poltrona. Na visão seguinte, ela estava com aspecto mais jovem, porém o corpo e os cabelos eram de idosa. Ela falava em pé e estava mais alegre do que antes. Por ocasião da terceira visão, ela era inteiramente jovem e muito bela, só os cabelos pareciam de idosa. Estava muito alegre e sentada num banco. Eu estava muito intrigado para compreender a revelação prometida sobre essas coisas.

De noite, em outra visão, vi a mulher idosa, que me disse: "Toda pergunta exige humildade. Jejua e obterás o que pedes ao Senhor". Jejuei então um dia e, à noite, me apareceu um jovem que me disse: "Por que pedes continuamente revelações na oração? Atenção! Pedindo muito, podes prejudicar teu corpo. Bastam para ti essas revelações. Serias capaz de suportar revelações mais fortes do que essas?". Eu lhe respondi: "Senhor, peço para saber a respeito das três formas da mulher idosa, para que a revelação se complete". Ele me respondeu: "Até quando serás insensato? O que te torna insensato é duvidar e não voltar o coração para o Senhor". Eu lhe respondi novamente: "É justamente através de ti, Senhor, que conheceremos essas coisas". Ele me disse: "Ouça, então, sobre as formas. Por que na primeira vez ela te apareceu idosa e sentada na poltrona? Porque vossos espíritos estavam envelhecidos, murchos e sem força, pela vossa fraqueza e dúvida. Os velhos perdem a esperança de rejuvenescer e não esperam outra coisa senão a morte. Da mesma forma, enfraquecidos pelos negócios do mundo, tendes vos deixado levar pelo abatimento e não entregais ao Senhor vossas preocupações. Vosso coração se despedaçou e envelheceu em meio às tristezas". Eu disse: "Senhor, desejaria saber por que ela estava sentada numa poltrona". Ele respondeu: "Porque toda pessoa fraca é obrigada a sentar-se para reconfortar seu corpo débil. Esse é o sentido geral da primeira visão. Na segunda visão, ela estava em pé, com aspecto mais jovem e mais alegre do que antes, mas com o corpo e os cabelos de idosa. Escuta a seguinte comparação: um idoso desesperançado por causa de sua fraqueza e miséria não espera mais nada senão o último dia da sua vida. Caso, de maneira repentina, receba uma herança, ao saber disso, ele levanta, se alegra e recobra as forças. Ele não permanece deitado, mas põe-se de pé, e seu espírito, que estava consumido por seus sofrimentos anteriores, rejuvenesce. Não fica sempre sentado, mas age de modo viril. Igualmente acontece convosco, depois de ouvirdes a revelação que o Senhor fez. Ele teve compaixão de vosso espírito, que rejuvenesceu e a fraqueza se foi. A força voltou, pois vos fortaleceste na fé. Vendo vossa força, o Senhor se alegrou e, por isso, mostrou a construção da torre. Ele ainda fará outras revelações, se de todo o coração estabelecerdes a paz entre vós".

"Na terceira visão, vistes uma jovem, bela, alegre, de aspecto encantador. E, como uma pessoa triste que recebe uma boa notícia, imediatamente ela esqueceu suas tristezas anteriores. Ela só se interessa pela notícia e retoma suas forças para o bem e, pela alegria que experimenta, seu espírito rejuvenesce. O mesmo aconteceu convosco, ao ver essas coisas boas vosso espírito rejuvenesceu. Ela estava sentada no banco bem estável, pois o banco tem quatro pés e se mantém firme. O mundo também é sustentado por quatro elementos. Aqueles que fizerem penitência serão completamente rejuvenescidos e ficarão firmes, ao menos aqueles que tiverem feito penitência de todo o coração. Já recebeste toda a revelação. Doravante, não pede mais nenhuma. Mas, se algo ainda estiver faltando, será revelado a ti."

Visão 4

Irmãos, esta é a visão que tive vinte dias depois da última, prefigurando a tribulação que se aproxima. Eu caminhava pela Via Campana para o meu campo, situado a uns dois quilômetros da via pública. O lugar é de fácil acesso. Caminhando sozinho, pedi ao Senhor que completasse as revelações e as visões que me enviou por meio de Sua Santa Igreja, a fim de me fortalecer e conceder a conversão aos Seus servos que tropeçavam. Desse modo, Seu nome sublime e glorioso será santificado, pois Ele julgou que sou digno de que me mostre Suas maravilhas.

Eu O glorificava e Lhe dava graças quando um ruído de vozes me respondeu: "Não duvides, Hermas". Comecei então a refletir, e disse a mim mesmo: "Que razões eu teria para duvidar, pois sou sustentado pelo Senhor e vi Suas maravilhas?". Avancei um pouco, irmãos, e vi uma nuvem de poeira que se levantava até o céu e perguntei: "Será algum rebanho que se aproxima e levanta a poeira?". A nuvem estava mais ou menos a uns 200 metros de mim. Ela aumentava cada vez mais e suspeitei que fosse algo divino. Nesse momento, o sol brilhou um pouco, e então pude ver um animal enorme, parecido com a baleia, e da sua boca saíam gafanhotos de fogo. O animal tinha cerca de cem pés de comprimento, e sua cabeça era do tamanho de um barril. Comecei a chorar e a pedir ao Senhor que me livrasse do monstro. Lembrei-me da palavra que tinha ouvido: "Não duvides, Hermas". Então, irmãos, revesti-me da fé em Deus, lembrei-me de Seu ensinamento sublime e, num arroubo de coragem, coloquei-me diante Dele. Ele avançava com rapidez, capaz de destruir uma cidade. Ao me aproximar, a enorme baleia se estendeu pelo chão, pondo a língua para fora. Ela não fez nenhum outro movimento, até que passei por ela. Ela tinha quatro cores na cabeça: preto, avermelhado de fogo e sangue, dourado e branco. Eu ultrapassara o animal e continuei uns trinta pés, quando veio ao meu encontro uma jovem adornada, como se estivesse saindo do quarto nupcial, toda vestida de branco, com sandálias brancas, coberta até a fronte, com mitra cobrindo a cabeça. Seus cabelos eram brancos. Pelas visões anteriores, reconheci que era a Igreja e fiquei muito contente. Ela me saudou, dizendo: "Bom dia, bom homem". Eu lhe respondi com a mesma saudação: "Bom dia, senhora". Ela me perguntou: "Não encontraste nada?". Respondi: "Senhora, encontrei um animal tão grande que seria capaz de aniquilar povos. Mas, pelo poder e misericórdia do Senhor, consegui escapar dele". Então ela me disse: "Tiveste a felicidade de escapar porque entregaste tua preocupação a Deus, abriste teu coração ao Senhor, acreditando que não poderias ser salvo de outro modo, senão pelo Seu nome grande e glorioso. Por isso, o Senhor enviou o Seu anjo, aquele que está à frente dos animais selvagens, cujo nome é Tegri, e ele fechou a boca do animal, a fim de evitar que te devorasse. Por tua fé, escapaste de grande tribulação, pois a visão de tão grande animal não te trouxe dúvida. Portanto, vai e explica as grandezas do Senhor aos seus eleitos. Diga que esse animal é a prefiguração da grande tribulação que está para chegar. Se estiverdes preparados de todo coração para fazer penitência diante do Senhor, podereis escapar da tribulação. É preciso, porém, que vosso coração se torne puro e irrepreensível, e que sirvais irrepreensivelmente ao Senhor pelo resto dos dias. Entregai ao Senhor vossas preocupações, e Ele as resolverá. Crede no Senhor que tudo pode, não duvideis. Ele desvia Sua ira de vós e envia flagelos aos que duvidam. Ai daqueles que ouvirem essas palavras e não as aceitarem. Seria melhor para eles não terem nascido". Perguntei-lhe então sobre as quatro cores que o animal tinha na cabeça. Ela me respondeu: "Novamente tu te mostras curioso a respeito das coisas". Eu lhe disse: "Sim, senhora. Permita-me conhecer seus significados". Ela disse: "Escuta. A cor negra é este mundo em que habitam; o avermelhado de fogo e sangue quer dizer que este mundo deverá perecer pelo fogo e pelo sangue. A parte dourada são os que fugiram deste mundo. E o ouro é provado pelo fogo e se torna útil. Da mesma forma, os que habitam no mundo são provados. Aqueles que perseveram e resistem à prova do fogo serão purificados. Assim como o ouro deixa sua escória, também deixarão toda tristeza e angústia ao serem purificados e serão úteis para a construção da torre. A parte branca é o mundo que se aproxima, onde habitarão os eleitos de Deus, pois os eleitos de Deus para a vida eterna serão puros e imaculados. Quanto a ti, não cesses de falar aos santos. Tende a prefiguração da grande tribulação que se aproxima. Se quiserdes, porém, ela poderá não vos atingir. Lembrai-vos do que foi escrito antes". Dizendo isso, ela se foi, e eu não vi por onde. Apareceu uma nuvem e eu, apavorado, voltei-me para trás, com a impressão de que o animal estivesse voltando.

Revelação 5

Eu estava rezando em casa, sentado na cama, quando vi entrar um homem de aparência gloriosa vestido com roupas de pastor, coberto com pele branca de cabra, com o bornal nas costas e o cajado na mão. Ele me saudou e eu respondi à saudação. Imediatamente, sentou-se ao meu lado e disse: "Fui enviado pelo anjo mais venerável, para morar contigo pelo resto da tua vida". Pareceu que estava ali para me provar. Eu lhe perguntei: "Quem és tu? Eu sei muito bem a quem fui confiado". Ele me disse: "Não me reconheces?". Eu respondi: "Não". Ele continuou: "Eu sou o Pastor, a quem foste confiado". Ele ainda falava quando seu aspecto mudou, e então o reconheci: era justamente aquele a quem eu fora confiado. Logo a seguir, fiquei confuso e fui dominado pelo medo e arrasado pela tristeza. Será que eu o havia tratado de forma desconsiderada e insensata? Ele, porém, me respondeu: "Não te perturbes. Ao contrário, fortalece-te com os mandamentos que te darei, pois fui enviado para te mostrar, mais uma vez, tudo o que já viste, os principais pontos que te serão úteis. E mais, anota tudo sobre os mandamentos e as parábolas. Escreverás outras coisas, conforme eu te indicar. Ordeno que escrevas primeiro os mandamentos e as parábolas, para que possas lê-los e observá-los imediatamente". Então escrevi os mandamentos e as parábolas, conforme ele me ordenara. Se todos vós os escutardes e os observardes, caminhando por esse caminho, e os puserdes em prática, com o coração puro, recebereis do Senhor tudo o que foi prometido. Todavia, se, depois de escutardes, não vos converterdes, se continuardes a pecar, recebereis do Senhor o contrário. Eis aqui tudo o que o Pastor, o anjo da penitência, me ordenou que escrevesse.

Herm. Mand

Mandamento 1

"Antes de tudo, crê que existe um só Deus, que criou e organizou o Universo, fazendo todas as coisas que não eram e agora são. Deus contém tudo e Ele próprio não é contido por nada. Crê Nele e teme-O, e, temendo-O, sê continente. Observa isso e afasta de ti todo mal, para que sejas revestido de toda virtude de justiça, e viverás para Deus, se observares esse mandamento."

Mandamento 2

Ele me disse: "Sê simples e inocente, e serás como as crianças que não conhecem o mal que destrói a vida dos homens. Em primeiro lugar, não fales mal de ninguém nem ouças com prazer o maledicente. Do contrário, participarás do pecado do maledicente, se acreditares no que ouvires. Pois, acreditando nisso, também ficará hostil ao teu irmão e participará desse pecado do mal. A maledicência é má, é demônio agitado, que nunca está em paz, e só sente prazer nas discórdias. Fica longe dele e tuas relações com todos serão sempre perfeitas. Sê reservado. Com reserva, não há tropeços, tudo é plano e alegre. Realiza o bem e, do produto do trabalho que Deus te concede, dá com simplicidade a todos os necessitados, sem te preocupares a quem darás. Dá a todos, porque Deus quer que Teus próprios bens sejam dados a todos. Os que recebem prestarão contas a Deus do motivo e finalidade daquilo que tiverem recebido. Os que receberem por necessidade não serão julgados, mas os que enganarem para receber serão punidos. Aquele que dá é irrepreensível, pois realiza com simplicidade o serviço, conforme recebeu do Senhor, sem discriminar a quem dá ou não. O serviço, assim realizado na simplicidade, subsistirá em Deus. Observa esse mandamento que te ordenei, para que tua conversão e a da tua casa sejam encontradas simples, puras, inocentes e incorruptíveis".

Mandamento 3

Ele me disse novamente: "Ama a verdade, apenas a verdade deve sair da tua boca, para que o espírito, que Deus colocou nesse corpo, seja visto como verdadeiro por todos os homens. Assim, o Senhor, que habita em ti, será glorificado, porque o Senhor é verdadeiro em todas as palavras, Nele não há mentira. Os mentirosos renegam o Senhor e o despojam, não Lhe restituindo o depósito recebido. Receberam dele um espírito que não mente. Se o restituírem mentiroso, transgredirão o mandamento do Senhor e se tornarão fraudulentos". Ouvindo isso, chorei muito. Vendo-me chorar, ele disse: "Por que estás chorando?". Eu respondi: "Senhor, porque não sei se posso me salvar". Ele perguntou: "Por quê?". Continuei: "Senhor, é porque na minha vida eu nunca disse palavra verdadeira, vivi usando da fraude para com todos e fiz com que minhas mentiras passassem por verdades aos olhos deles. Ninguém jamais me contradisse. Ao contrário, sempre confiaram em minha palavra. Senhor, como posso viver tendo feito isso?". Ele me disse: "Pensa bem e verdadeiramente. Era preciso que, como servo de Deus, tivesses caminhado na verdade. A má consciência não deveria habitar com o espírito da verdade e trazer tristeza ao espírito santo e verdadeiro". Eu disse: "Senhor, jamais ouvi palavras tão exatas". E continuou: "Agora, porém, as estás ouvindo. Observa-as, para que as palavras mentirosas que disseste antes em teus negócios agora ganhem credibilidade, pois elas também podem se tornar confiáveis. Se observares essas coisas a partir de agora, dirás só a verdade e poderás adquirir a vida. E todo aquele que observar esse mandamento e se abstiver desse grande vício da mentira viverá em Deus".

Mandamento 4

Ele me disse: "Eu te ordeno guardar a castidade e que não entre em teu coração o desejo de outra mulher, nem de fornicação, nem de outro vício semelhante. Porque, se fizeres isso, cometerás grande pecado. Lembra-te sempre de tua esposa e jamais pecarás. Se esses desejos entrarem em teu coração, estarás pecando. Se entrarem outras coisas más, também cometerás um pecado, pois esse tipo de desejo é grande pecado para o servo de Deus. Se alguém realiza esse ato vicioso, prepara a morte para si mesmo. Portanto, fica bem atento. Evita esse desejo, pois onde habita a santidade, no coração do homem justo, a injustiça não deve entrar". Eu lhe disse: "Senhor, permite-me apresentar algumas questões". Ele respondeu: "Podes perguntar". Eu continuei: "Senhor, se alguém tem esposa que crê no Senhor e descobre que ela é adúltera, esse homem comete pecado vivendo com ela?". Ele me respondeu: "Enquanto ele não sabe, não comete pecado. Mas, se fica sabendo do pecado de sua mulher e que ela, em vez de se arrepender, persiste no adultério, o marido, vivendo com ela, se torna cúmplice de sua falta e participa do pecado". Então perguntei: "Se a mulher persiste nessa paixão, o que o marido deverá fazer?". Ele respondeu: "Deve repudiá-la e viver sozinho. Contudo, se, depois de ter repudiado sua mulher, ele se casar com outra, então ele também comete adultério". Eu disse: "Senhor, e se a mulher, depois de ter sido repudiada, se arrepender e quiser voltar a seu marido, ele deverá acolhê-la?". Ele continuou: "Sim. E se o marido não a receber, ele cometerá pecado e carregará grande culpa. É preciso acolher aquele que peca e se arrepende, mas não muitas vezes. Para os servos de Deus existe apenas uma conversão. É em vista dessa conversão que o homem não deve se casar de novo. Essa obrigação vale tanto para a mulher como para o homem. O adultério não é apenas macular o corpo. Quem vive como os pagãos comete adultério. Portanto, se um homem persiste nessa conduta sem se converter, afasta-te dele. Caso contrário, serias cúmplice do seu pecado. A razão por que se ordena que a pessoa permaneça sozinha, tanto o homem como a mulher, é porque em tal caso é possível o arrependimento. "Contudo, não quero dar tal pretexto para que alguém faça isso, e sim impedir que o pecador recaia no pecado. Para quem pecou antes, existe quem pode curá-lo: é aquele que tem poder sobre todas as coisas". Continuei a perguntar: "Uma vez que o Senhor julgou-me digno de habitar para sempre comigo, permite que eu fale ainda algumas palavras, pois nada compreendo, e meu coração se endureceu com minhas ações passadas. Ensina-me, pois sou totalmente desprovido de inteligência e não compreendo absolutamente nada". Ele me respondeu: "Estou encarregado da conversão e concedo inteligência a todos os que se arrependem. Não te parece que o fato de te arrependeres é em si mesmo inteligência? O arrependimento é ato de grande inteligência. Pois o pecador compreende que fez o mal diante do Senhor, que o ato que ele cometeu entra no coração, por isso se arrepende e não pratica mais o mal. Ao contrário, ele se empenha com todo o zelo em praticar o bem, se humilha e tortura sua alma pecadora. Observa que o arrependimento é ato de grande inteligência". Eu disse: "Senhor, é por isso que te pergunto essas coisas com minúcias. Primeiro, porque sou um pecador. Segundo, porque desejo saber o que é preciso fazer para viver, pois meus pecados são muitos e numerosos". Ele disse: "Viverás se observares meus mandamentos e seguires esses caminhos. Quem ouvir esses mandamentos e os observar viverá em Deus". Eu disse: "Senhor, ainda quero te fazer outra pergunta". Ele respondeu: "Pergunta". Continuei: "Ouvi alguns doutores dizerem que não há outra conversão além daquela do dia em que descemos à água e recebemos o perdão dos pecados anteriores". Ele me respondeu: "Ouviu bem. Aquele que recebeu o perdão de seus pecados não deveria mais pecar, e sim permanecer na pureza. Entretanto, como quer saber tudo com pormenores, explicarei também isso, sem dar pretexto para pecar aos que hão de crer ou aos que começaram agora a crer no Senhor, pois tanto uns como outros não têm necessidade de fazer penitência de seus pecados, pois já foram abolidos. Para os que foram chamados antes destes dias, o Senhor estabeleceu uma penitência, pois Ele conhece seus corações. E, sabendo tudo de antemão, Ele conheceu a fraqueza dos homens e a esperteza do diabo em fazer o mal aos servos de Deus ao exercer sua malícia contra eles. Sendo misericordioso, o Senhor teve compaixão de sua criatura e estabeleceu a penitência, dando-me o poder sobre ela. Mesmo assim te digo: se, depois desse chamado importante e solene, alguém seduzido pelo diabo cometer pecado, ele dispõe de uma só penitência. Contudo, ao pecar repetidamente, mesmo arrependido, a penitência será inútil, pois dificilmente viverá". Então eu lhe disse: "Senhor, sinto-me reviver depois de ouvir essas coisas tão ricas em detalhes, pois sei que serei salvo se eu não continuar a pecar". Ele me disse: "Serás salvo, com todos os que fizerem o mesmo". Eu lhe perguntei novamente: "Senhor, já que tolerou uma vez minhas interrogações, esclareça-me também este ponto". Ele respondeu: "Pode falar". Eu disse: "Senhor, se uma mulher ou um homem morre e o cônjuge se casa de novo, este último peca por se casar?". Ele respondeu: "Não peca, mas, ao permanecer sozinho, adquire maior honra e glória diante do Senhor. Se ele se casa, porém, não comete pecado. Observa que a castidade e a santidade viverão em Deus. Atenta a tudo o que digo e direi a partir deste dia em que me foste confiado, para habitar em tua casa. Alcançarás o perdão de teus pecados passados contanto que observes os meus mandamentos. Também os demais serão perdoados se observarem meus mandamentos e se caminharem nessa castidade".

Mandamento 5

Ele me disse: "Sê paciente e prudente e conseguirás dominar as más ações, realizando toda a justiça. Se fores paciente, o Espírito Santo, que habita em ti, será límpido e não haverá sombra de espírito mau. Encontrando o espaço livre, o Espírito Santo se regozijará e ficará feliz com o vaso em que habita e servirá a Deus com alegria, pois sentirá a felicidade em si. Se sobrevier algum acesso de cólera, imediatamente o Espírito Santo, que é delicado, ficará angustiado por essa impureza e irá afastar-se desse lugar. Ele se sente sufocado pelo espírito mau e não encontra mais o caminho para servir a Deus como deseja, porque a cólera o está desviando do caminho. O Senhor habita na paciência, já o diabo, na cólera. Tentar fazer que esses dois espíritos habitem juntos é muito inconveniente e faz mal para o homem onde habitam. Se tomardes uma pequenina gota de absinto e a derramardes num vaso de mel, não estragareis todo o mel? O mel fica estragado mesmo com pouquíssimo absinto, que destrói a sua doçura e já não agrada ao dono, por ter se tornado amargo e sem utilidade. Todavia, se não se derrama absinto no mel, o mel permanece doce e agradável ao seu dono. Vês que a paciência supera o mel em doçura e na utilidade ao Senhor, e Ele habita nela. Ao contrário, a cólera é amarga e inútil. Portanto, quando se mistura a cólera com a paciência, a paciência se polui, e a oração do homem torna-se inútil para Deus". Eu disse: "Senhor, eu desejaria conhecer a força da cólera para me preservar dela". Ele respondeu: "Se não ficares protegido com tua família, destruirás toda a esperança. É melhor preservar-te dela, pois estou contigo. Todos os que fizerem penitência do fundo do coração se guardarão dela, porque estarei com eles e os protegerei. Como todos que foram justificados pelo anjo santíssimo". Ele me disse: "Saiba que a força da cólera é má, pois perverte os servos de Deus com sua força e os desvia da justiça. Ela não desvia os fervorosos de fé nem consegue fazer nada contra eles, pois meu poder habita neles. Ela desvia somente os vazios e vacilantes. Quando a cólera vê essas pessoas tranquilas, insinua-se no coração delas e, por um nada, o homem ou a mulher se deixa tomar pela amargura, com os negócios da vida cotidiana, alimentação ou qualquer futilidade: um amigo, um presente dado ou recebido, ou ainda outra ninharia. Tudo isso são coisas fúteis, vãs, insensatas e prejudiciais para os servos de Deus.

A paciência, ao contrário, é grande e forte, tem força poderosa e sólida que se expande amplamente. A paciência é alegre, contente e sem preocupações, e glorifica o Senhor em todo momento. Nada nela é amargo. Ela permanece sempre doce e calma. Essa paciência habita os que têm a fé verdadeira. A cólera, ao contrário, é em primeiro lugar ignorante, leviana e estúpida; da estupidez nasce a amargura, da amargura a irritação, da irritação o furor e do furor o ressentimento. Tal ressentimento, nascido de tantos males, é pecado grave e incurável. Quando todos esses espíritos querem habitar o mesmo vaso, onde está o Espírito Santo, o vaso não tem espaço para todos e transborda. Então o espírito delicado, que não tem o costume de aproximar-se do espírito mau por sua aspereza, afasta-se desse homem e procura habitar outro lugar com doçura e mansidão. Mas, ao afastar-se do homem em que habitava, esse homem se esvazia do espírito justo e, daí em diante, está cheio de espíritos maus, torna-se agitado em suas ações, pois é arrastado de cá para lá por eles, completamente cego para todo pensamento bom. É o que acontece com todas as pessoas coléricas. Afasta-te, portanto, da cólera, que é um espírito maligno. Busca revestir-te de paciência, para resistir à cólera e à amargura, e te encontrarás com a santidade, amada pelo Senhor. Sê precavido e não descuides desse mandamento. Se o dominares, conseguirás observar os outros mandamentos, que estou prestes a te ordenar. Torna-te forte e inabalável neles, para que se fortaleçam igualmente todos os que buscarem caminhar neles."

Mandamento 6

Ele me disse: "No primeiro mandamento, eu te ordenei que guardasses a fé, o temor e a continência". Respondi: "Sim, Senhor". Ele continuou: "Agora explicarei suas forças para que conheças o poder e a eficácia delas". E disse: "Suas forças são de dois tipos e estão relacionadas com o justo e com o injusto. Tem confiança no justo, mas não confies no injusto. Pois o justo segue o caminho reto, ao passo que o injusto segue pelo caminho tortuoso. Quanto a ti, anda pelo caminho direito e plano, abandonando o caminho torto. O caminho tortuoso não tem trilhas, é intransitável, com muitos obstáculos, é pedregoso e espinhoso. E é fatal para os que nele estão. Aqueles, porém, que andam pelo caminho reto, conseguem caminhar de maneira uniforme e sem tropeços, porque ele não tem pedras nem espinhos. Vê como é mais conveniente seguir o caminho reto". Eu lhe disse: "Senhor, eu gosto de andar por esse caminho". Ele afirmou: "Segue-o, e devem seguir por ele todos os que se convertem ao Senhor do fundo do coração".

Ele me disse: "Ouve agora o que falarei sobre a fé. Há dois anjos com o homem: um é a justiça e outro é o mal". Perguntei: "Senhor, como distinguirei as ações deles, se os dois anjos habitam em mim?". E respondeu: "Ouve e compreende. O anjo da justiça é delicado, modesto, doce e suave. Quando entra em teu coração, imediatamente fala contigo sobre a justiça, a castidade, a santidade, a temperança, sobre as atitudes e virtudes nobres. Quando tudo isso pertence ao teu coração, entende que o anjo da justiça está contigo, pois essas obras são próprias dele. Tem confiança nele, portanto, e em suas obras. Por outro lado, as obras do anjo do mal são a cólera, a amargura e a insensatez, todas as ações malignas aos servos de Deus. Quando ele entrar em teu coração, então o conhecerás por essas obras". Eu disse: "Senhor, não sei como poderei reconhecê-lo". Ele continuou: "Escuta. Quando a cólera ou a amargura se apoderarem de ti, entenderás que ele está em ti. Percebe os desejos como gastos alucinados em muitas festas, em bebidas inebriantes, em orgias sem-fim, em requintes variados e supérfluos, paixões pelas mulheres, grande riqueza, orgulho exagerado, altivez e tudo o que se assemelha a isso. Quaisquer dessas coisas que entrarem em teu coração são sinais de que o anjo do mal habita em ti. Reconhecendo suas obras, afasta-te e não acredites nele, pois são obras más e inconvenientes para os servos de Deus. Aí estão as ações dos dois anjos. Compreende essas ações e depõe tua confiança no anjo da justiça. Afasta-te do anjo do mal, porque seus ensinamentos são maus em todas as áreas. Se alguém é fiel e o pensamento desse anjo entra em seu coração, é inevitável que essa pessoa cometa um pecado. Por outro lado, se o homem ou a mulher são depravados e as obras do anjo da justiça entram em seu coração, é inevitável que essa pessoa faça o bem. Portanto, é bom seguir o anjo da justiça e renunciar ao anjo mau. Esse mandamento explica o que concerne à fé, para que acredites nas obras do anjo da justiça e as cumpras, a fim de viveres para Deus. Acredita também que as obras do anjo do mal são funestas e evita-as, a fim de viveres para Deus".

Mandamento 7

Ele me disse: "Teme ao Senhor e guarda seus mandamentos. Guardando os mandamentos de Deus, terás força incomparável em tudo o que fizeres. Pois, temendo ao Senhor, farás todo o bem. O temor é necessário para que te salves. Não temas o diabo. Temendo ao Senhor, triunfarás sobre o diabo, pois ele não tem poder. Se alguém não tem poder, não precisa ser temido. O poder glorioso é o que inspira temor. De fato, todo aquele que tem poder inspira temor, já o que não o tem é desprezado por todos. As obras do diabo são más. Temendo ao Senhor, temerás as obras do diabo, e não irás praticá-las, pois Ele te afasta delas. Há duas espécies de temor. Se desejares o mal, com temor ao Senhor, não o praticarás. Todavia, se quiseres praticar o bem, teme ao Senhor e o praticarás. O temor ao Senhor é forte, grande e glorioso. Temendo ao Senhor, Nele viverás. Pois os que O temem e observam Seus mandamentos viverão em Deus". Eu perguntei: "Senhor, por que disseste: aqueles que observam seus mandamentos viverão em Deus?". Ele respondeu: "Porque é tola a criação que teme ao Senhor, mas não guarda Seus mandamentos. Aqueles que O temem e guardam seus mandamentos têm vida junto de Deus. Aqueles, porém, que não guardam seus mandamentos não têm a verdadeira vida".

Mandamento 8

Ele continuou: "Já te disse que as criaturas de Deus são de dois tipos. A abstinência também é dupla, pois é preciso se abster de algumas coisas e de outras não". Eu pedi: "Senhor, ensina-me de quais coisas preciso me abster e de quais não". Ele respondeu: "Escuta. Abstém-te do mal, não o pratiques. Não te abstenhas do bem, pratica-o. Pois se te absténs de praticar o bem, cometes grande pecado. Por outro lado, ao manter a abstenção da prática do mal, tua ação será um grande ato de justiça. Liberta-te de todo mal e pratica o bem". Perguntei: "Senhor, quais são os males de que nos devemos abster?". Ele me respondeu: "Escuta: o adultério, a fornicação, o excesso na bebida, o prazer depravado, comer em demasia, o luxo da riqueza, a ostentação, o orgulho, a altivez, a mentira, a maledicência, a hipocrisia, o rancor e todo tipo de blasfêmia. São essas as piores obras que existem na vida dos homens. O servo de Deus deve abster-se dessas obras, pois aquele que não se abstém delas não pode viver em Deus. Escuta agora as obras que seguem a essas". Eu perguntei: "Senhor, há ainda outras obras más?". Ele respondeu: "Muitas, das quais os servos de Deus devem se abster: o roubo, a mentira, a fraude, o falso testemunho, a avareza, os desejos maus, o engano, a vanglória, a arrogância e outros vícios semelhantes. Não te parece que tudo isso é mau?". Eu respondi: "É muito mau para os servos de Deus". Ele continuou: "É preciso que o servo de Deus se abstenha de tudo isso. Liberta-te de tudo isso, para que possas viver em Deus e sejas inscrito com os outros abstêmios dessas coisas. Essas são todas as obras das quais deves libertar-te. E pratica as que são importantes, pois são do bem. Não reprimas o bem, mas pratica-o". Eu pedi: "Senhor, mostra-me o poder das boas ações, para que eu siga seu caminho servindo, praticando-as, e, assim, possa salvar-me". Ele respondeu: "Escuta, as obras do bem que deves praticar e não evitar: a fé, o temor ao Senhor, a caridade, a concórdia, as palavras justas, a verdade, a perseverança. Não há nada de melhor na vida humana. Se alguém as observa e não se abstém de praticá-las, será feliz em sua vida. Escuta as obras que seguem a estas: assistir as viúvas, visitar os órfãos e necessitados, resgatar da escravidão os servos de Deus, ser hospitaleiro, pois na hospitalidade encontra-se por vezes a ocasião de fazer o bem, não criar obstáculos para ninguém, ser calmo, tornar-se inferior a todos, honrar os idosos, praticar a justiça, conservar a fraternidade, suportar a violência, ser paciente, não nutrir rancor, consolar os aflitos na alma, não afastar da fé os escandalizados, mas convertê-los e dar-lhes coragem, corrigir os pecadores, não oprimir os devedores e necessitados, e tudo que se assemelhe a tais ações. Pratica-as, não te parecem boas?". Respondi: "Que coisa é melhor do que isso, Senhor?". Ele continuou: "Anda por esse caminho, não evitando praticar essas ações, e viverás em Deus. Observa este mandamento: se praticares o bem e não te abstiveres dele, viverás em Deus, e todos os que agirem assim também viverão em Deus. Quando não praticares mais o mal e te abstiveres dele, viverás em Deus. Todos aqueles que guardarem esses mandamentos e andarem por seus caminhos também viverão em Deus".

Mandamento 9

Ele continuou: "Remove de ti a dúvida e por nada no mundo hesita em pedir auxílio a Deus, sempre que pensares 'Como poderia pedir alguma coisa ao Senhor e obtê-la, tendo cometido tantos pecados contra ele?', não creias nisso. Ao contrário, converte-te ao Senhor, do fundo do coração, suplicando-Lhe com confiança, e conhecerás sua grande misericórdia, porque Ele não te abandonará, mas atenderá à oração da tua alma. Deus não é rancoroso como os homens, Ele não conhece a maldade e tem compaixão de sua criatura. Portanto, purifica teu coração de todas as vaidades deste mundo e dos males dos quais já falei. Suplica ao Senhor e obterás o que precisas. Nenhuma de tuas orações será rejeitada se suplicares com confiança. Contudo, se tens dúvidas em teu coração, não alcançarás teus pedidos, pois os que duvidam de Deus têm a mente dividida e não conseguem alcançar Sua graça. Já os que são íntegros na fé pedem com plena confiança no Senhor e são atendidos, porque não vacilam, na certeza de que serão atendidos. Todo homem que duvida deve fazer penitência ou dificilmente se salvará. Assim, purifica da dúvida o teu coração e reveste-o de fé, pois a fé te dará a força, e confia em Deus que Ele atenderá tuas orações. E, se ao pedires ao Senhor algo e Ele tardar em conceder, não duvides porque não recebeste a graça de pronto, e certamente a demora se deve a alguma provação ou a algum pecado que ainda ignoras. Não deixes, portanto, de pedir o que tua alma deseja e o obterás. Contudo, se ao rezares caíres no desânimo e na dúvida, culpa a ti, e não àquele que está disposto a te dar. Cuidado com a dúvida. Ela é má, insensata e desenraiza a fé, até daqueles muito fiéis e firmes, pois a dúvida é filha do diabo e faz muito mal aos servos de Deus. Despreza a dúvida e domina-a em tudo. Para isso, reveste-te de fé firme e poderosa. Pois a fé tudo promete e tudo cumpre, mas a mente duvidosa, que não confia sequer em si mesma, fracassa em toda obra que empreende. Percebe que a fé vem do alto, do Senhor, e tem grande força. A dúvida, porém, é apenas um espírito mundano que vem do diabo e não tem força. Serve com a fé, que é forte, e afasta a dúvida, que é fraca. Então viverás em Deus, e todos os que pensarem assim também viverão em Deus".

Mandamento 10

Ele continuou: "Afasta de ti a tristeza, pois é irmã da dúvida e da cólera". Eu perguntei: "Senhor, como podem ser irmãs? Parece-me que a cólera é uma coisa, a dúvida é outra e a tristeza é ainda outra bem diferente". Ele me respondeu: "És ainda insensato. Não compreendes que a tristeza é o pior de todos os espíritos, o mais terrível para os servos de Deus e, mais do que todos os outros, arruína o homem e expulsa o Espírito Santo, para contudo depois salvá-lo". Eu disse: "Senhor, sou mesmo insensato e não compreendo essas parábolas. Não compreendo como a tristeza pode expulsar e depois salvar". E continuou: "Escuta. Os que nunca pesquisaram a verdade nem indagaram sobre a divindade, que se limitaram a crer, ficam presos em seus negócios, riquezas, amizades pagãs e outras numerosas ocupações deste mundo. Todos esses, que só vivem para isso, são incapazes de compreender as parábolas a respeito da divindade. Ficam obscurecidos, se corrompem e ficam áridos. As vinhas, antes belas, por falta de cuidados, secam por conta dos espinhos e ervas daninhas. Da mesma forma, os homens que abraçaram a fé e se perderam nas múltiplas atividades de que falei se desviam do seu bom senso e nada mais compreendem sobre a justiça. Até mesmo quando ouvem falar sobre divindade e verdade, sua mente está em seus negócios, sem poder compreender outras coisas. Todavia, os que temem a Deus, buscam a divindade e a verdade e têm o coração voltado ao Senhor logo entendem e distinguem tudo. Eles têm em si o temor ao

Senhor. E, onde o Senhor habita, existe total compreensão. Abre caminho ao Senhor para tudo compreender e entender".

Ele continuou: "Escuta agora, insensato, como a tristeza expulsa o Espírito Santo e depois salva. Quando o vacilante empreende uma ação e não obtém êxito por conta da dúvida, a tristeza se insinua para ele, entristece o Espírito Santo e O expulsa. Em seguida, a cólera se apodera da pessoa por causa de qualquer coisa, amargurando-a. De novo a tristeza entra no coração do homem irritado, que, ao se entristecer pelo que fez, se arrepende de ter praticado o mal. Essa tristeza, portanto, trará a salvação, pois há o arrependimento por ter feito o mal. As atitudes que entristecem o espírito são: a dúvida pela falta de êxito no empreendimento e a cólera pelo mal praticado. Afasta, portanto, a tristeza de ti, pois o Espírito Santo que em ti habita, quando entristecido, suplica a Deus para afastar-se. O Espírito de Deus, que está em teu corpo, não suporta a tristeza nem a angústia". "Reveste-te da alegria que agrada a Deus. Faz dela um deleite. Todo homem alegre realiza sempre o bem, pensa no bem e despreza a tristeza. O homem triste pratica o mal. Em primeiro lugar, pratica o mal porque entristece o Espírito Santo, que é alegre no homem. Em seguida, com o Espírito Santo entristecido, ele pratica a injustiça por não suplicar a Deus nem O louvar. A oração do homem triste jamais tem a força de subir ao altar de Deus." Eu perguntei: "Por que a súplica do homem triste não sobe ao altar?". Ele respondeu: "Porque a tristeza reside em seu coração. A tristeza que está unida à oração não permite que a oração se eleve. O vinho misturado com vinagre não tem o mesmo sabor. Igualmente acontece com a tristeza, misturada com o Espírito Santo ela não conserva as propriedades da oração. Purifica-te dessa tristeza maligna para viver em Deus. E todos os que se afastarem da tristeza e se revestirem de alegria também viverão em Deus".

Mandamento 11

Ele me mostrou homens sentados num banco e outro que estava sentado na poltrona. E me disse: "Vês as pessoas sentadas no banco?". Respondi: "Sim, senhor". Ele explicou: "Esses são fiéis, mas o que está sentado na poltrona é um falso profeta, que corrompe a inteligência dos servos de Deus, isto é, corrompe a inteligência dos que duvidam, não dos fiéis. Aqueles que duvidam vão até ele como se fosse um adivinho e lhe perguntam o que acontecerá. Então o falso profeta, sem nenhum poder do espírito divino, responde-lhes o que perguntam segundo seus maus desejos, satisfazendo-lhes a alma com o que desejam. Sendo vazio, ele dá respostas vãs a homens vãos. Seja qual for à pergunta, responderá conforme a vaidade do interrogador. Também diz coisas verdadeiras, pois o espírito do diabo o preenche, a fim de enganar algum justo. Contudo, os fortes na fé do Senhor, revestidos da verdade, não se reúnem aos espíritos maus e se afastam. Por outro lado, os vacilantes e que mudam constantemente de opinião consultam os adivinhos como os pagãos, carregando pecado maior que os idólatras. Quem faz consulta a um falso profeta sobre alguma coisa será um idólatra, vazio da verdade e insensato. Todo espírito que vem de Deus não se deixa interrogar, possuindo força da divindade, diz tudo espontaneamente, pois vem do alto, do poder do espírito divino. Diferente do espírito que se deixa interrogar e que fala conforme o desejo dos homens, que é mundano e leviano, porque não tem poder. Se não é interrogado, não diz nada". Perguntei: "Senhor, como saber qual profeta é verdadeiro e qual é falso?". Sua resposta foi: "Escuta o que estou dizendo sobre ambos, então distinguirás o verdadeiro do falso profeta". "Discerne pela vida o homem que tem o espírito divino. Em primeiro lugar, quem tem o espírito que vem do alto é calmo, sereno e humilde. Ele se abstém de todo mal e de todo desejo vão deste mundo. Considera-se inferior a todos e, ao ser interrogado, nada responde e não fala em particular com ninguém.

Joseph Barber Lightfoot

O Espírito Santo não fala quando o homem quer, só quando Deus permite que ele fale. Quando um homem que tem o Espírito de Deus entra numa assembleia de homens justos, crentes no espírito divino, e essa assembleia de justiça está suplicando a Deus, então o anjo do espírito profético se integra a esse homem, que, pleno do Espírito Santo, fala à multidão conforme permite o Senhor. É desse modo que se manifesta o espírito da divindade. Tal é o poder do Senhor sobre esse espírito. Ouve agora a respeito do espírito mundano e vão, que não tem poder e é insensato. Primeiro, o homem que julga possuir o espírito exalta-se. Quer ficar em primeiro lugar, logo se apresenta descaradamente, imprudente e loquaz. Vive em meio a deleites e outros prazeres, aceita pagamento por sua profecia. Quando nada recebe, também não profetiza. Poderia um espírito divino receber pagamento para profetizar? Não é possível que o profeta de Deus aja desse modo, assim o espírito desses profetas é mundano. Além disso, ele não se aproxima da assembleia de homens justos para nada, prefere fugir deles. Ele se reúne aos vacilantes e vãos, profetizando para eles à parte, e os engana, falando coisas vazias, conforme os desejos deles, pois responde a perguntas de pessoas vazias. Um vaso vazio quando bate em outro vaso vazio não quebra, eles apenas ressoam. Quando o falso profeta entra em assembleia de homens justos, portadores do Espírito da divindade, quando começam a rezar, ele se esvazia e o espírito mundano, tomado de medo, foge dali. Tal homem emudece, completamente desorientado, fica incapaz de falar. Ao armazenares óleo e vinho num depósito, coloca uma vasilha vazia em seu interior; ao desocupares o depósito, encontrarás essa vasilha ainda vazia. Igualmente acontece com os profetas vazios, quando entram no meio dos espíritos dos justos, da forma que entraram serão encontrados. Pois essa é a vida dos dois tipos de profeta. Examina, portanto, o homem que se diz portador do espírito, por meio de seus atos e de sua vida. Quanto a ti, crê no Espírito que vem de Deus e tem poder, não creias no espírito mundano e vazio, porque nele não há poder.

Ele vem do diabo. Escuta a parábola que vou te contar. Pega uma pedra e atira-a para o céu. Vê se conseguiste atingi-lo. Ou pega um tubo de água e atira o jato para o céu. Vê se é possível furar o céu." Perguntei: "Senhor, como se pode fazer isso? As duas coisas que disseste são impossíveis!". Ele respondeu: "Assim como essas coisas são impossíveis, também os espíritos mundanos são impotentes e fracos para alcançar o alto. Agora vejamos a força que vem do alto. O granizo é grão pequenino, mas, quando cai sobre a cabeça de uma pessoa, causa um ferimento! Ou então pega a gota d'água que cai do telhado no chão e fura a pedra. Portanto, as coisas que caem do alto sobre a terra têm grande força. Da mesma forma, o Espírito divino que vem do alto é poderoso. Creia nesse Espírito e afasta-te do outro".

Mandamento 12

Ele continuou: "Arranca de ti todo mau desejo e te reveste do desejo bom e santo. Revestido assim, desprezarás o desejo mau e irás domá-lo a teu gosto. O desejo mau é selvagem e difícil de amansar. É terrível, com sua selvageria consome os homens. Principalmente quando o servo de Deus cai diante desse desejo e não tem discernimento, será consumido de modo terrível. Ele consome também os que não se revestiram com o desejo bom e enveredaram por este mundo. O desejo os entrega à morte". Perguntei: "Senhor, quais são as obras do desejo mau que entregam os homens à morte? Permite-me conhecê-las, para que me afaste". Ele respondeu: "Escuta com quais obras o desejo mau mata os servos de Deus".

"Antes de tudo, o desejo de outra mulher ou homem, o luxo das riquezas, os banquetes numerosos e vãos, a embriaguez e muitos outros prazeres insensatos. Todo prazer é insensato e vazio para os servos de Deus. Tais desejos são maus e matam os servos de Deus, afinal o desejo mau é filho do diabo. Portanto, é necessária a abstinência dos desejos maus para viver em Deus. Todos os que são dominados por eles e não resistem ao mal acabarão morrendo, pois são desejos mortais. Revestido com o desejo da justiça e armado com o temor a Deus, resiste a eles. Pois o temor a Deus habita no desejo bom. Se o desejo mau perceber que estás armado com o temor a Deus e que resistes a ele, fugirá para longe e não o verás mais, porque ele teme as tuas armas. Quanto a ti, vitorioso e coroado em tua batalha, apresenta-te diante do desejo da justiça e entrega-lhe a vitória recebida, serve ao bem do modo que ele quiser. Se servires ao desejo bom e te submeteres a ele, poderás dominar o desejo mau e comandá-lo, conforme teu gosto. Eu disse: "Senhor, desejaria saber de que modo devo servir ao desejo bom". Ele respondeu: "Escuta. Pratica a justiça e a virtude, a verdade e o temor ao Senhor, a fé, a mansidão e todas as coisas boas semelhantes a essas. Praticando-as, serás servo agradável a Deus e viverás Nele. Todo aquele que servir ao desejo bom viverá em Deus". Ele terminou os doze mandamentos e me disse: "Tens agora esses mandamentos. Anda em conformidade com eles e exorta os ouvintes, para que se exercitem na penitência purificadora pelo resto de sua vida. Cumpre com cuidado esse serviço que te confio. Na sua realização encontrarás boa acolhida por parte daqueles que se dispõem a fazer penitência, eles acreditarão em tuas palavras. Eu estarei contigo e os induzirei a crerem em ti". Eu lhe disse: "Senhor, esses mandamentos são grandes, sublimes e gloriosos, podem alegrar o coração do homem que for capaz de observá-los. Todavia, Senhor, não sei se esses mandamentos podem ser guardados pelo homem, pois eles são muito duros". Ele me respondeu: "Se tiveres a confiança de que esses mandamentos podem ser guardados e praticados, conseguirás guardá--los facilmente, não serão duros. Contudo, se insinuares no teu coração que não podem ser guardados e praticados pelo homem, não conseguirás. Mas agora garanto que, se não guardares e ainda negligenciares esses mandamentos, nem tu, nem teus filhos, nem tua família serão salvos. Pois, decidindo que esses mandamentos não podem ser guardados pelo homem, condenas a ti mesmo". Ele me disse isso de modo tão indignado que fiquei confuso e com muito medo. Sua aparência se alterou de tal modo que nenhum homem poderia suportar sua ira. Vendo-me completamente perturbado e confuso, começou a falar de modo mais brando e sereno: "Tolo, insensato e vacilante! Não compreendes que a glória de Deus é grande, forte e admirável? Ele não criou o mundo para o homem e não lhe submeteu toda a sua criação, dando-lhe o poder de dominar todas as coisas que existem debaixo do céu? Portanto, se o homem é o senhor de todas as criaturas de Deus e domina a todas, será que ele não pode dominar também esses mandamentos? Somente o homem que leva o Senhor em seu coração é capaz de dominar todas as coisas e todos esses mandamentos. No entanto, para os que têm o Senhor somente nos lábios e cujo coração está endurecido e distante de Deus, esses preceitos são duros e inacessíveis. Portanto, esteja o Senhor em vosso coração, homens vazios e levianos na fé, e sabereis que não há nada mais fácil, suave e simples do que seus mandamentos. Convertei-vos, aqueles que seguem os mandamentos do diabo, que são difíceis, amargos, brutais e licenciosos, e não temais o diabo, pois ele não tem poder sobre vós. Eu, o anjo da penitência, que triunfo sobre o diabo, estarei convosco. O diabo só pode amedrontar, mas esse medo não tem força alguma. Não o temais e ele fugirá de vós". Eu lhe disse: "Senhor, escuta ainda algumas palavras". Ele respondeu: "Diz o que queres". Continuei: "Senhor, o homem tem o desejo de guardar os mandamentos de Deus, e não deixa de pedir ao Senhor que o fortaleça nos seus mandamentos e o submeta a eles. O diabo, porém, é duro e domina os homens". Ele me respondeu: "Ele não conseguirá dominar os servos de Deus se eles tiverem esperança de todo o coração. O diabo é capaz de combater, não de triunfar. Se resistirdes ao diabo, ele será derrotado e, envergonhado, fugirá de vós. Todavia, aqueles que são vazios temem o diabo como se ele tivesse algum poder. Quando um homem enche com bom vinho recipientes apropriados e deixa alguns semicheios, ao voltar para os recipientes, ele não se preocupa com os que estão cheios, pois sabe como estão. Observa os semicheios, temendo que tenham azedado, assim o vinho perde o sabor. O mesmo acontece com o diabo, ele vai e tenta todos os servos de Deus. Os que estão cheios de fé lhe resistem fortemente e ele se afasta deles, pois não encontra por onde entrar. Então, ele vai até os que estão semicheios e, se encontrar uma abertura, entrará neles para fazer o que quer, tornando-os seus escravos".

"Eu, o anjo da penitência, digo: não temais o diabo, pois fui enviado para estar com aqueles que de coração fazem penitência, para fortificar sua fé. Portanto, crede em Deus, mesmo que tenhais pecados e que tenhais vos desesperado, acrescentando pecados a pecados, agravando assim profundamente a vossa vida. Quando vos converterdes ao Senhor de todo o coração e praticardes a justiça pelo resto dos dias, servindo no caminho da retidão, conforme é a Sua vontade, Ele vai curar os pecados passados e não vos faltará força para dominar as obras do diabo. Não temais a ameaça do diabo, pois ele não tem força, é igual aos nervos do cadáver. Escutai, portanto, e temei Aquele que pode salvar ou destruir vossa vida, observai Seus mandamentos e vivereis em Deus." Eu lhe pedi: "Senhor, agora estou fortalecido em todos os mandamentos do Senhor, pois estás comigo. Sei que abaterás todo o poder do diabo e que nós o dominaremos, venceremos todas as suas obras. Senhor, espero que, fortalecido pelo Senhor, eu possa guardar os preceitos que recebi de ti". Ele me respondeu: "Tu os guardarás, desde que teu coração permaneça puro, voltado para o Senhor. Todos aqueles que os guardarem, purificando o coração dos desejos vazios deste mundo, viverão em Deus".

Os Pais Apostólicos

Herm.Sim

Parábolas que Ele me contou

Ele me disse: "Servos de Deus, sabei que habitais em terra estrangeira. Vossa cidade encontra-se longe desta. Portanto, se conheceis a cidade onde deveis habitar, por que correis atrás de campos, instalações luxuosas, palácios e mansões inúteis? Quem procura tais coisas nesta cidade não quer retornar à sua. Insensato, vacilante, homem infeliz! Ignoras que tudo isso é estrangeiro e está em poder de outro? O dono desta cidade dirá: 'Não quero que habites aqui. Vai embora, porque não obedeces às minhas leis'. Então, teus campos, casas, muitos bens e tudo que acumulaste, quando fores expulso por ele, serão de quem? Porque o dono desta cidade dirá: 'Ou obedeces às minhas leis ou sai do meu país'. O que irás fazer? Seguirás a lei? Por causa de teus campos e do resto de teus bens, renegarás tua lei e andarás de acordo com esse dono? Atenção! É perigoso renegar tua lei, pois, quando quiseres retornar à tua cidade, não te acolherão mais, pois renegaste a tua lei e a de tua cidade, por isso serás excluído dela. Vigia, portanto. Visto que moras em terra estrangeira, não reserves para ti senão o estritamente necessário e estejas pronto. Desse modo, quando o dono dessa cidade quiser te expulsar, porque te opões às suas leis, sai e vá em direção da tua terra, e aí viverás conforme tua lei, sem prejuízo e com alegria. Atenção, os que servis ao Senhor e o tendes no coração: praticai as obras de Deus, lembrando-vos de Seus mandamentos e das promessas que Ele fez. Crede que Ele as manterá, se Seus mandamentos forem observados. Em lugar de campos, resgatai os oprimidos, conforme vossa possibilidade, visitai as viúvas e os órfãos, não os desprezeis. Gastai vossas riquezas e vossos bens, recebidos de Deus. O Senhor vos enriqueceu para que presteis a Ele tais serviços. É melhor adquirir campos, bens e casas desse tipo, que encontrarás em tua cidade, quando a visitares. Esse investimento é nobre e alegre, não produz tristeza nem medo, mas alegria. Não procureis o investimento dos pagãos, perigoso para os servos de Deus. Fazei vossos próprios investimentos, com os quais ireis alegrar-vos. Não cometais fraude, não toqueis nos bens de outros nem os desejeis, porque é mau desejar os bens alheios. Realiza tua tarefa e serás salvo".

Uma Outra Parábola

Caminhava para o meu campo, observando um olmeiro e uma videira, e refletia sobre essas árvores e seus frutos. Então o pastor apareceu e me disse: "O que pensas sobre o olmeiro e a videira?". Respondi: "Senhor, penso que se completam perfeitamente". Ele disse: "Essas duas árvores existem para servir de modelo aos servos de Deus". Eu pedi: "Desejaria saber qual modelo essas árvores oferecem". Ele perguntou: "Vês o olmeiro e a videira?". Respondi: "Sim, senhor". Ele continuou: "A videira produz frutos, já o olmeiro é estéril. Entretanto, se essa videira não se prende ao olmeiro, fica estendida no chão e não poderá produzir seus frutos. Os frutos poderão apodrecer, se ela não estiver suspensa no olmeiro. Portanto, o olmeiro também dá frutos, junto com a videira, e até mais". Perguntei: "Por que mais, Senhor?". Ele respondeu: "Porque a videira suspensa no olmeiro dá muitos frutos belos, ao passo que, estendida no chão, produz poucos frutos podres. Essa parábola vale para os servos de Deus, o pobre e o rico". Eu perguntei: "Senhor, como assim? Explica-me". Ele respondeu: "Escuta. O rico tem muitos bens, mas aos olhos do Senhor ele é pobre, porque se distrai com suas riquezas. Não dá importância à oração e a confissão ao Senhor, quando as faz são breves, fracas e sem nenhum poder. Contudo, se o rico se volta para o pobre e atende às suas necessidades, crendo que o bem em favor do pobre poderá ter sua retribuição junto a Deus, afinal o pobre é rico por sua oração e confissão, e sua oração tem grande poder junto de Deus, então o rico atende sem hesitação às necessidades do pobre. Assim, o pobre, socorrido pelo rico, reza por ele e agradece a Deus pelo seu benfeitor, dando-lhe suporte. Este, por sua vez, redobra o zelo para com o pobre para que não lhe falte nada na vida, pois sabe que a oração do pobre é bem acolhida e rica junto a Deus. Desse modo, ambos cumprem sua tarefa, o pobre o faz mediante sua oração, que é sua riqueza recebida do Senhor. Ele a devolve ao Senhor na intenção daquele que o ajuda. E o rico, sem hesitação, dá ao pobre a riqueza que recebeu do Senhor. Essa é uma ação nobre e bem acolhida por Deus, porque o rico compreendeu perfeitamente o sentido da sua riqueza e partilhou com o pobre os dons do Senhor, cumprindo assim, convenientemente, a sua tarefa. Para os homens, o olmeiro parece não produzir fruto. Fato é que os homens ignoram e não compreendem que o olmeiro conserva água e pode nutrir a videira se vier a seca, e a videira, continuamente provida de água, produz o dobro de frutos, para ela mesma e para o olmeiro. Da mesma forma, os pobres, rezando ao Senhor pelos ricos, asseguram pleno desenvolvimento às riquezas deles. Por sua vez, os ricos, atendendo às necessidades dos pobres, dão satisfação à sua alma. Portanto, ambos participam da ação justa. Quem age assim não será abandonado por Deus, mas será inscrito no livro dos viventes. Felizes são os que possuem e compreendem que o Senhor preservará suas riquezas, pois com a compreensão poderão prestar bons serviços".

Uma Outra Parábola

Ele me mostrou muitas árvores sem folhas, que me pareciam mortas, todas semelhantes. E me perguntou: "Vês essas árvores?". Respondi: "Sim, senhor, eu as vejo, são semelhantes e estão mortas". Ele continuou: "Essas árvores que estás vendo são os habitantes deste mundo". Perguntei: "Senhor, como, se são todas semelhantes e estão mortas?".

Ele respondeu: "Porque os justos e os pecadores não se distinguem neste mundo, portanto são semelhantes. Para os justos este mundo é inverno, eles não se distinguem, pois nele habitam em conjunto com os pecadores. No inverno, despojadas de suas folhas, as árvores são semelhantes, e não se consegue separar quais estão mortas e quais estão vivas. Da mesma forma, os justos e os pecadores não se distinguem neste mundo, são todos semelhantes".

Uma Outra Parábola

De novo, ele me mostrou muitas árvores, umas verdes e outras secas. E me disse: "Vês essas árvores?". Respondi: "Sim, senhor, eu as vejo, umas estão verdes e outras secas". Ele continuou: "As árvores verdes são os justos que habitarão o mundo que está para chegar. Nesse mundo que virá, será verão para os justos e inverno para os pecadores. Portanto, quando brilhar a misericórdia do Senhor, os servos de Deus poderão ser distinguidos e ficarão visíveis para todos. No verão, os frutos de cada árvore aparecem e conseguimos saber sua espécie. Do mesmo modo, naquele mundo os frutos dos justos serão manifestos e saberemos que todos eles são vigorosos. Entretanto, naquele mundo, os pagãos e os pecadores, as árvores secas, serão encontrados secos e mortos, serão queimados como madeira morta, comprovando assim que, durante a vida deles, sua conduta foi má. Os pecadores serão queimados porque pecaram e não fizeram a penitência, e os pagãos serão queimados porque não conheceram o seu Criador. Portanto, carrega frutos em ti para que, naquele verão, teu fruto seja conhecido. Evita muitas ocupações e não cometas o pecado. Os que se carregam de ocupações cometem também muitos pecados. São absorvidos por seus negócios e não servem mais ao Senhor. Como poderia um homem pedir algo ao Senhor e ser atendido se ele não serve ao Senhor? Os que O servem receberão o que pedem, mas os que não O servem não receberão absolutamente nada. Aquele que tem apenas uma ocupação pode também servir ao Senhor, o seu pensamento não se corromperá longe do Senhor, pois estará a Seu serviço, conservando pensamento puro. Se assim fizer, poderá levar frutos para o mundo que está para chegar. Qualquer um que fizer isso carregará frutos".

Uma Outra Parábola

Eu jejuava sentado sobre um monte e agradecia a Deus por tudo o que ele fizera por mim. Então vi o pastor junto de mim, dizendo: "Por que vieste aqui tão cedo?". Respondi: "Senhor, porque estou montando guarda". Ele perguntou: "Que quer dizer com montar guarda?". Eu respondi: "Senhor, estou jejuando". Ele continuou: "E que jejum é esse que estás fazendo?". Eu respondi: "Senhor, eu jejuo por costume". Ele disse: "Não sabes jejuar para o Senhor, esse jejum é sem valor". Eu perguntei: "Senhor, por que dizes isso?". Ele explicou: "Digo que não é jejum o que imaginas estar fazendo. Eu te ensinarei, porém, qual é o jejum agradável e perfeito para o Senhor". Eu disse: "Sim, senhor. Serei feliz se puder conhecer o jejum que agrada a Deus". Então ele explicou: "Escuta. Deus não deseja esse jejum vazio, jejuando desse modo para Deus, não farás nada para a justiça. Jejua do seguinte modo: Não faças nada de mau em tua vida e serve ao Senhor de coração puro, observa Seus mandamentos, andando conforme Seus preceitos, que nenhum desejo mau entre em teu coração, mas crê em Deus. Se assim fizeres e o temeres, abstendo-te de toda obra má, viverás em Deus. Se cumprires essas coisas, farás um jejum grande e agradável ao Senhor".

"Escuta a parábola sobre o jejum. Um homem possuía um campo e muitos escravos e mandou plantar uma vinha numa parte do campo. Ele escolheu um servo muito fiel e estimado, chamou-o e lhe disse:

'Toma conta desta vinha que plantei, e durante minha ausência coloca as estacas. Não faças mais nada na vinha. Observa esta minha ordem e serás livre na minha casa'. Então o senhor do escravo saiu de viagem. Depois de sua partida, o escravo tomou conta da vinha e a estaqueou. Tendo terminado o serviço de estaquear, observou que a vinha estava cheia de mato. Então refletiu e disse: 'Já executei a ordem do senhor. Agora capinarei a vinha, pois capinada ela ficará mais bela e, não sendo sufocada pelo mato, produzirá mais fruto'. Decidido, capinou a vinha e arrancou todo o mato que havia nela. Sem o mato que a sufocava, a vinha ficou mais bela e florescente. Depois de certo tempo, o senhor do campo e do servo voltou. Foi até a vinha e, vendo que estava muito bem estaqueada, capinada, o mato extirpado e que as videiras floresciam, ficou muito satisfeito com o trabalho do escravo. Chamou então seu filho amado, que era seu herdeiro, e seus amigos conselheiros. Disse-lhes o que ordenara ao escravo e tudo o que ele havia executado. Eles se alegraram com o escravo, por causa do testemunho que o patrão dera dele. Então o patrão lhes disse: 'Prometi a liberdade a esse escravo, se ele executasse a ordem que eu lhe dera. Ele não só executou a ordem, mas fez bom trabalho na vinha, e isso me agradou muito. Portanto, como recompensa do trabalho que ele realizou, quero que seja herdeiro junto com meu filho, porque teve uma boa ideia e, em vez de descartá-la, a realizou.' O filho do senhor aprovou a intenção de designar o escravo como seu coerdeiro. Alguns dias mais tarde, o patrão ofereceu um banquete e enviou muita comida ao escravo. Este aceitou a comida que o senhor lhe enviara, reteve o suficiente para si e distribuiu o restante a seus companheiros de escravidão. Os companheiros a receberam, se alegraram e começaram a rezar para que ele, que os tratara tão bem, recebesse ainda mais favores do senhor. O senhor soube de tudo o que acontecera e de novo se alegrou muito com a conduta do escravo. Chamou novamente os amigos e o filho e contou-lhes a respeito da atitude do servo quanto à comida recebida. Concordaram, mais uma vez, que o servo se tornaria herdeiro juntamente com o filho do senhor." Eu lhe disse: "Senhor, não compreendo essas parábolas, nem posso entendê-las, peço que me explique". Ele respondeu: "Vou te explicar tudo, esclarecerei o que ensino. Guarda os mandamentos do Senhor e sê agradável a Ele, e serás contado entre os que observam Seus mandamentos. Se fizeres algo de bom além do mandamento de Deus, conseguirás glória maior e serás glorificado junto a Deus, mais do que deverias ser. Portanto, observando os mandamentos de Deus, acrescenta essas boas obras. Serás feliz se as observares conforme a minha ordem". Eu lhe disse: "Senhor, observarei tudo o que me indicar, pois sei que estás comigo". Ele me respondeu: "Estarei contigo, pois há em ti o desejo de fazer o bem, estarei com todos os que têm o mesmo desejo. Se os mandamentos do Senhor são observados, teu jejum é muito bom. Esse é o caminho para observares o jejum que queres praticar: Antes de tudo, guarda-te de toda palavra má, de todo desejo mau, purifica teu coração de todas as coisas vãs deste mundo. Se observares isso, teu jejum será perfeito. E jejuarás do seguinte modo, depois de cumprires o que foi escrito: no dia em que jejuares, não tomarás nada, a não ser pão e água. Calcularás o preço dos alimentos que poderias comer nesse dia e colocarás à parte a quantia correspondente para dá-la a uma viúva, a um órfão ou necessitado, desse modo te tornarás humilde. Graças a essa humildade, quem tiver recebido ficará saciado e rogará ao Senhor por ti. Se jejuares como ordenei, teu sacrifício será aceito por Deus, teu jejum será anotado, e o serviço assim realizado será bom, alegre e bem acolhido pelo Senhor. Observarás isso com teus filhos e toda a tua família. Desse modo, serás feliz junto com todos os que ouvirem e observarem esses preceitos, todos serão felizes e receberão do Senhor as coisas que pedirem". Eu lhe pedi insistentemente que me explicasse o sentido simbólico do campo, do senhor, da vinha, do escravo que estaqueara a vinha, do filho e dos amigos conselheiros, pois compreendera que tudo isso era uma parábola. Ele me respondeu: "És muito ousado em tuas perguntas! Não deves perguntar, pois, se alguma coisa deve ser explicada a ti, será". Eu lhe disse: "Senhor, tudo o que me mostras sem explicação será inútil que eu veja, pois não compreenderei o que significa. Da mesma forma, se me contas parábolas sem explicá-las, terei ouvido em vão". De novo, ele me respondeu: "Todo servo de Deus que tem o Senhor em seu coração pode Lhe pedir a compreensão e obtê-la. Ele poderá explicar qualquer parábola e, graças ao Senhor, tudo o que for dito em parábolas será compreensível para ele. Os indolentes e preguiçosos para a oração vacilam em pedir ao Senhor. O Senhor é misericordioso e atende a todos os que lhe pedem sem hesitação. Tu, porém, já te fortificaste pelo anjo glorioso e dele recebeste essa oração, e não és preguiçoso, por que não pedes a compreensão? Tu a receberás". Eu repliquei: "Senhor, tendo a ti comigo, tenho necessidade de te pedir e perguntar, pois me mostras tudo e falas comigo. Se eu visse ou ouvisse essas coisas sem ti, pediria ao Senhor que as explicasse a mim". Ele continuou: "Já te disse, agora mesmo, que és esperto e ousado para pedir explicação das parábolas. Como és tão perseverante, vou explicar o sentido simbólico do campo e de tudo o mais que o acompanha, para que possas explicá-lo a outros. Escuta, portanto, e compreende. O campo é este mundo, e o dono do campo é aquele que criou todas as coisas, que as organizou e lhes deu força. O filho é o Espírito Santo, e o escravo é o Filho de Deus. As videiras são o povo que ele mesmo plantou. As estacas são os santos anjos do Senhor que protegem o Seu povo. O mato arrancado da vinha são as injustiças dos servos de Deus. A comida do banquete que ele enviou ao escravo são os mandamentos que ele deu por intermédio de seu filho. Os amigos e conselheiros são os primeiros santos criados. A viagem do senhor é o tempo que resta para o julgamento". Eu lhe perguntei: "Senhor, tudo isso é grande, admirável e glorioso. Como poderei, Senhor, compreender essas coisas sozinho? Nenhum outro homem, ainda que fosse muito inteligente, poderia compreendê-las. Explica-me ainda, Senhor, o que vou perguntar". Ele disse: "Se desejas mais alguma explicação, prossegue e pede".

Os Pais Apostólicos

Eu perguntei: "Senhor, por que o Filho de Deus aparece na parábola sob a forma de escravo?". Ele respondeu: "Escuta. O Filho de Deus não aparece sob a forma de escravo, mas com grande poder e soberania". Eu disse: "Como, senhor? Não compreendo". Ele continuou: "Porque Deus plantou a vinha, isto é, criou o Seu povo e o entregou a Seu Filho. O Filho estabeleceu os anjos sobre eles para guardá-los individualmente. Ele purificou seus pecados, trabalhando muito e suportando a fadiga, pois ninguém pode capinar uma vinha sem trabalho e fadiga. Ele, portanto, tendo purificado os pecados do povo, ensinou os caminhos da vida, dando-lhes a lei, que recebera de Seu Pai. Observa que Ele é o senhor do povo porque recebeu todo o poder de Seu Pai. Escuta, o Senhor nomeou Seu filho conselheiro e os anjos gloriosos para decidir a herança que deveria entregar ao escravo. Deus fez habitar na carne o escolhido Espírito Santo preexistente, que criou todas as coisas. Essa carne, em que o Espírito Santo habitou, serviu muito bem ao Espírito, andando no caminho da santidade e pureza, sem macular em nada o Espírito. Ela se portou de maneira digna e santa, participou dos trabalhos do Espírito e colaborou com Ele em todas as coisas. Comportou-se com firmeza e coragem e, por isso, Deus a escolheu como companheira do Espírito Santo. A conduta dessa carne agradou a Deus, pois ela permaneceu imaculada na terra, enquanto possuía o Espírito Santo. Ele tomou o filho e os anjos gloriosos por conselheiros, para que essa carne, que tinha servido ao Espírito irrepreensivelmente, obtivesse um lugar de repouso e não parecesse ter perdido a recompensa pelo seu serviço. Toda carne em que o Espírito Santo habitou e que for encontrada pura e imaculada receberá sua recompensa. Aí está a explicação dessa parábola". Eu disse: "Senhor, fiquei contente em ouvir a explicação". Ele disse: "Escuta agora. Guarda tua carne pura e imaculada para que o Espírito, que nela habita, dê testemunho em favor dela e assim ela seja justificada. Cuida para que nunca entre em teu coração a ideia de que tua carne é perecível. E cuidado para não abusar dela com as impurezas. Se manchares tua carne, mancharás também o Espírito Santo. Portanto, se manchares tua carne, não viverás". Eu perguntei: "Senhor, se havia ignorância em tempos passados, antes de essas palavras serem ouvidas, como poderá se salvar o homem que manchou sua carne?". Ele respondeu: "Quanto às ignorâncias anteriores, somente Deus pode conceder a cura, pois Ele tem todo o poder. Agora fica atento, o Senhor, em sua grande misericórdia, poderá curá-la se doravante não manchares nem tua carne, nem o Espírito, pois os dois vão juntos e um não pode ser contaminado sem o outro. Portanto, conserva os dois puros e viverás em Deus".

Parábola 6

Enquanto estava sentado em casa, glorificando ao Senhor por tudo que tinha visto, meditando sobre os mandamentos e descobrindo que eles são bons, fortes, alegres, sublimes e capazes de salvar a alma do homem, dizia a mim mesmo: "Serei feliz se caminhar conforme esses mandamentos, e qualquer um que andar nesse caminho também será feliz". Enquanto dizia isso a mim mesmo, de repente vi o pastor ao meu lado dizendo: "Por que duvidas a respeito dos mandamentos que te dei? Eles são bons. Não duvides. Ao contrário, procura te revestir com a fé do Senhor e andar em Seus caminhos, porque te fortificarei neles. Esses mandamentos são úteis para os que farão penitência, já para aqueles que não andam no caminho, a penitência será inútil. Fazei penitência, rejeitai os males deste mundo, que aniquilam. Revestidos de toda a virtude de justiça, podereis observar os meus preceitos, mas não acrescentareis pecados aos que já possuís. Se não acrescentardes mais pecados, cancelarei os pecados passados. Caminhai conforme os meus mandamentos e vivereis em Deus. Todas essas coisas foram ditas por mim". Depois de me dizer isso, ele acrescentou: "Vamos ao campo, te mostrarei os pastores das ovelhas". Eu disse: "Vamos, Senhor". Fomos para uma planície, e ele me mostrou um jovem pastor, vestido com roupa amarela.

Os Pais Apostólicos

Ele guiava numerosas ovelhas, que viviam de modo voluptuoso e devasso, saltando alegremente de cá para lá. O pastor também estava muito satisfeito com seu rebanho, sua fisionomia era alegre e ele andava de um lado para o outro, no meio das ovelhas. Vi também outras ovelhas juntas, devassas e voluptuosas, que não saltavam. Então ele me perguntou: "Vês esse pastor?". Respondi: "Vejo, senhor". Ele continuou: "É o anjo da volúpia e do erro. Ele aniquila as almas dos servos de Deus que são vazios, desviando-os da verdade e enganando-os com maus desejos, assim eles morrem. Pois esquecem os mandamentos do Deus vivo e caminham nos enganos e nas volúpias vãs, sendo destruídos por esse anjo, alguns para a morte, outros para a corrupção". Eu lhe disse: "Senhor, não sei o que é essa morte e essa corrupção". Ele respondeu: "Escuta. Todas as ovelhas que viste muito alegres e saltitantes são os que se separaram definitivamente de Deus e se entregaram às paixões deste mundo. Para eles não há mais penitência para a vida, porque, além de tudo, blasfemaram contra o nome do Senhor. Portanto, resta-lhes apenas a morte. Aquelas que viste pastando no mesmo lugar sem saltitar são os que se entregaram às volúpias e aos enganos, mas sem blasfemar contra o Senhor. Corromperam-se longe da verdade. Para elas existe esperança de penitência, a fim de que possam viver. A corrupção conserva ainda alguma esperança de restauração, ao passo que a morte implica perdição eterna". Avançamos um pouco, e ele me mostrou um pastor de porte alto e de aspecto selvagem, vestido com pele branca de cabra, com bornal nas costas, tendo na mão um cajado rude e cheio de nós e um grande chicote. Seu olhar era tão severo que me infundiu medo. Assim era o seu olhar! Esse pastor recebia do pastor jovem as ovelhas devassas e voluptuosas, mas que não saltitavam. Ele as arremessava para lugar escarpado, cheio de espinhos e cardos; as ovelhas não conseguiam livrar-se dos espinhos e dos cardos, pois ficavam emaranhadas neles. Pastavam presas e sofriam muito, açoitadas pelo pastor, que as obrigava a andar de cá para lá, sem descanso; elas jamais se tranquilizavam.

Ao vê-las flageladas e atormentadas, fiquei triste, porque essa tortura não tinha trégua. Então perguntei ao pastor que conversava comigo: "Senhor, quem é esse pastor tão cruel e severo que não tem nenhuma piedade dessas ovelhas?". Ele respondeu: "Esse é o anjo do castigo. Ele é justo, mas foi encarregado do castigo. Ele recebe aqueles que vagueiam longe de Deus e que seguiram o caminho dos desejos e enganos deste mundo. Ele os pune conforme cada um merece, com castigos terríveis e variados". Eu pedi: "Senhor, eu desejaria saber quais são esses diversos castigos". Ele continuou: "Escuta quais são as diversas provações e castigos. As provações são as da vida. Alguns são castigados com prejuízos, outros pela indigência, outros por doenças, outros por alguma insegurança e outros ainda são injuriados por pessoas indignas e têm de sofrer muitas outras calamidades. Pois, incertos em suas intenções, muitos se lançam a fazer coisas, mas em nada conseguem sucesso. Dizem que não são felizes nos negócios e não lhes entra no coração que cometeram más ações, ao contrário, ainda acusam o Senhor. Quando são atribulados por essas provações, são entregues a mim para uma boa reeducação. Eles se reforçam na fé do Senhor e O servem de coração puro pelo resto de seus dias. Quando fazem penitência, as obras más que praticaram lhes entram no coração, e então eles glorificam a Deus, porque é juiz justo e porque cada um sofreu por suas ações. Doravante, servem ao Senhor de coração puro e têm sucesso em tudo o que fazem, pois recebem dele tudo o que pedem. Então glorificam ao Senhor por terem sido entregues a mim e já não sofrem mal nenhum". Eu lhe disse: "Senhor, explica-me ainda esse ponto". Ele perguntou: "O que procuras saber?". Eu continuei: "Senhor, os voluptuosos e transviados são atormentados por tanto tempo quanto fizeram ações voluptuosas e transviadas?". Ele respondeu: "São atormentados durante tempo igual". Observei: "Senhor, são atormentados por pouquíssimo tempo. Pois seria preciso que as pessoas que vivem assim na volúpia e se esquecem de Deus fossem torturadas por tempo sete vezes maior". Ele me disse: "Insensato!

Não conheces a força do tormento". Eu respondi: "Senhor, se eu conhecesse, não pediria explicação". Ele continuou: "Escuta, qual é a força de uma e de outra? O tempo da volúpia e do engano é de uma hora, mas uma hora de tormento tem a força de trinta dias. Passando um dia na volúpia e no engano e um dia nos tormentos, esse dia de tormento vale por um ano inteiro. A pessoa é atormentada pelos anos equivalentes aos dias de volúpia. Vê, portanto, que o tempo da volúpia e do engano é mínimo, mas o do castigo e do tormento é longo". Eu disse: "Senhor, não compreendi inteiramente os tempos do engano, da volúpia e do tormento. Explica-me com mais clareza". Ele respondeu: "És muito insistente em não querer purificar teu coração e servir a Deus. Cuidado para que o tempo não se cumpra e sejas encontrado ainda insensato. Ouve para compreender o que desejas. Aquele que vive um dia na volúpia e no engano, fazendo o que quer, reveste-se de muita insensatez e não percebe suas ações. No dia seguinte, esquece o que fez no dia anterior. A volúpia e o engano não têm memória, devido à insensatez que a reveste. Quando, porém, o castigo e o tormento se ligam ao homem por um dia, é durante um ano todo que ele é castigado e atormentado, pois castigo e tormento se fixam na memória. Atormentado e castigado durante um ano inteiro, ele se lembra da volúpia e do engano, reconhece que é por causa deles que sofre. Todo homem que vive na volúpia e no engano fica atormentado, porque era possuidor da vida e se entregou à morte". Eu perguntei: "Senhor, quais são as volúpias perniciosas?". Ele respondeu: "Tudo o que o homem faz com prazer é volúpia. Assim o colérico, fazendo aquilo que é conforme a sua paixão, é voluptuoso. O mesmo acontece com o adúltero, o bêbado, o maledicente, o mentiroso, que, realizando aquilo conforme a sua própria doença, entrega-se por esse ato à volúpia. Todas as volúpias são más para os servos de Deus. Portanto, é por causa delas que sofrem aqueles que são castigados e atormentados. Contudo, há também volúpias que salvam os homens, pois muitos experimentam a volúpia em fazer o bem, são impulsionados pelo prazer que o bem lhes dá. Essa é volúpia proveitosa para os servos de Deus e traz vida para o homem. As volúpias perniciosas, de que falamos antes, só lhe trazem tormentos e castigos. Caso se obstinem e não se arrependam, acarretam a morte para si".

Parábola 7

Poucos dias depois, vi o pastor na mesma planície onde tinha visto os pastores das ovelhas, e ele me perguntou: "O que andas a procurar?". Respondi: "Senhor, estou aqui a fim de te pedir que mandes o pastor justiceiro sair da minha casa, pois ele me atribula muito". Ele disse: "É preciso que sofras a tribulação. Foi assim que o anjo glorioso ordenou a respeito de ti. Ele quer que sejas provado". Perguntei: "Senhor, o que fiz de tão mau para ser entregue a esse anjo?". Ele respondeu: "Escuta. Teus pecados são numerosos, mas não tanto para que sejas entregue a esse anjo. Todavia, tua família cometeu grandes pecados e injustiças, e o anjo glorioso ficou irritado com as obras deles, por isso ordenou a tribulação por algum tempo. Dessa forma, eles farão penitência e se purificarão de todo desejo deste mundo. Quando tiverem se arrependido e purificado, o anjo do castigo se afastará". Perguntei-lhe: "Senhor, se foram eles que fizeram essas coisas para irritar o anjo glorioso, que fiz eu?". Ele respondeu: "Não há outro modo para que eles sintam a tribulação, se tu, chefe da família, não sofreres o mesmo. Porque, se fores afligido, eles também serão afligidos, mas, se prosperares, nenhuma tribulação poderá atingi-los". Eu repliquei: "Senhor, eles já fizeram penitência de todo o coração". Ele respondeu: "Eu sei muito bem que eles fizeram penitência do fundo do coração. Pensas que os pecados dos penitentes são imediatamente remidos? De modo algum. É preciso que, após a penitência, ele prove sua própria alma com profunda humilhação em tudo o que faz e passe por muitas e variadas tribulações. Se suportar as tribulações que lhe sobrevierem, o Criador que criou tudo terá compaixão de sua força de vontade e lhe concederá a cura. Isso acontecerá se o coração do penitente estiver puro, sem maldade. É proveitoso a ti e à tua família passar agora por tribulações". E disse: "Mas por que estou falando tanto? Tens que passar por tribulações conforme ordenou esse anjo do Senhor que te confiou a mim. Agradece ao Senhor por julgar-te digno de te mostrar previamente a tribulação. Dessa forma, conhecendo-a de antemão, suportarás isso valorosamente". Eu lhe pedi: "Senhor, fica comigo, e poderei suportar qualquer tribulação". Ele respondeu: "Eu estarei contigo, pedirei ao anjo justiceiro para te atribular mais suavemente. Todavia, serás atribulado por pouco tempo, depois serás restabelecido ao teu lugar. Continua, porém, a te humilhar e a servir ao Senhor de coração puro, tu, teus filhos e tua família, e anda conforme os mandamentos que te dei. Desse modo, tua penitência poderá ser firme e pura. Se cuidares disso com tua família, toda tribulação se afastará de ti. A tribulação também se afastará de todos os que andarem conforme os meus mandamentos".

Parábola 8

Ele me mostrou um grande salgueiro, que cobria planícies e montanhas, e ao abrigo do salgueiro estavam recolhidos todos os que são chamados pelo nome do Senhor. Debaixo do salgueiro, em pé, estava o anjo glorioso do Senhor, de grande estatura. Tinha uma foice, cortava ramos do salgueiro e as dava à multidão abrigada. Os ramos que entregava eram pequenos, com cerca de meio metro. Depois de todos terem recebido seu ramo, o anjo deixou a foice, e a árvore estava inteira, da mesma forma que eu a vira. Eu me admirava e dizia a mim mesmo: "Como é possível que depois de tantos ramos cortados a árvore continue inteira?". O pastor me disse: "Não te admires com a árvore inteira depois de os ramos terem sido cortados. Mas espera. Depois de ver tudo terás a explicação do significado". O anjo que entregara os ramos à multidão pediu que eles os devolvessem a ele, na ordem segundo os haviam recebido, e cada um entregava seu ramo. O anjo do Senhor os tomava e os examinava. De alguns, ele recebia ramos secos e roídos como por vermes; aos que entregavam tais ramos, o anjo dizia que formassem um grupo à parte. Outros entregavam ramos secos, mas não roídos. Para esses o anjo dizia que formassem outro grupo. Outros entregavam ramos meio secos, e também formavam um terceiro grupo. Outros entregavam seus ramos meio secos e fendidos, e outro grupo se formava. Havia os que entregavam seus ramos verdes e fendidos, novo grupo se formava. Alguns entregavam ramos com metade seca e metade verde, e formavam mais um grupo separado. Outros devolviam seus ramos dois terços verdes e o restante seco, mais um grupo que se formava. Havia os que entregavam seus ramos, dois terços secos e o restante verde, formando um novo grupo separado. Outros entregavam seus ramos quase completamente verdes, apenas uma pequena parte deles estava seca, bem na ponta, mas fendidos, e um grupo diferente se formava. Os ramos de alguns outros tinham apenas uma pequena ponta verde e o resto estava seco, assim se formava outro grupo. Outros vinham com os ramos verdes, como os tinham recebido do anjo. A maior parte da multidão entregava ramos assim, o anjo alegrava-se muito com isso, e também esses formavam um grupo separado. Havia mesmo alguns que entregavam seus ramos verdes com brotos novos, formando um novo grupo, e o anjo ficava muito alegre com eles. Outros entregavam seus ramos verdes e com brotos e traziam uma espécie de fruto. Os homens cujos ramos foram encontrados assim estavam muito alegres. Também o anjo se alegrava com eles, e igualmente o pastor se alegrava ao vê-los.

 O anjo do Senhor ordenou que trouxessem coroas, e foram trazidas coroas que pareciam feitas de palmas. Então ele coroou os homens que entregaram os ramos com brotos e uma espécie de fruto e enviou-os para a torre. Também enviou para a torre aqueles que entregaram os ramos com brotos, mas sem fruto, dando-lhes um selo. Todos os que iam para a torre vestiam roupas brancas como a neve. Enviou também aqueles que entregaram os ramos verdes como os haviam recebido, dando-lhes roupas brancas e o selo. Ao terminar isso, o anjo disse ao pastor: "Eu também vou. Conduz para dentro das muralhas os que são dignos de habitá-la. Examina com cuidado seus ramos e depois os conduz. Examina bem atentamente. Atenção para que ninguém te escape. Se alguém escapar, eu mesmo o julgarei junto ao altar". Dito isso ao pastor, foi embora. Depois que o anjo saiu, o pastor me disse: "Tomemos os ramos de todos e os plantemos para ver se alguns dentre eles viverão". Eu lhe perguntei: "Senhor, como esses ramos secos viverão?". Ele me respondeu: "Esta árvore é o salgueiro, que é cheia de vida por natureza. Plantando esses ramos, muitos deles viverão, ao receberem um pouco de umidade. Por isso, procurarei água para regá-los. Se algum deles viver, eu me alegrarei; se não viver não foi por minha negligência". O pastor me ordenou que os chamasse conforme estavam agrupados. Eles vieram, grupo por grupo, entregando seus ramos ao pastor. O pastor os tomou e replantou os ramos de cada grupo, depois jogou água neles, de modo que os ramos não apareciam sobre a água. Após a rega, disse-me: "Vamos embora. Dentro de poucos dias, voltaremos para examinar esses ramos todos, pois aquele que criou esta árvore deseja que vivam todos os que receberam um ramo dela. Quanto a mim, espero que, encontrando umidade e regados com água, a maioria desses ramos viva".

Eu lhe disse: "Senhor, auxilia-me a compreender o que é essa árvore, pois não entendo como ela, aparada de tantos ramos, continua inteira, sem parecer que foi aparada. É isso que eu não entendo". Ele me respondeu: "Escuta. Essa grande árvore que faz a cobertura de planícies, montanhas e toda a terra é a lei de Deus dada ao mundo inteiro; e essa lei é o Filho de Deus anunciado até os confins da Terra. Os povos que se encontram debaixo da árvore são aqueles que ouviram o anúncio e creram. O anjo grande e glorioso é Miguel, que tem o poder sobre esse povo e o governa. É ele que dá a lei e a grava no coração daqueles que creem. Ele examina, portanto, se aqueles a quem deu a lei a observaram bem. Vê que temos muitos ramos inúteis. Reconhecerás entre eles os que não observaram a lei e verás a morada de cada um". Perguntei-lhe: "Senhor, por que o anjo enviou alguns para a torre e deixou para ti os outros?". Ele respondeu: "Todos aqueles que transgrediram a lei foram deixados em meu poder para fazerem penitência. Todos os outros que se alegraram na lei e a observaram, ele os tem sob seu poder". Perguntei: "Senhor, quem são aqueles que foram coroados e se dirigiram para a torre?". Ele me respondeu: "Esses coroados são os que lutaram contra o diabo e o venceram; eles sofreram pela lei. Os outros que entregaram seus ramos verdes com brotos novos, embora sem fruto, foram atribulados por causa da lei, sem, entretanto, serem torturados por ela; mas não a renegaram. Os que entregaram os ramos verdes como os haviam recebido são santos e justos. Caminharam totalmente de coração puro, observando os mandamentos do Senhor. Conheceremos o resto quando eu examinar os ramos plantados e regados".

 Alguns dias depois, voltamos a esse lugar e o pastor sentou-se no lugar do anjo, enquanto eu ficava ao seu lado. Então ele me disse: "Envolve-te com uma toalha e serve-me". Eu me enrolei com uma toalha limpa, feita de saco. Vendo-me envolvido e pronto para servi-lo, ele me disse: "Chama os homens cujos ramos foram plantados, na mesma ordem em que cada um os devolveu". Fui até a planície e chamei a todos, que se apresentaram. O pastor lhes disse: "Que cada um, agora, arranque seu próprio ramo e o traga a mim". Os primeiros a devolvê-los foram aqueles cujos ramos estavam secos e corroídos. Ele mandou que fossem colocados de lado. Em seguida, os que tinham os ramos secos, mas não corroídos, os devolveram. Alguns deles os devolveram verdes, outros estavam secos e corroídos como por vermes. Aos que os devolveram verdes, o pastor mandou formar um grupo separado, aos que os devolveram secos e corroídos, ele mandou que se colocassem com os primeiros. Depois, foi a vez dos que os tinham recebido metade secos e fendidos; muitos deles os devolveram verdes e sem fendas; alguns, verdes com brotos novos e frutos nesses brotos, como os tinham aqueles que foram coroados para a torre. Outros os devolveram secos e carcomidos; outros secos, mas não carcomidos; e ainda outros tais como estavam antes, meio secos e fendidos. E o pastor mandou que se separassem cada um em seu grupo respectivo, e os outros restantes à parte. Em seguida, os que tinham recebido os ramos verdes, mas fendidos. Todos esses os devolveram verdes e tomaram lugar em seu próprio grupo. O pastor alegrou-se com estes, pois todos se tinham transformado e livrado de suas fendas. Também aqueles que os haviam recebido metade verdes e metade secos foram encontrados inteiramente verdes, outros metade verdes, outros secos e carcomidos, e ainda, verdes com brotos novos. Todos esses foram mandados para seus respectivos grupos. Em seguida, os devolveram aqueles que os tinham recebido com dois terços verdes e um terço seco. Muitos deles os devolveram verdes, muitos outros metade secos, e alguns secos e carcomidos. Todos esses foram mandados cada um ao respectivo grupo. Em seguida, aqueles que tinham recebido ramos secos em dois terços e verdes no resto os devolveram metade secos, alguns secos e carcomidos, e ainda metade secos e fendidos. Muito poucos os devolveram verdes. E todos esses tomaram lugar em seus grupos. Em seguida, os devolveram aqueles que tinham recebido ramos verdes, mas com mínima parte seca e fendida. Desses, alguns estavam verdes, outros verdes com brotos novos. Também esses se foram para seus grupos. Depois disso, vieram aqueles que tinham recebido com mínima parte verde e todo o resto seco. Os ramos destes, em sua maior parte, foram encontrados verdes com brotos novos e com frutos neles, outros inteiramente verdes. O pastor se alegrou muito com esses ramos, por tê-los encontrado assim. E também esses se foram, cada um para seu próprio grupo. Depois de examinar os ramos de todos, o pastor falou: "Eu te disse que esta árvore é cheia de vida. Vês quantos fizeram penitência e foram salvos?". Eu respondi: "Vejo, senhor". Ele continuou: "Isso é para que saibas o quanto a misericórdia de Deus é grande e gloriosa, e como Ele deu o Espírito àqueles que eram dignos de fazer penitência". Perguntei: "Senhor, então, por que nem todos fizeram penitência?". Ele respondeu: "O Senhor concedeu a penitência àqueles cujo coração estava pronto para se purificar e que haviam servido de todo o coração. Contudo, àqueles nos quais viu a perfídia e a maldade e que iriam arrepender-se apenas hipocritamente, Ele não concedeu a penitência, para que não blasfemassem novamente sua lei". Eu lhe pedi: "Senhor, explica-me quem é cada um daqueles que te devolveram os ramos e a morada que lhes cabe. Após terem ouvido a lei, aqueles que acreditaram, receberam o selo, mas o quebraram e não o preservaram inteiro. Agora reconhecerão tuas obras, farão penitência e receberão de ti um selo. Assim glorificarão o Senhor, por ter usado de piedade para com eles, enviando a ti para renovar seus espíritos". Ele explicou: "Escuta. Aqueles cujos ramos foram encontrados secos e carcomidos por vermes são os desertores e traidores da Igreja que, com seus pecados, blasfemaram o Senhor e que ainda se envergonham do nome do Senhor invocado sobre eles. Tais indivíduos estão definitivamente mortos para Deus. Vê que nenhum deles fez penitência, embora tenham ouvido as palavras que lhes transmiti. A vida, portanto, foi tirada desses homens. Aqueles que devolveram os ramos secos, mas não apodrecidos, estão próximos dos anteriores, eram hipócritas que introduziam ensinamentos errados, que desviavam os servos de Deus e sobretudo os pecadores, não lhes permitindo fazer penitência, mas persuadindo-os com ensinamentos loucos. Todavia, esses têm esperança na penitência. Muitos dentre eles já fizeram penitência, desde quando lhes falei sobre os meus preceitos, e outros ainda farão. Já os que não o fizerem perderão a vida. Aqueles que fizeram penitência, tornando-se bons, têm sua morada nas primeiras muralhas, e alguns subiram à torre. Portanto, a penitência dos pecadores traz vida, e a impenitência, a morte".

"Escuta também sobre aqueles que devolveram os ramos metade secos e fendidos. Aqueles cujos ramos estavam secos pela metade são os que duvidam, não estão nem vivos nem mortos. Já os com ramos secos pela metade e fendidos são os que duvidam e murmuram, nunca estão em paz entre si, mas sempre em discórdia. Também esses ainda têm possibilidade de fazer penitência. Alguns deles já fizeram penitência, e há esperança para eles. Todos os que fizeram penitência dentre eles têm sua morada na torre. Porém, os que se arrependerem demasiadamente tarde habitarão nos muros, e aqueles que não fizerem penitência, persistindo em suas ações, certamente morrerão. Os com ramos verdes, mas fendidos, sempre foram fiéis e bons, mas têm entre si inveja pelos primeiros lugares e por alguma honraria. Todos eles são loucos em rivalizarem por isso. Mas, depois de terem ouvido meus mandamentos, como eram bons, conseguiram se purificar e logo cumpriram penitência. Sua morada, portanto, é a torre. Contudo, se voltarem à discórdia, serão expulsos da torre e perderão a própria vida. A vida pertence a todos os que observam os mandamentos do Senhor. Ora, nesses mandamentos nada se diz de primeiros lugares nem de alguma honraria, fala-se da paciência e humildade do homem. Nessas pessoas, portanto, está a vida do Senhor, e nos que provocam discórdia e violam a lei está a morte".

"Os que tinham seus ramos metade verdes e metade secos são os que estavam imersos em seus negócios e não se juntavam aos santos. Por isso, metade deles estava viva e metade morta. Todavia, depois de terem ouvido meus mandamentos, fizeram penitência e foram morar na torre. Outros se afastaram definitivamente e não têm possibilidade de cumprir penitência. Por causa de seus negócios, blasfemaram o Senhor e o renegaram. Portanto, perderam a vida com a maldade que praticaram. Muitos são vacilantes. Ainda têm possibilidade da penitência, se houver logo o arrependimento, e sua morada será na torre. Se levarem demasiado tempo para fazer penitência, irão morar nas muralhas, e os que não fizerem também terão perdido a vida. Aqueles com os ramos dois terços verdes e no resto secos são os que renegaram de diversas formas. Muitos deles fizeram penitência e foram morar na torre. Outros se afastaram definitivamente de Deus e perderam a vida. Alguns duvidaram e provocaram discórdia, mas ainda podem fazer penitência, se a fizerem logo, sem persistir em seus prazeres. Mas, se ficarem obstinados em suas ações, estarão trabalhando para a própria morte".

"Os que devolveram ramos com dois terços secos e no resto verdes são os que foram fiéis, mas enriqueceram e adquiriram honra entre os pagãos. Revestiram-se de grande orgulho, tornaram-se arrogantes, abandonaram a verdade e se separaram dos justos. Ao contrário, alguns conviveram com os pagãos, pois esse caminho lhes pareceu mais agradável; todavia, não se afastaram de Deus e permaneceram na fé, mas não praticaram as obras da fé. Muitos deles já cumpriram penitência e tiveram sua morada na torre. Outros, convivendo inteiramente com os pagãos e arrastados pelas suas glórias vãs, afastaram-se de Deus e praticaram as obras dos pagãos, sendo contados como pagãos. Outros ficaram na dúvida, porque não esperavam mais ser salvos, devido às ações praticadas. Outros não só duvidaram, mas fomentaram divisões entre si. Para esses indivíduos e para aqueles que permaneceram na dúvida, ainda há possibilidade de penitência. Mas deve ser cumprida rapidamente, para que a morada deles seja dentro da torre. Para os que não fazem penitência e permanecem nos seus prazeres, a morte está próxima."

"Os que devolveram ramos verdes com a ponta seca e fendida são os que sempre foram bons, fiéis e gloriosos junto a Deus, mas pecaram um pouco, por leve ganância e leves rancores mútuos. Depois de ouvirem minhas palavras, a maioria deles se arrependeu logo e teve sua morada na torre. Alguns duvidaram, e outros com suas dúvidas promoveram maiores divisões. Ainda há esperança de penitência para eles, pois sempre foram bons, e é difícil que um deles morra. Aqueles que devolveram seus ramos secos e com uma pequenina parte verde são os que creram, mas praticaram as obras da injustiça. Nunca se afastaram de Deus, levaram com alegria o nome e receberam com alegria os servos de Deus em sua casa. Ouvindo o anúncio desta penitência, arrependeram-se sem hesitação e praticam toda a virtude da justiça. Alguns até sofrem e são atribulados com alegria, pois conhecem as ações que praticaram. A morada de todos esses será na torre."

Quando terminou de explicar acerca de todos os ramos, o pastor me disse: "Vai e diz a todos que façam penitência e viverão em Deus. De fato, o Senhor teve compaixão e me enviou para oferecer a ocasião de penitência a todos, embora alguns, por causa de suas obras, sejam indignos da salvação. O Senhor, porém, é paciente e quer que o chamado feito por Seu Filho não seja em vão". Eu lhe disse: "Senhor, espero que, depois de ouvirem essas coisas, todos façam sua penitência. Estou persuadido de que cada um, conhecendo suas ações e temendo a Deus, assim fará". Ele me respondeu: "Todos os que se arrependerem do fundo do coração e se purificarem dos pecados anteriormente assinalados e não acrescentarem mais nada a seus pecados receberão do Senhor a cura, se não duvidarem a respeito desses mandamentos, e viverão em Deus. Porém, os que aumentarem seus pecados e caminharem nas paixões deste mundo serão condenados à morte. Quanto a ti, caminha segundo os meus mandamentos e viverás em Deus. Do mesmo modo, aquele que andar no caminho dos mandamentos e os praticar com retidão viverá em Deus". Depois de me mostrar tudo isso, ele me disse: "O resto explicarei dentro de poucos dias".

Parábola 9

Depois que escrevi os mandamentos e as parábolas do pastor, anjo da penitência, ele veio a mim e disse: "Vou te mostrar tudo o que o Espírito Santo te mostrou e te falou na figura da Igreja. Esse Espírito é o Filho de Deus. Estavas muito fraco na carne, por isso ele não se revelou antes. Contudo, quando estavas fortalecido por meio do Espírito e já tinhas força para poder ver um anjo, ele se revelou por meio da Igreja, na construção da torre. Viste bem e com santidade, igual a uma virgem. Agora, graças ao anjo, consegues ver por meio do próprio Espírito. Contudo, será necessário compreenderes de forma precisa por meu intermédio. O anjo glorioso me conferiu a missão de habitar em tua casa, para que tenhas coragem e não fiques mais apreensivo, como antes". Então ele me transportou para a Arcádia, sobre um monte de forma cônica. Fez-me sentar no topo da montanha, mostrou a mim uma grande planície e, ao redor dela, outras doze montanhas, cada uma com aspecto diferente. A primeira era negra como fuligem; a segunda era seca e sem vegetação; a terceira se via cheia de espinhos e cardos; a quarta tinha vegetação meio seca, verde na parte de cima e seca junto às raízes, e parte da vegetação secava quando o sol brilhava; a quinta montanha era muito rochosa, mas tinha vegetação verde; a sexta montanha estava cheia de fendas, algumas pequenas, outras grandes, e nas fendas havia vegetação, mas não era muito verdejante, parecendo antes estar murcha; a sétima montanha tinha vegetação cheia de viço, era exuberante, e sobre ela todas as espécies de rebanhos e aves se alimentavam: quanto mais os rebanhos e aves comiam, tanto mais a vegetação brotava da montanha; a oitava estava cheia de fontes, e todas as espécies da criação do Senhor vinham beber nelas; a nona não tinha água nenhuma, estava completamente deserta, havia nela animais selvagens e répteis mortíferos, que provocam a morte dos homens; na décima montanha havia árvores gigantes e ela estava coberta de sombras, debaixo das

Os Pais Apostólicos

quais estavam deitadas muitas ovelhas, que repousavam e ruminavam; a décima primeira era coberta de árvores frutíferas e bem carregadas de todas as espécies, de modo que quem as via desejava comê-las; a décima segunda montanha era inteiramente branca, seu aspecto era muito exuberante, e era em si mesma belíssima. No meio da planície, ele me mostrou uma grande rocha branca que se erguia. Era mais alta que as montanhas, de formato quadrado e poderia conter o mundo inteiro. A rocha era antiga, havia nela uma porta escavada, que parecia ter sido escavada recentemente. Resplandecia mais do que o sol, e eu me maravilhava com tal esplendor. Ao redor da porta estavam doze virgens. As quatro que havia nos cantos me pareciam mais gloriosas, mas as outras eram também. As virgens estavam nos quatro lados da porta, duas a duas, a meia distância das quatro primeiras. Vestiam túnicas de linho, belamente cingidas, com o ombro direito descoberto, como para transportar algum peso. Estavam prontas, alegres e animadas. Vendo isso, fiquei admirado pelas coisas grandes e gloriosas que via. Além disso, fiquei perplexo com essas virgens, porque eram delicadas, mas se comportavam com vigor, como se devessem sustentar todo o céu. Então o pastor me disse: "Em que estás pensando, preocupando-te e causando tristeza a ti? As coisas que não compreendes não devem ser tratadas como se tua inteligência te ensinasse. Pede ao Senhor que te dê inteligência para compreender essas coisas. Não podes ver o que está atrás de ti, mas vê o que está adiante, não fiques te atormentando com o que não vês. Procura dominar as coisas que vês, não te angusties com o resto. Explicarei tudo o que te mostrar. Vê, portanto, o resto". Então vi que haviam chegado seis homens altos, gloriosos e de aspecto semelhante. Chamaram uma multidão de homens. Estes recém-chegados eram de grande estatura, muito belos e fortes. Os seis homens lhes deram ordens de construir uma torre sobre a rocha. Os homens que vieram construir a torre fizeram então grande tumulto, correndo de cá para lá em torno da porta. As virgens que estavam ao redor diziam aos homens que apressassem a construção da torre. Elas estendiam as mãos, como se devessem receber alguma coisa dos homens. Os seis homens ordenaram que subissem pedras de um abismo e fossem colocadas na construção da torre. Então subiram dez pedras quadradas e brilhantes, não lavradas. Os seis homens chamaram as virgens e lhes disseram para carregarem todas as pedras que construiriam a torre e para passá-las pela porta e entregá-las aos homens construtores. As virgens então transportaram uma para a outra as dez primeiras pedras que haviam subido do abismo e as carregaram juntas, pedra por pedra. Elas carregavam as pedras na mesma ordem em que estavam ao redor da porta, e enquanto as virgens vigorosas distribuíam-se nos cantos da pedra, outras se colocavam dos lados. E assim carregavam todas as pedras, passando pela porta, conforme lhes fora ordenado, e as entregavam aos homens na torre, que recebiam as pedras e construíam. A torre era construída sobre a grande rocha e em cima da porta. As dez pedras foram então ajustadas e cobriram toda a rocha, tornando-se o alicerce da construção. A rocha e a porta suportavam toda a torre. Depois das dez pedras, subiram do abismo outras vinte e cinco. Elas também foram ajustadas à construção, carregadas pelas virgens como as anteriores. Depois, subiram trinta e cinco pedras que foram igualmente ajustadas à torre. A seguir, subiram outras quarenta pedras, e todas foram ajustadas à torre. Desse modo, formaram-se quatro camadas no alicerce da torre. Pararam então de subir do abismo, e os construtores descansaram um pouco. Depois, os seis homens ordenaram à multidão numerosa que trouxesse pedras das montanhas para a construção. Eram trazidas de todas as montanhas, de cores variadas, lavradas pelos homens e entregues às virgens, que as transportavam pela porta e as entregavam aos construtores. Quando essas pedras de cores diferentes eram colocadas na construção, mudavam de cor e tornavam-se brancas. Algumas pedras eram entregues aos homens para a construção, mas não se tornavam brilhantes, continuavam como eram antes, pois não vinham com as virgens pela passagem da porta. Tais pedras, portanto, destoavam na construção da torre. Os seis homens viram que essas pedras destoavam e ordenaram que fossem retiradas, levadas para baixo, para o lugar de onde tinham saído. Então disseram aos homens que transportavam as pedras: "De modo algum devem entregar as pedras diretamente aos construtores. Coloquem-nas perto da torre, as virgens as farão passar pela porta e, assim, serão usadas na construção. Com efeito, se elas não passarem pelas mãos das virgens, não mudarão suas cores e não servirão. Portanto, não criem fadiga em vão. Terminou naquele dia o trabalho de construção, mas a torre não ficou concluída. Devia-se retomar a construção após uma pausa. Os seis homens mandaram que todos os construtores se retirassem um pouco e descansassem. As virgens, porém, receberam ordens de não se afastarem da torre. Parecia que elas estavam lá para guardá-la. Depois que todos se retiraram para descansar, perguntei ao pastor: "Senhor, por que não foi terminada a construção da torre?". Ele respondeu: "A torre não pode ser terminada enquanto seu proprietário não vier examinar a construção e trocar as pedras que estiverem corroídas. A torre foi construída segundo a vontade dele". Eu então pedi: "Senhor, desejaria saber o que significa a construção da torre, essa rocha, a porta, as montanhas, as virgens e as pedras que subiram do abismo, que não foram lavradas, mas entraram na construção mesmo assim. Também desejaria saber por que primeiro foram postas no alicerce dez pedras, depois vinte e cinco, trinta e cinco e quarenta. E também o que significam as pedras que entraram na construção e depois foram logo retiradas e recolocadas em seu lugar. Senhor, tranquiliza a minha alma e explica-me tudo". Ele respondeu: "Se tua curiosidade não for considerada vã, conhecerás tudo. Daqui a poucos dias voltaremos e verás o resto do que acontecerá a esta torre, saberás completamente todas as parábolas". Poucos dias depois, voltamos ao lugar onde estivéramos sentados, e ele me disse: "Vamos até a torre, pois o proprietário virá examiná-la". Então fomos até a torre e perto dela não havia absolutamente ninguém, exceto as virgens. O pastor perguntou às virgens se o proprietário da torre havia chegado, e elas responderam que ele viria para examinar a construção. Pouco depois, vejo um cortejo de muitos homens chegando e, no meio deles, um homem tão alto que ultrapassava a torre. Os seis homens que supervisionaram a construção caminhavam à direita e à esquerda, todos os que trabalharam na construção estavam com ele, juntamente com muitos outros, gloriosos, ao seu redor. As virgens que guardavam a torre correram ao seu encontro, beijaram-no e começaram a caminhar ao redor da torre. Esse homem examinava minuciosamente a construção, a ponto de apalpar pedra por pedra; com um bastão que tinha na mão, ele batia em cada uma das pedras da construção. À medida que batia nelas, algumas ficavam negras como fuligem, outras corroídas ou fendidas, mutiladas, nem brancas nem negras, outras desiguais, já não se harmonizando com as demais pedras, outras ainda cheias de manchas. Tais foram as variedades de pedras achadas inúteis para a construção. Ele ordenou retirá-las da torre, colocá-las por perto e trazer outras para substituí-las. Os construtores lhe perguntaram de qual montanha ele queria que viessem as pedras substitutas. Ele ordenou que fossem tiradas não das montanhas, mas de uma planície vizinha. Cavou-se então a planície e foram encontradas pedras brilhantes, quadradas e redondas. Todas as pedras encontradas nessa planície foram trazidas, e as virgens as transportaram através da porta. As pedras quadradas foram lavradas e colocadas no lugar das que tinham sido tiradas, mas as redondas não foram colocadas na construção, porque eram duras. O trabalho de lavrá-las era lento. Foram colocadas perto da torre para serem lapidadas antes de serem colocadas na construção, já que eram muito brilhantes. Então, ao terminar sua tarefa, o homem glorioso e senhor de toda a torre chamou o pastor e lhe entregou todas as pedras que se achavam perto da torre e que haviam sido retiradas da construção, dizendo: "Limpa cuidadosamente todas essas pedras, emprega na construção da torre as que se ajustam às outras e as que não se ajustarem, atira-as para longe". Depois de ordenar isso ao pastor, foi embora, acompanhado de todos os que tinham vindo com ele. As virgens, porém, permaneceram ao redor da torre, como guardas. Eu perguntei ao pastor: "Como podem essas pedras, que foram rejeitadas como indignas, voltar à construção da torre?". Ele me respondeu: "Vê bem essas pedras". Eu disse: "Sim, senhor, estou vendo". Ele continuou: "Lapidarei a maior parte delas e as empregarei na construção, elas se ajustarão às outras". Eu perguntei: "Senhor, como poderão, depois de buriladas, preencher o mesmo lugar?". Ele me respondeu: "As que forem achadas pequenas serão colocadas no interior da construção, as maiores irão para o lado externo e sustentarão as outras". Dito isso, continuou: "Vamos embora. Dentro de dois dias voltaremos, limparemos essas pedras e as colocaremos na construção. É preciso limpar tudo ao redor da torre, pois, se o proprietário vier de improviso e encontrar sujeira, ficará irritado. Nesse caso, essas pedras não entrariam na construção da torre, aos olhos do proprietário eu pareceria negligente". Dois dias depois, voltamos à torre e ele me disse: "Examinemos todas as pedras e vejamos quais delas podem entrar na construção". Eu respondi: "Sim, senhor, vamos examiná-las". Para começar, examinamos primeiro as pedras negras. Da forma como foram retiradas da torre, assim as encontramos. O pastor ordenou que fossem levadas embora da torre e colocadas à parte. Depois, examinou as corroídas. Pegou muitas delas, lapidou-as e ordenou que as virgens as levantassem e as colocassem na construção. As virgens as levantaram e as colocaram no interior da construção da torre. Ele ordenou então que as restantes fossem colocadas com as pretas, pois elas também foram encontradas pretas. Em seguida, examinou as fendidas. Lavrou muitas e mandou que as virgens as levassem para a construção. Puseram-nas, porém, no lado externo, pois eram mais sólidas. As outras, como tinham muitas fendas, não puderam ser lavradas e, por isso, foram excluídas da construção. Examinou depois as mutiladas. Entre elas se encontraram muitas pedras pretas, algumas com grandes fendas, e essas também foram colocadas com as rejeitadas. Quanto às restantes, ele as limpou, lapidou e mandou devolvê-las a construção. As virgens as levantaram e as ajustaram no meio da construção, pois eram muito fracas. Depois, ele examinou as meio brancas e meio pretas, e muitas delas foram encontradas pretas. Mandou que as juntassem com as que tinham sido rejeitadas. Todas as outras que eram brancas foram levantadas e ajustadas pelas virgens à construção. Foram postas no lado externo da muralha, pois eram sólidas e poderiam sustentar as do meio. Nada foi cortado delas. Em seguida, ele examinou as que eram duras e ásperas, e algumas foram rejeitadas, não era possível lavrá-las por conta de sua dureza. As outras foram lapidadas, levantadas pelas virgens, ajustadas no interior da construção da torre, pois eram um tanto fracas. Em seguida, ele examinou as manchadas, e algumas ficaram pretas e precisaram ser rejeitadas. As que restaram foram encontradas brilhantes e sólidas, ajustadas pelas virgens do lado externo por sua resistência. Em seguida, ele foi examinar as pedras brancas e redondas, e me perguntou: "Que faremos com essas pedras?". Eu respondi: "Que sei eu, senhor?". Ele continuou: "Não consegues ter nenhuma ideia sobre isso?". Eu respondi: "Senhor, não conheço esse ofício, não sou talhador de pedras nem consigo entender nada". Ele continuou: "Não vês que elas são redondas e que para deixá-las quadradas será preciso muito corte? Contudo, é preciso que algumas delas entrem na construção". Eu perguntei: "Senhor, se é necessário, por que a preocupação? Por que não escolhes para a construção as que preferes e as ajustas?". Ele escolheu as maiores e mais brilhantes e as lapidou. As virgens as levantaram e as ajustaram no lado externo da construção. As restantes foram levantadas e colocadas na planície, de onde tinham sido tiradas. Não foram, porém, reprovadas. Ele me disse: "É porque resta ainda um pouco da torre para construir e o proprietário quer essas pedras ajustadas à construção, pois são muito brilhantes".

Então ele chamou doze mulheres muito belas, vestidas de preto e cingidas, com os ombros descobertos e os cabelos soltos. Elas me pareceram selvagens. O pastor ordenou que levantassem as pedras rejeitadas da construção e as levassem para as montanhas de onde tinham sido tiradas. Elas as levantaram alegremente, transportaram todas e as puseram no lugar de onde haviam sido tiradas. Quando todas as pedras foram retiradas, não restou nenhuma ao redor da torre. O pastor me disse: "Andemos ao redor da torre para ver se não há defeito". Dei a volta com ele. Vendo que a torre era bela em sua construção, o pastor ficou muito contente. Com efeito, a torre era tão bem construída, que eu experimentei o desejo de habitá-la, pois era construída como se fosse uma pedra única, sem a mínima juntura. A pedra parecia ter sido cortada da rocha, pois parecia formar um único bloco. Caminhando com ele, estava contente de contemplar visão tão majestosa. E o pastor me disse: "Vai buscar cal e cacos para igualar as formas das pedras que foram levantadas e empregadas na construção. É preciso que todo o contorno da torre fique igualado". Fiz conforme ele ordenou e lhe trouxe tudo. Ele pediu: "Ajuda-me, para que a obra fique logo terminada". Então ele igualou as formas das pedras que entraram na construção, depois mandou varrer e limpar ao redor da torre. As virgens pegaram vassouras e varreram, tirando toda a sujeira da torre, e espalharam água. Então o lugar da torre ficou alegre e muito agradável. O pastor me disse: "Tudo foi lavado. Se o proprietário vier examinar a torre, não terá nada a nos reprovar". Dito isso, queria ir embora. Eu, porém, o segurei pelo bornal e comecei a conjurá-lo, pelo Senhor, que me explicasse o que me mostrara. Ele me disse: "Ainda tenho coisas para fazer. Depois te explicarei tudo. Espera-me aqui até que eu volte". Eu lhe perguntei: "Senhor, que farei aqui sozinho?". Ele respondeu: "Não estás sozinho. As virgens estão contigo". Eu lhe pedi: "Recomenda-me então a elas". Então o pastor as chamou, dizendo: "Confio a vós este homem, até que eu volte". E foi embora. Fiquei sozinho com as virgens. Elas estavam muito contentes, me trataram com muita atenção, principalmente as quatro mais gloriosas. As virgens me disseram: "O pastor não voltará aqui hoje". Eu perguntei: "Então, o que eu faço?". Elas responderam: "Espera-o até a tarde. Se ele vier, falará contigo, se não, deves ficar até que ele volte". Eu lhes disse: "Vou esperá-lo até a tarde. Se não vier, voltarei para casa e retornarei amanhã de manhã". Elas responderam: "Ele te confiou a nós. Portanto, não podes sair de perto de nós". Eu perguntei: "Onde ficarei?". Elas responderam: "Dormirás conosco, como irmão, não como marido, pois és nosso irmão, e doravante habitaremos contigo, porque te amamos muito". Fiquei envergonhado de permanecer com elas. Então, aquela que me parecia ser a primeira delas começou a beijar-me e abraçar-me. As outras, vendo-a abraçar-me, começaram também a beijar-me, a andar ao redor da torre e a brincar comigo. De minha parte, eu me senti rejuvenescido e comecei a brincar com elas. Umas formavam coros de danças, outras dançavam e outras cantavam. Eu fiquei em silêncio, passeava com elas ao redor da torre e senti grande alegria. Chegando a tarde, quis retirar-me para casa. Elas, porém, não me deixaram sair. Fiquei com elas à noite e dormi perto da torre. As virgens estenderam no chão suas túnicas de linho e me fizeram deitar no meio delas. E nada mais fizeram do que rezar. Comecei a rezar sem cessar com elas, não menos que elas. As virgens se alegraram, vendo-me rezar assim. Permaneci com as virgens até a manhã seguinte pela décima hora. Em seguida, o pastor chegou e perguntou: "Não lhe fizeram nenhuma insolência?". Elas responderam: "Pergunta a ele mesmo". Eu lhe respondi: "Senhor, estou muito contente de ter ficado com elas". Ele me perguntou: "O que comeste?". Eu respondi: "Comi palavras do Senhor a noite inteira". Ele perguntou: "Elas te receberam bem?". Eu respondi: "Sim, senhor". Ele continuou: "Agora o que queres ouvir em primeiro lugar?". Eu disse: "Senhor, quero ouvir na mesma ordem que me mostraste desde o começo. Peço-te, senhor, que me expliques à medida que eu for perguntando". Ele me disse: "Explicarei como quiseres e não esconderei de ti absolutamente nada". Então eu disse: "Antes de tudo, explica-me o que representam a rocha e a porta". Ele me respondeu: "A rocha e a porta são o Filho de Deus". Eu continuei: "Como é que a rocha é antiga e a porta é recente?". Ele explicou: "Escuta, homem insensato, e compreende. O Filho de Deus nasceu antes de toda a criação, pois ele foi o conselheiro de Seu Pai para a criação e, por isso, a rocha é antiga". Eu lhe perguntei: "E por que a porta é nova, senhor?". Ele respondeu: "Porque ele se manifestou nos últimos dias da consumação. A porta foi feita recentemente, para que os que devem salvar-se entrem por ela no reino de Deus. Viste que as pedras que passaram pela porta foram utilizadas na construção da torre, mas as que não passaram por ela foram rejeitadas para seu antigo lugar?". Eu respondi: "Sim, senhor, eu vi". Ele continuou: "Da mesma forma, ninguém entrará no reino de Deus se não tiver recebido o Seu nome santo. Se quiseres entrar numa cidade e ela for cercada de muralhas e só houver uma porta, poderias entrar nela sem ser pela única porta que tem?". Eu respondi: "Como poderia ser de outra maneira, senhor?". Ele continuou: "Da mesma forma que não poderias entrar na cidade a não ser pela sua porta, também o homem não pode entrar no reino de Deus senão pelo nome de seu Filho amado. Viste a multidão que construía a torre?". Eu respondi: "Sim, senhor, eu vi". Ele continuou: "Todos eles são anjos gloriosos. É por meio deles que o Senhor foi cercado com muralhas. A porta é o Filho de Deus. É a única entrada para o Senhor. Ninguém chegará até Ele senão por intermédio de Seu filho. Viste os seis homens e entre eles, um homem grande e glorioso, que andava ao redor da torre e que rejeitou como indignas as pedras da construção?". Eu disse: "Sim, senhor, eu vi". Ele explicou: "O homem glorioso é o Filho de Deus, os outros seis são os anjos gloriosos que O escoltam, à sua direita e à sua esquerda. Sem Ele, nenhum desses anjos poderá entrar para junto de Deus. Quem não tiver recebido o nome Dele não entrará em Seu reino". Eu perguntei: "O que é a torre?". Ele disse: "A torre é a Igreja".

Eu perguntei: "E quem são as virgens?". Ele respondeu: "São espíritos santos. Um homem não pode entrar de outra forma no reino de Deus se as virgens não o revestirem com a própria veste delas. Se receberes apenas o nome, mas não a veste, nada adiantará, porque essas virgens são os poderes do Filho de Deus. Se levares o nome, mas não a sua força, em vão portarás o nome. As pedras rejeitadas são as pessoas que levaram o nome, mas não foram revestidas com as vestes das virgens". Eu perguntei: "Senhor, qual é a veste delas?". Ele respondeu: "O próprio nome delas é sua veste. Aquele que leva o nome do Filho de Deus deve levar também os nomes delas, porque o próprio Filho de Deus leva o nome dessas virgens. Todas as pedras que entraram na construção da torre, levadas pela mão delas e que lá permaneceram, são pessoas revestidas com o poder dessas virgens. Por isso a torre forma um só bloco com a rocha. O mesmo acontece com os que acreditaram no Senhor por intermédio de seu Filho, que, revestidos com esses espíritos, formarão um só espírito, um só corpo, e suas vestes terão uma só cor. Tais pessoas que portam o nome das virgens têm sua morada na torre". Eu perguntei: "Senhor, e as pedras que foram rejeitadas? Por que o foram? Elas tinham passado pela porta e foram colocadas na construção da torre pela mão das virgens". Ele respondeu: "Uma vez que tudo te preocupa e tudo queres saber acuradamente, escuta sobre as pedras rejeitadas. Todos esses indivíduos receberam o nome do Filho de Deus e também o poder das virgens. Acolhendo esses espíritos, eles foram fortalecidos e se encontraram entre os servos de Deus. Tinham um só espírito, um só corpo e uma só veste, pois todos pensavam a mesma coisa e praticavam a justiça. Depois de certo tempo, porém, foram seduzidos pelas mulheres vestidas de preto, com os ombros descobertos, cabelos soltos e belos. Vendo-as, eles as desejaram e se revestiram com o poder delas, rejeitando a veste e o poder das virgens. Então foram rejeitados da casa de Deus e entregues a essas mulheres. Mas os que não se deixaram seduzir pela beleza delas permaneceram na casa de Deus. Aí está a explicação das pedras rejeitadas". Eu perguntei: "Senhor, se esses homens, mesmo sendo como são, fizerem penitência, rejeitarem o desejo por essas mulheres e voltarem às virgens, andando conforme seus poderes e suas obras, não entrarão mais na casa de Deus?". Ele respondeu: "Eles entrarão se renunciarem às obras dessas mulheres, assumirem o poder das virgens e andarem em suas obras. Houve uma pausa na construção justamente para que eles pudessem se arrepender, depois entrariam de novo na construção da torre. Se não fizerem penitência, outros o substituirão, e eles serão definitivamente rejeitados". Dei graças ao Senhor por se compadecer de todos os que são chamados pelo nome Dele, por nos ter enviado o anjo da penitência, a nós que pecamos contra ele, por ter concedido nova vida a nós que já estávamos corrompidos e sem esperança de viver. Eu disse: "Agora, Senhor, explica-me por que a torre não está construída no chão, mas sobre a rocha e sobre a porta". Ele respondeu: "Ainda és ignorante e insensato!". Eu repliquei: "Senhor, tenho necessidade de perguntar tudo, pois não consigo compreender absolutamente nada. Essas coisas são grandes, gloriosas e difíceis para os homens compreenderem". Ele explicou: "Escuta. O nome do Filho de Deus é grande, imenso e sustenta o mundo inteiro. Se toda a criação é sustentada pelo Filho de Deus, o que pensar então daqueles que foram chamados por Ele, que levam o Seu nome e andam conforme os Seus mandamentos? Estás vendo, portanto, o que Ele sustenta? São os que levam Seu nome de todo o coração. Por isso, Ele se constituiu como alicerce para eles, sente alegria em sustentá-los, pois eles não se envergonham de levar o Seu nome". Eu pedi: "Senhor, diz-me o nome das virgens e das mulheres trajadas de preto". Ele respondeu: "Escuta o nome das virgens mais fortes, que estão nos ângulos da porta: a primeira é Fé, a segunda, Temperança, a terceira, Força, a quarta, Paciência. As outras, que ficam entre as primeiras, chamam-se: Simplicidade, Inocência, Castidade, Alegria, Verdade, Inteligência, Concórdia, Caridade. Aquele que leva esses nomes e também o nome do Filho de

Deus entrará em Seu reino. Escuta também os nomes das mulheres trajadas de preto. Quatro delas são mais fortes: a primeira é Incredulidade, a segunda, Intemperança, a terceira, Desobediência, a quarta, Engano. As que se seguem chamam-se: Tristeza, Maldade, Dissolução, Cólera, Falsidade, Insensatez, Maledicência e Ódio. O servo de Deus que leva esses nomes verá o reino de Deus, mas não poderá entrar". Eu perguntei: "Senhor, e as pedras que saíram do abismo e foram ajustadas à construção? Quem são elas?". Ele respondeu: "As dez primeiras no alicerce são a primeira geração, as vinte e cinco seguintes são a segunda geração de homens justos, as trinta e cinco seguintes são os profetas de Deus e seus servos, as quarenta são os apóstolos e doutores que anunciaram o Filho de Deus". Eu perguntei: "Senhor, por que as virgens passaram as pedras pela porta, para entregá-las aos construtores da torre?". Ele respondeu: "Porque esses primeiros levaram esses espíritos e não se separaram uns dos outros, nem os espíritos se separaram dos homens, nem os homens dos espíritos. Os espíritos permaneceram com eles até a morte. Se não existissem neles esses espíritos, tais homens não seriam úteis à construção da torre". Eu pedi: "Senhor, explica-me mais ainda". Ele respondeu: "O que procuras mais?". Eu continuei: "Senhor, por que as pedras tiveram que subir do fundo para serem colocadas na construção da torre, embora tivessem esses espíritos?". Ele respondeu: "Era preciso que saíssem da água para receber a vida. Elas não podiam entrar no reino de Deus senão deixando a mortalidade da vida anterior. Tais mortos receberam o selo do Filho de Deus e entraram em seu reino. De fato, antes de levar Seu nome o homem está morto. Quando recebe o selo, ele deixa a morte e retoma a vida. O selo é a água, eles descem à água e dali saem vivos. O selo os anunciou, eles o usaram para entrar no reino de Deus". Eu perguntei: "Senhor, por que as quarenta pedras também sobem com eles do abismo, visto que eles já haviam recebido o selo?". Ele respondeu. "Porque esses apóstolos e doutores que anunciaram o nome do Filho de Deus, adormecidos no poder e na fé, puderam anunciá-lo àqueles que partiram antes deles e foram levar--lhes o selo do anúncio. Desceram com eles à água e novamente subiram. Contudo, desceram vivos e subiram vivos, enquanto os que estavam mortos antes deles desceram mortos e subiram vivos. Graças a eles estes últimos receberam o nome do Filho de Deus. Por isso, subiram com eles, foram ajustados à construção da torre, colocados sem ser lavrados, pois sua morte foi na justiça e na pureza. Apenas não tinham o selo. Essa é a explicação dessas coisas". Eu respondi "Sim, senhor", então perguntei: "Senhor, explica-me agora a respeito das montanhas. Por que são tão diferentes entre si e suas formas são tão variadas?". Ele respondeu: "Escuta. Essas doze montanhas são as doze tribos que habitam o mundo inteiro. O Filho de Deus lhes foi anunciado por meio dos apóstolos". Eu falei: "Por que as montanhas têm formas variadas entre si? Explica-me, senhor". Ele respondeu: "Escuta. Essas doze tribos que habitam o mundo inteiro são doze nações. Elas são diferentes no sentimento e no pensamento. Assim como são diversas as montanhas que vês, também são diversas as qualidades do pensamento e do sentimento das nações. Eu te explicarei, porém, o comportamento de cada uma em particular". Eu pedi: "Senhor, explica-me primeiramente porque, apesar da diversidade dessas montanhas, as pedras, quando colocadas na construção, tornaram-se brilhantes e de cor branca, como as pedras que subiram do abismo". Ele me respondeu: "Porque todas as nações que habitam debaixo do céu, tendo ouvido e acreditado, foram chamadas com o nome do Filho de Deus. Ao receberem o selo, tiveram todas um só sentimento e pensamento, uma só fé e uma só caridade. Com o nome levaram também os espíritos das virgens. Por isso, a construção da torre tornou-se de uma só cor, brilhante como o sol. Mas, depois de terem entrado para o mesmo lugar e terem formado um só corpo, alguns deles se contaminaram. Foram excluídos do povo dos justos, voltaram a ser como antes ou talvez piores". Eu perguntei: "Senhor, como poderiam piorar, depois de conhecer a Deus?". Ele respondeu:

"Aquele que não conhece a Deus e pratica o mal merece alguma punição por seu mal. Contudo, aquele que conhece a Deus não deve praticar o mal, e sim o bem. Se aquele que deve praticar o bem pratica o mal, não te parece que comete erro maior do que aquele que não conhece a Deus? Por isso, aqueles que não conhecem a Deus e praticam o mal são condenados à morte. Mas os que conhecem a Deus, que viram sua grandeza e ainda praticam o mal serão duplamente castigados, morrerão para sempre. É desse modo que a Igreja de Deus será purificada. Viste que essas pedras foram tiradas da torre e levadas pelos espíritos maus? Aqueles que tiverem sido purificados formarão um só corpo. Desse modo, a torre, depois de purificada, ficou aparentemente como de uma só pedra. Igualmente acontecerá com a Igreja de Deus, depois que for purificada e forem expulsos os maus, os hipócritas, os blasfemadores, os vacilantes e os que tiverem praticado todo tipo de mal. Depois da exclusão deles, a Igreja de Deus será um só corpo, um só sentimento, um só pensamento, uma só fé, uma só caridade. Então, o Filho de Deus se alegrará e se regozijará com eles por ter encontrado puro o seu povo". Eu disse: "Senhor, tudo isso é grande e glorioso. Mas agora, Senhor, mostra-me o poder e a conduta de cada uma das montanhas, a fim de que cada alma fiel ao Senhor, ouvindo isso, glorifique o Seu grandioso nome, admirável e glorioso". Ele respondeu: "Escuta a respeito da diversidade das montanhas e das doze nações".

"Os fiéis que vieram da primeira montanha, a preta, são desertores, pessoas que blasfemaram contra o Senhor e traíram os servos de Deus. Para eles não há penitência, somente a morte, são pretos porque é geração sem lei. Os fiéis que vieram da segunda montanha, a seca, são os hipócritas e mestres do mal, semelhantes aos anteriores, não produziam nenhum fruto de justiça. Assim como a montanha deles é infrutífera, tais homens possuem o nome, mas são vazios de fé, e neles não há nenhum fruto de verdade. A penitência é possível caso se arrependam logo, porém, se tardarem, a morte será o destino deles, junto aos primeiros." Eu perguntei: "Senhor, por que existe penitência para estes, enquanto para os primeiros, não? Até certo ponto, as ações são semelhantes". Ele respondeu: "A penitência é possível para eles porque não blasfemaram o seu Senhor nem traíram os servos de Deus. Agiram com hipocrisia pelo desejo do lucro, cada um ensinou conforme os desejos dos homens pecadores. Por isso, sofrerão alguma pena. Para eles há possibilidade de penitência, porque não blasfemaram nem traíram".

"Os fiéis da terceira montanha coberta de espinhos e cardos são os ricos e outros enredados em numerosos negócios. Os cardos simbolizam os ricos, os espinhos são os que se enredaram em múltiplos negócios. Estes últimos não se ligam aos servos de Deus, mas se extraviaram, afogados em seus negócios. Os ricos dificilmente se ligam aos servos de Deus, porque temem que alguém lhes peça alguma coisa, por isso dificilmente entrarão no reino de Deus. Assim como é difícil andar descalço sobre os cardos, também é difícil para eles entrar no reino de Deus. Todavia, para todos esses existe possibilidade de penitência, com a condição de que seja logo, para recuperarem nestes dias o que não fizeram no passado, e assim praticar uma boa ação. Se fizerem penitência e praticarem o bem, viverão em Deus, mas, ao persistirem em suas obras, serão entregues àquelas mulheres que os matarão." "Os fiéis que vieram da quarta montanha com muita vegetação verde na ponta e seca perto das raízes, ressequida pelo sol, são os vacilantes, os que têm o Senhor nos lábios, mas não no coração. Por isso, a base deles é seca e sem força, somente as palavras são vivas, mas suas obras são mortas. Tais pessoas não estão vivas nem mortas, os vacilantes não são nem verdes nem secos. Assim como essa vegetação seca ao ver o sol, também os vacilantes, quando ouvem falar de perseguição, por causa de sua covardia, sacrificam aos ídolos e se envergonham do nome do seu Senhor. Eles, portanto, nem vivem nem estão mortos. Contudo, se fizerem logo penitência, viverão. Sem a penitência, serão entregues às mulheres que lhes tirarão a vida."

"Os fiéis que vieram da quinta montanha, que tinha vegetação verde e era pedregosa, são os indóceis, arrogantes, cheios de si, que querem saber tudo, mas não sabem nada. Por causa de sua presunção, a inteligência se afastou deles e a loucura insensata neles penetrou. Gabam-se como se tivessem inteligência e desejam ser mestres, quando são apenas insensatos. Por causa desse orgulho, muitos enaltecem a si mesmos e acabam se esvaziando. De fato, a presunção e a vaidade são um grande demônio. Muitos deles foram rejeitados, mas alguns fizeram penitência, creram e reconheceram a própria insensatez, submetendo-se aos que têm inteligência. Os outros ainda podem fazer penitência, pois não eram maus, mas ignorantes e insensatos. Se fizerem penitência, viverão em Deus, mas sem ela habitarão com as mulheres que lhes fazem mal."

"Os fiéis que vieram da sexta montanha, com grandes e pequenas fendas e vegetação murcha, são os que guardam algum rancor mútuo e, por causa de suas maledicências recíprocas, estão murchos na fé. Muitos deles, porém, fizeram penitência, outros a farão quando ouvirem os meus mandamentos, pois suas maledicências são pequenas e se arrependerão logo. Os que têm grandes fendas são obstinados na maledicência, tornam-se rancorosos e furiosos uns contra os outros. Esses foram rejeitados para longe da torre e julgados indignos da sua construção. Tais homens dificilmente viverão. Deus nosso Senhor, que domina tudo e tem poder sobre toda a sua criação, não guarda rancor para com os que confessam seus pecados. Se ele é misericordioso, por que o homem, que é mortal e cheio de pecados, guarda rancor contra outro como se tivesse poder de destruí-lo ou salvá-lo? Eu, o anjo da penitência, digo: se tiverdes essa tendência, afastai-a de vós e fazei penitência. O Senhor curará vossos pecados passados se purificardes a vós desse demônio; caso contrário, sereis entregues a ele para a morte."

"E na sétima montanha, onde crescia vegetação verde, viçosa e tudo era exuberante, com rebanhos e aves que se alimentavam de sua vegetação, estão os fiéis. Essa vegetação que, quanto mais era cortada, mais abundante brotava, representa aqueles que sempre foram simples, inocentes, felizes, sem rancores mútuos, satisfeitos com os servos de Deus e revestidos com o santo espírito dessas virgens, sempre cheios de compaixão para com todos os homens, e que, graças a seus esforços, puderam socorrer a todos, sem altivez e sem hesitação. O Senhor, vendo sua simplicidade e candura, multiplicou o fruto do trabalho de suas mãos e os favoreceu em todas as ações. Eu, o anjo da penitência, digo aos que assim se comportam: permaneçam assim e sua descendência jamais será destruída. O Senhor os experimenta e os inscreve no número dos nossos, e toda a posteridade habitará com o Filho de Deus, pois recebeu o seu Espírito."

"Os fiéis que vieram da oitava montanha, cheia de fontes, nas quais ia beber toda a criação do Senhor, são os apóstolos e doutores que anunciaram no mundo inteiro e que ensinaram com santidade e pureza a palavra do Senhor. Não se deixaram de modo algum desviar por paixão má, mas sempre caminharam na justiça e na verdade, conforme o Espírito Santo que receberam. O lugar desses homens é ao lado dos anjos."

"Os fiéis que vieram da nona montanha, repleta de répteis e feras que causam a morte do homem, são aqueles que têm manchas, são diáconos que administraram mal a sua função, roubando a subsistência de viúvas e órfãos. Enriqueceram-se com os recursos que receberam para socorrer. Se continuarem nessa ambição, estarão mortos e não terão mais nenhuma esperança de viver. Contudo, se fizerem penitência e desempenharem com retidão seu ministério, poderão viver. Os que têm sarna são aqueles que renegaram seu Senhor e não se converteram a Ele. Tornando-se áridos e solitários, não se vinculam aos servos de Deus, mas vivem isolados e perdem a vida. A vinha abandonada em alguma parte degenera por falta de cuidados, sufocada pelas ervas daninhas; com o tempo ela se torna selvagem, e seus frutos não são mais úteis para o seu dono. Da mesma forma, esses homens, abandonados a si mesmos, tornam-se selvagens e inúteis para o seu Senhor. Eles ainda podem fazer penitência se não tiverem renegado de coração o Senhor. Contudo, se alguém o tiver renegado de coração, não sei se poderá viver. O que digo não vale para o tempo presente, de modo que, se alguém o negou, não fará penitência. Para aqueles que o renegaram no passado é que parece haver possibilidade de penitência. Portanto, se alguém quiser fazer penitência, que a faça logo, antes que a torre esteja terminada. Caso contrário, será morto pelas mulheres. Os mutilados são os espertos e maledicentes, eles são as feras que viste na montanha. Essas feras, com seu veneno, matam e destroem o homem. Da mesma forma, as palavras dessas pessoas envenenam o homem e o levam a morte. Sua fé está mutilada por causa da conduta que assumiram. Alguns fizeram penitência e foram salvos, outros, sendo como são, podem ser salvos, pelo arrependimento. Se não fizerem penitência, morrerão vitimados pelas mulheres que têm o poder."

"Os fiéis que vieram da décima montanha, onde as árvores abrigavam ovelhas, são os bispos e pessoas hospitaleiras, que sempre receberam com prazer os servos de Deus em sua casa, sem nenhuma hipocrisia. Os bispos, com seu ministério, continuamente protegeram os necessitados e as viúvas e sempre levaram vida pura. Eles serão, por sua vez, protegidos pelo Senhor, para sempre. Os que assim agiram são gloriosos junto de Deus, seu lugar é junto aos anjos, se perseverarem até o fim no serviço ao Senhor."

"Os fiéis que vieram da décima primeira montanha, cujas árvores estavam cheias de frutos de várias espécies, são os homens que sofreram por causa do nome do Filho de Deus, que sofreram corajosamente, de todo o coração, entregando a própria vida." Eu perguntei: "Senhor, por que todas essas árvores têm frutos, algumas delas, frutos mais belos?". Ele respondeu: "Escuta. Todos aqueles que sofreram por causa do nome são gloriosos junto de Deus. Os pecados de todos eles foram perdoados, porque sofreram em Seu nome. Porém, os frutos são variados e uns são melhores, pois eles escolheram ser arrastados diante das autoridades, foram submetidos a interrogatórios e não renegaram, mas sofreram corajosamente e têm muita glória junto do Senhor; assim, o fruto deles é o melhor. Aqueles, porém, que tremeram, hesitaram e interrogaram no coração se renegariam ou confessariam, para assim sofrer, seus frutos são inferiores, por lhes ter entrado essa intenção no coração. É sempre má intenção um servo renegar seu próprio Senhor. Vigiai, portanto, se tendes essa má intenção, para que ela não permaneça em vosso coração, ou morrereis para Deus. Aquele que sofre por causa do nome deve glorificar a Deus, por tê-lo julgado digno de levar Seu nome e ser curado de todos os pecados. Considerai-vos abençoados, portanto; acreditai que realizastes grande obra, quando algum de vós tiver de sofrer por causa de Deus. O Senhor vos agraciará com a vida, mesmo que não compreendais. Quando vossos pecados se tornarem pesados, deveis sofrer pelo nome do Senhor, pois sem o sofrimento estaríeis mortos para Deus. Digo isso aos que hesitam em negar ou confessar. Confessai que tendes um Senhor, pois, se o negardes, sereis entregues à prisão. Se os pagãos punem o escravo que renega seu senhor, o que pensais que fará convosco o Senhor, que tem poder sobre todas as coisas? Afastai esses desejos de vossos corações, a fim de viverdes eternamente para Deus".

"Os fiéis que vieram da décima segunda montanha, a branca, são como crianças pequeninas em cujo coração não entra maldade nenhuma. Eles sequer sabem o que é o mal, sempre permaneceram na inocência. Tais homens certamente habitarão no reino de Deus, pois em nada violaram os mandamentos, mas perseveraram todos os dias de sua vida na inocência e no mesmo sentimento. Todos que assim perseverarem e forem sem malícia como crianças pequenas serão mais gloriosos do que todos os anteriores. Pois todas as crianças são gloriosas diante de Deus e as primeiras diante dele. Felizes, portanto, serão os que arrancarem o mal e se revestirem da inocência, pois serão os primeiros de todos a viver em Deus."

Joseph Barber Lightfoot

Depois que ele terminou a explicação das parábolas sobre as montanhas, eu lhe pedi: "Senhor, explica-me agora o que são as pedras tiradas da planície que substituíram as da torre e também as pedras redondas que foram colocadas ou rejeitadas na construção". Ele respondeu: "Escuta também o sentido dessas coisas. As pedras tiradas da planície e que entraram na construção, em substituição às que foram tiradas, são as raízes dessa montanha branca. Como os fiéis que vieram dessa montanha eram todos inocentes, o Senhor da torre mandou empregar pedras das raízes dessa montanha. Pois ele sabia que essas pedras permaneceriam brilhantes, nenhuma delas escureceria. Já se tivesse acrescentado pedras vindas de outras montanhas, ele precisaria examinar e purificar a torre novamente. Essas pedras já são brancas, tanto os que creram como os que ainda irão crer, pois eles pertencem à mesma geração. Feliz essa geração, pois ela é inocente! Escuta agora o que se refere às pedras redondas e brilhantes. Todas são dessa montanha branca. No entanto, seu formato é arredondado. Suas riquezas os obscureceram um pouco na verdade e os ofuscaram, porém nunca se afastaram de Deus, nem saiu palavra má de sua boca, mas mantiveram a justiça e a virtude da verdade. Vendo em suas mentes que poderiam servir à verdade permanecendo bons, o Senhor mandou cortar suas riquezas, não de todo, para que pudessem fazer algum bem com o que lhes restava. Assim, essas pessoas viverão em Deus, porque são de boa índole. Essas pedras, portanto, precisaram ser cortadas ligeiramente, para servirem na construção da torre. Quanto às outras, que se conservam redondas, não foram ajustadas à construção, porque não receberam o selo e foram devolvidas a seu lugar, por serem demasiadamente redondas. Será preciso cortá-las da vaidade de suas riquezas para se adaptarem ao reino de Deus. Elas entrarão no reino, pois o Senhor abençoou essa geração inocente. Dessa geração, ninguém perecerá. Pode ser que algum deles, seduzido pelo diabo infame, cometa algum pecado e imediatamente recorra a seu Senhor. Eu, o anjo da penitência, julgo a todos felizes. São inocentes como as crianças, pois sua herança é boa e honrada diante de Deus. Digo a todos que receberam esse selo: 'Sede simples, esquecei as ofensas, não permaneçais em malícia ou na lembrança amarga das ofensas. Tende um só espírito, remediai e tirai as más divisões, a fim de que o Senhor das ovelhas se alegre com isso. Ele ficará contente se reencontrar todas as suas ovelhas, nenhuma transviada. Ai, porém, dos pastores, se ele encontrar transviada alguma delas. Se os próprios pastores forem encontrados desviados, o que poderão dizer ao Senhor do rebanho? Poderão talvez dizer que foram desviados pelas ovelhas? Não se dará crédito a eles, pois é incrível que o pastor sofra alguma coisa por parte das ovelhas. Será mais gravemente punido por causa de sua mentira. Eu também sou pastor, e é preciso que eu preste o serviço rigoroso convosco."

"Curai-vos enquanto a torre ainda está em construção. O Senhor habita nos homens que amam a paz, pois a paz lhe agrada, e ele se afasta para bem longe dos que brigam e dos que se perderam pela malícia. Devolvei-lhe o espírito íntegro, como o recebestes. Se entregares ao lavadeiro uma roupa nova e intacta, esperas recebê-la de volta intacta. Se o lavadeiro devolver tua roupa rasgada, irás recebê-la? Não te irritarás e o perseguirás com reprovação, dizendo 'Eu te entreguei uma roupa intacta. Por que ela está rasgada, e agora é inútil? Por causa do rasgo que fizeste, ela não pode mais ser usada'? Não dirias tudo isso ao lavadeiro, por causa do rasgo em tua roupa? Se ficares aborrecido assim por conta da roupa e lamentando o ocorrido, o que julgas que te fará o Senhor, que te deu espírito intacto, e devolveste a ele algo completamente inútil, a ponto de não servir mais ao teu Senhor? Ele se tornou inútil, desde o dia em que o corrompeste. O Senhor desse espírito não te matará por isso?". Eu respondi: "Certamente. Ele tratará assim todos aqueles que conservarem o rancor". Ele concluiu: "Não calceis aos pés a clemência dele, mas glorificai-o por ser tão paciente diante dos vossos pecados e por não ser rancoroso como vós. Fazei a penitência útil. Eu, o pastor, o anjo da penitência, mostrei e expliquei aos servos de Deus todas essas coisas, que estão aqui escritas. Portanto, podereis viver se acreditardes e ouvirdes as minhas palavras, se caminhardes nelas e corrigirdes vossos caminhos. No entanto, se permanecerdes na malícia e no rancor, não vivereis em Deus. Tudo o que devia dizer, já disse". Então o pastor perguntou: "Fizeste todas as perguntas?". Eu respondi: "Sim, senhor". Ele indagou: "Por que não me perguntaste sobre a forma das pedras recolocadas na construção, das quais melhoramos as formas?". Eu respondi: "Senhor, eu esqueci". Ele explicou: "Escuta agora sobre elas. São aqueles que ouviram os meus mandamentos e fizeram penitência de todo o coração. Tendo visto que a penitência deles era boa e pura e que conseguiram nela perseverar, o Senhor mandou apagar seus pecados anteriores. Aquelas formas eram seus pecados, e elas foram aparadas para que não aparecessem mais".

Parábola 10

Quando terminei de escrever o livro, o anjo que me confiara a esse pastor veio à minha casa me encontrar e sentou sobre o leito. O pastor apareceu de pé à direita. O anjo me chamou e disse: "Eu te confiei a esse pastor, a ti e à tua casa, para que fosses protegido por ele". Eu respondi: "Sim, senhor". Ele continuou: "Se queres ficar protegido de toda tribulação e violência, ter sucesso em toda boa obra e palavra, ter toda a virtude da justiça, caminha nos mandamentos que te dei e poderás dominar todo mal. Assim, se guardares os seus mandamentos, toda ambição e os prazeres deste mundo serão dominados, e o sucesso te acompanhará em toda boa obra. Acolhe em ti a sua santidade e a sua modéstia e diz a todos que gozas de grande honra e dignidade junto ao Senhor. Ele detém grande poder, a sua função é forte. Somente a ele foi conferido o poder da penitência para o mundo inteiro. Não te parece grande seu poder? Não desprezes a seriedade e a moderação com que ele vos trata". Eu disse: "Senhor, pergunta ao pastor se eu fiz alguma coisa errada desde que ele chegou à minha casa". O anjo respondeu: "Quanto a mim, sei que não fizeste nada de errado e que não farás. Eu te digo que perseveres. O pastor disse-me que tem boa impressão de ti. Assim, agora transmitirás essas palavras aos outros para que aqueles que fizeram ou estão para fazer penitência tenham os mesmos sentimentos que tu. Dessa forma, o pastor falará bem deles para mim, e eu ao Senhor". Eu disse: "Senhor, de minha parte mostrarei a todo homem as grandezas do Senhor. Espero que todos os que outrora pecaram, ao me ouvirem, façam espontaneamente penitência para recuperar a vida". Ele me disse: "Permanece nessa missão, realizando-a até o fim. Todos aqueles que praticam os mandamentos do pastor terão vida e grande honra junto ao Senhor. Por outro lado, todos aqueles que não observam seus mandamentos afastam-se da vida e desprezam o pastor, que tem a sua honra junto de Deus; aqueles que o desprezam e não observam seus mandamentos também se entregam à morte, cada um deles se torna réu do seu próprio sangue. Digo mais uma vez: fica a serviço desses mandamentos e terás o remédio para os teus pecados". "Eu te enviei as virgens para que habitem contigo, percebi que são afáveis contigo. Terás nelas um auxílio para observar melhor os mandamentos do pastor. Não é fácil observar os mandamentos sem elas. Vejo, porém, que elas estão contigo de boa vontade, mas ordenei que de modo algum se afastem de tua casa. Apenas limpa bem a tua casa, pois elas habitarão com prazer em casa limpa. Elas são limpas e castas, todas gozam de grande crédito junto ao Senhor. Portanto, se encontrarem tua casa limpa, permanecerão contigo. Se houver, porém, alguma coisa suja, imediatamente deixarão tua casa, pois as virgens não gostam de nenhum tipo de sujeira". Eu lhe respondi: "Senhor, espero poder agradar-lhes, de modo que elas habitem sempre em minha casa de boa vontade. O pastor a quem me confiou não se queixa de mim, elas também não se queixarão". O anjo disse ao pastor: "Vejo que o servo de Deus quer viver, que guardará esses mandamentos e instalará as virgens em sua casa limpa". Dito isso, confiou-me de novo ao pastor, chamou as virgens e disse: "Como estou vendo que habitais com satisfação a casa desse homem, recomendo tanto a ele como à sua casa para que não vos afasteis daqui". Elas, por sua vez, ouviram com prazer essas palavras. Em seguida, ele me disse: "Sê forte nesse ministério, mostra a todos os homens as grandezas do Senhor e alcançarás a graça. Todo aquele que se comportar conforme esses mandamentos viverá e será feliz. Por outro lado, quem os deixar à margem não viverá e será infeliz em sua vida. Diz a todos que não deixem de fazer tudo o que puderem na prática do bem, porque praticar boas obras é sempre útil. Digo também que é necessário arrancar da miséria todo homem. O necessitado que sofre revezes em sua vida cotidiana está em grande tormento e angústia. Aquele, pois, que livrar uma pessoa da necessidade adquire para si uma grande alegria. Pois quem se encontra na miséria sofre o mesmo tormento e as mesmas torturas de um prisioneiro. Muitos, não podendo suportar essas calamidades, se suicidam. Aquele que conhece a miséria do homem e não o retira dela comete grande pecado e se torna réu do seu sangue. Portanto, fazei boas obras todos vós que recebeis benefícios do Senhor, para que a construção da torre não termine sem que as tenhais praticado. Por vossa causa os trabalhos da construção foram interrompidos. Portanto, caso não vos apresseis em fazer o que é certo, a torre será concluída e sereis excluídos". Quando terminou de falar comigo, o anjo se ergueu do leito, tomando consigo o pastor e as virgens, e retirou-se. Todavia, ele me disse que enviaria de novo o pastor e as virgens à minha casa.

EPÍSTOLA A DIOGNETO

Diogn. 1

Vejo que estás interessado em aprender a religião dos cristãos e que de um modo muito sábio e cuidadoso buscaste informar-te sobre eles. Qual é esse Deus em quem confiam e como o veneram, a ponto de desdenharem o mundo, desprezarem a morte e não considerarem os deuses que os gregos reconhecem nem observarem a crença dos judeus? Que tipo de amor é esse que eles têm uns para com os outros? Finalmente, por que essa nova estirpe ou esse modo de vida apareceu agora e não antes? Aprovo este teu desejo e peço a Deus, o qual preside tanto o nosso falar como o nosso ouvir, que me conceda falar de modo que, ao ouvires, possas te tornar melhor, e que ouças de tal forma que eu, o orador, não fique desapontado.

Diogn. 2

Comecemos. Limpa-te de todos os preconceitos que se amontoam em tua mente, despoja-te do hábito enganador, torna-te um homem novo, por assim dizer, desde a raiz, estando à espera de escutar, como alguém que ouviria uma nova história, como tu mesmo confessaste. Vê não somente com os olhos, mas também com a inteligência. Quais são a substância e a forma dos que consideras teus deuses? Não é um deles pedra, como a que pisamos sob os pés, e o outro bronze, nada melhor que os vasos forjados para o nosso uso, o outro madeira, que já está podre, e outro prata, que precisa de alguém que a guarde para não ser roubada, e outro ferro, consumido pela ferrugem, e outro barro, não menos escolhido que aquele usado para os serviços mais vis? Tudo isso não é de material corruptível? Não são lavrados com o ferro e o fogo? Não foi o ferreiro que modelou um, o ourives outro e o oleiro outro? Não é verdade que, antes de serem moldados pelos artesãos na forma que agora têm, cada um deles poderia ser transformado em outro, e ainda podem? E se os mesmos artesãos trabalhassem os mesmos utensílios do mesmo material não poderiam transformar-se em deuses como esses? E, ao contrário, essas coisas que agora são adoradas por vós não poderiam transformar-se, por mãos de homens, em utensílios semelhantes aos demais? Essas coisas todas não são surdas, cegas, inanimadas, insensíveis e imóveis? Não apodrecem todas? Não são destrutíveis? A essas coisas chamais de deuses, a elas servis, a elas adorais e terminais sendo semelhantes a elas. Portanto, odiais os cristãos porque eles não os consideram deuses. Pois vós, que os considerais e adorais, os desprezais muito mais? Por acaso não zombais deles e os cobris com mais injúrias, venerando deuses de pedra e de barro, sem ninguém que os guarde, enquanto fecham à chave, durante a noite, aqueles feitos de prata e de ouro, e de dia colocando guardas para que não sejam roubados? Com as honras que acreditam tributar-lhes, se é que eles têm sensibilidade, na verdade os castigam com elas. Por outro lado, se são insensíveis, estão envergonhados com sacrifícios de sangue e gordura. Que um de vós venha se submeter a esse tratamento e permita que tais coisas lhe sejam feitas. Mas o homem, espontaneamente, não suportaria tal suplício, porque tem sensibilidade e inteligência. A pedra suporta tudo porque é insensível. Concluindo, poderia dizer muitas outras coisas sobre o motivo que os cristãos têm para não se submeterem a esses deuses. Se o que eu disse parece insuficiente para alguém, creio que seja inútil dizer mais alguma coisa.

Diogn. 3

Por outro lado, creio que desejas particularmente saber por que eles não adoram a Deus à maneira dos judeus. Os judeus têm razão quando rejeitam a idolatria, de que falamos antes, e prestam o culto a um só Deus, considerando-o Senhor do Universo. Contudo, erram quando lhe prestam um culto semelhante ao dos pagãos. Pois quando os gregos, ao oferecer sacrifícios a coisas insensíveis e surdas, demonstram ignorância, os judeus consideram que eles as oferecem a Deus como se Ele tivesse necessidade delas, e com todos os motivos veem tal prática como uma loucura, não um ato de culto. Quem fez o céu e a terra e tudo o que neles existe e que provê tudo de que necessitamos não tem necessidade nenhuma desses bens. Ele próprio fornece as coisas àqueles que querem oferecê-las a Ele. No entanto, aqueles que creem oferecer-Lhe sacrifícios com sangue, gordura e holocaustos para o enaltecer com esses atos não me parecem diferentes daqueles que tributam reverência a ídolos surdos, que não podem participar do culto. Pois trata-se de outro grupo que imagina fazer ofertas a coisas incapazes de participar da honra, outro grupo que imagina estar dando algo a quem de nada precisa.

Diogn. 4

Não creio que tenha necessidade de que te informe sobre o escrúpulo deles a respeito de certos alimentos, sua superstição sobre os sábados, seu orgulho da circuncisão, seu fingimento com jejuns e tempos de lua nova, coisas ridículas, que não merecem consideração. Pois não é injusto aceitar coisas criadas por Deus para uso dos homens como bem criadas e rejeitar outras como inúteis e supérfluas? Não é sacrilégio caluniar a Deus, imaginando ser proibido fazer algum bem em dia de sábado? Não é digno de zombaria orgulhar-se da mutilação do corpo como sinal de eleição, acreditando ser particularmente amado por Deus? E quanto ao fato de estar em perpétua vigilância diante dos astros e da lua para calcular os meses e os dias, e distribuir as disposições de Deus, dividir as mudanças das estações conforme seus próprios impulsos, umas para festa e outras para luto? Quem consideraria isso prova de religião, e não de insensatez? Penso que agora tenhas entendido suficientemente por que os cristãos estão certos em se abster da vaidade e do engano, assim como das complicadas observâncias e das vanglórias dos judeus. Mas, quanto ao mistério da própria religião deles, não creias poder ser instruído pelo homem.

Diogn. 5

Os cristãos não se distinguem dos outros homens nem por sua terra, nem por sua língua ou seus costumes. Não moram em cidades próprias, nem falam língua estranha, nem têm algum modo extraordinário de viver. Sua doutrina não foi inventada por eles, graças ao talento e à especulação de homens engenhosos, nem professam, como outros, algum ensinamento humano. Pelo contrário, vivem em casas gregas e bárbaras conforme a sorte de cada um, adaptando-se aos costumes do lugar quanto à roupa, ao alimento e aos demais costumes, embora testemunhem um modo de vida admirável e, sem dúvida, paradoxal. Vivem na sua pátria, mas como forasteiros; participam de tudo como cristãos e suportam tudo como estrangeiros. Toda pátria estrangeira é pátria deles, pois cada pátria é estrangeira. Casam-se como todos e geram filhos, mas não abandonam os recém-nascidos. Põem a mesa em comum, mas não o leito. Estão na carne, mas não vivem segundo a carne. Moram na terra, mas têm sua cidadania no céu. Obedecem às leis estabelecidas, mas com sua vida ultrapassam as leis. Amam a todos e são perseguidos por todos. São desconhecidos e, apesar disso, condenados. São mortos e, deste modo, lhes é dada a vida. São pobres e enriquecem a muitos. Carecem de tudo e têm abundância de tudo. São desprezados e, no desprezo, tornam-se glorificados. São amaldiçoados e, depois, proclamados justos. São injuriados e bendizem. São maltratados e honram. Fazem o bem e são punidos como malfeitores. São condenados e se alegram como se recebessem a vida. Pelos judeus são combatidos como estrangeiros, pelos gregos são perseguidos, no entanto os que os odeiam não saberiam dizer o motivo do ódio.

Diogn. 6

Em poucas palavras, assim como a alma está no corpo, os cristãos estão no mundo. A alma está espalhada por todas as partes do corpo e os cristãos estão em todas as partes do mundo. A alma habita o corpo, mas não deriva do corpo. Os cristãos habitam o mundo, mas não pertencem ao mundo. A alma invisível está contida num corpo visível. Os cristãos são vistos no mundo, mas sua religião é invisível. A carne odeia e combate a alma, embora não tenha recebido nenhuma ofensa dela, porque esta a impede de gozar dos prazeres; ainda que não tenha recebido injustiça dos cristãos, o mundo os odeia, porque estes se opõem aos prazeres. A alma ama a carne e os membros que a odeiam. Também os cristãos amam aqueles que os odeiam. A alma está contida no corpo, pois é ela que sustenta o corpo. Os cristãos estão no mundo como numa prisão, mas são eles que sustentam o mundo. A alma imortal habita uma tenda mortal. Assim, os cristãos habitam como estrangeiros em moradas que se corrompem, esperando a incorruptibilidade nos céus. Maltratada sem comidas e bebidas, a alma torna-se melhor; também os cristãos maltratados a cada dia se multiplicam. Tal é o posto que Deus lhes determinou, e não lhes é lícito dele desertar.

Diogn. 7

Como já disse, não é uma invenção humana que foi transmitida, nem eles julgam digno observar com tanto cuidado um pensamento mortal. Nem lhes foi confiada a administração de ministérios humanos. Ao contrário, Aquele que é verdadeiramente senhor e criador de tudo, o Deus invisível, Ele próprio fez descer do céu, para o meio dos homens, a verdade, a palavra santa e incompreensível, e a colocou em seus corações. Fez isso não enviando para os homens, como se pode imaginar, um dos seus servos, ou um anjo, ou um príncipe daqueles que governam as coisas terrestres, ou um dos encarregados das administrações dos céus, mas o próprio artífice e criador do Universo. Aquele por meio do qual Ele criou os céus e por meio do qual encerrou o mar em seus limites. Aquele cujo mistério todos os elementos guardam fielmente. Aquele de cuja mão o sol recebeu as medidas que deve observar em seu curso cotidiano. Aquele a quem a lua obedece, quando Ele a manda luzir durante a noite. Aquele a quem obedecem as estrelas que formam o séquito da lua em seu percurso. Aquele, finalmente, por meio do qual tudo foi ordenado, delimitado e disposto: os céus com as coisas que há nele, a Terra com as coisas que há nela, o mar com tudo do mar, o fogo, o ar, o abismo, aquilo que está no alto, o que está no profundo e o que está no meio. Foi esse que Deus enviou. Alguém poderia pensar: será este enviado um novo tirano ou veio para infundir-nos medo e prostração? De modo algum. Ao contrário, enviou-O com clemência e mansidão, como um rei que envia seu filho. Deus O enviou como homem para os homens, enviou-O para nos salvar, para persuadir, não para violentar, pois em Deus não há violência. Enviou-O para chamar, não para castigar, enviou-O, finalmente, para amar, e não para julgar. Quem poderá suportar Sua presença num julgamento feito por Ele? Não vês como os cristãos são jogados às feras para que reneguem o Senhor, mas não se deixam vencer? Não vês quantos mais são castigados com a morte e tantos outros se multiplicam? Isso não parece obra humana. Isso pertence ao poder de Deus e prova a Sua presença.

Diogn. 8

Quem de todos os homens sabia o que é Deus, antes que ele chegasse? Se quiseres, aceita os discursos vazios e estúpidos desses filósofos pretensiosos, alguns dos quais afirmaram que Deus é o fogo (para onde irão estes, chamando-o de deus?), outros que é água. Outros ainda dizem que é um dos elementos criados por Deus. Não há dúvida de que, se alguma dessas afirmações fosse aceitável, poderíamos também afirmar que cada uma de todas as criaturas igualmente manifesta Deus. Mas todas essas coisas são charlatanices e invenções de charlatães. Nenhum homem viu nem conheceu a Deus, mas Ele próprio se revelou a nós. Revelou-se mediante a fé, que é a única forma de ver a Deus.

Pois Deus, Senhor e criador do Universo, que fez todas as coisas e as estabeleceu em ordem, não só Se mostrou amigo dos homens, mas também paciente. Ele sempre foi assim, continua sendo e sempre será: clemente, bom, manso e verdadeiro. Somente Ele é bom. Tendo concebido um grande e inefável projeto, Ele o comunicou somente ao Filho. Enquanto o mantinha em mistério e guardava Sua sábia vontade, parecia que não cuidava de nós, não pensava em nós. Todavia, quando, por meio de seu Filho amado, Ele revelou e manifestou o que tinha estabelecido desde o princípio, concedeu-nos todas as coisas: não só participar de seu benefícios, mas ver e compreender coisas que nenhum de nós teria jamais esperado.

Diogn. 9

Quando Deus dispôs tudo juntamente com Seu Filho, no passado, permitiu que nós por nossa vontade parássemos de nos arrastar por impulsos desordenados, levados por prazeres e luxúrias. Ele não se comprazia com os nossos pecados, mas os suportava. Também não aprovava aquele tempo de injustiça, mas preparava o tempo atual da justiça, para que nos convencêssemos de que sendo nós, naquele tempo, por causa de nossas obras, indignos da vida, agora, por sua bondade, somos dignos dela. Para que ficasse claro que por nossas forças era impossível entrar no reino de Deus, que somente pelo Seu poder nos tornamos capazes disso. Quando a nossa injustiça chegou ao máximo, ficou claro que a única retribuição que poderia ser esperada era castigo e morte, e que chegara o tempo que Deus estabelecera para manifestar a Sua bondade e o Seu poder. Ó imensa bondade e amor de Deus! Ele não nos desprezou, não nos rejeitou nem guardou ressentimento contra nós. Pelo contrário, mostrou-Se paciente e nos suportou. Com misericórdia, tomou para Si os nossos pecados e enviou o Seu Filho para nos resgatar, o santo pelos ímpios, o inocente pelos maus, o justo pelos injustos, o incorruptível pelos corruptíveis, o imortal pelos mortais. Que outra coisa poderia cobrir nossos pecados senão a Sua justiça? Por meio de quem poderíamos ter sido justificados, nós, os injustos e ímpios, a não ser unicamente pelo Filho de Deus? Ó doce troca, ó obra insondável, ó inesperados benefícios! A injustiça de muitos foi reparada por um só justo, e a justiça de um só torna justos muitos outros. Ele antes nos convenceu da impotência da nossa natureza para ter a vida. Agora Ele nos mostra o salvador capaz de salvar até mesmo o impossível. Por essas duas razões, Ele quis que confiássemos na Sua bondade e O víssemos como nosso sustentador, pai, mestre, conselheiro, médico, inteligência, luz, homem, glória, força, vida, sem preocupações com a roupa e o alimento.

Diogn. 10

Se também desejas alcançar esta fé, primeiro deves obter o conhecimento do Pai. Deus, portanto, amou os homens. Para eles criou o mundo e a eles submeteu todas as coisas que estão sobre a terra. Deu-lhes a palavra e a razão, e só a eles permitiu contemplá-lo. Formou-os à Sua imagem, enviou-lhes Seu Filho unigênito, anunciou-lhes o reino do céu e o dará àqueles que O tiverem amado. Depois de conhecê-lo, tens ideia da alegria com que serás preenchido? Como não amar Aquele que tanto te amou? Amando-O, poderás te tornar imitador da sua bondade. Não fiques espantado de um homem ser capaz de se tornar imitador de Deus. Se Deus quiser, o homem poderá. A felicidade não está em oprimir o próximo, ou em querer estar acima dos mais fracos, ou em enriquecer e praticar violência contra os inferiores.

Desse modo, ninguém imita a Deus, pois tudo isso está longe de Sua grandeza. Todavia, quem toma para si o peso do próximo naquilo que é superior procura beneficiar o inferior, e aquele que dá aos necessitados o que recebeu de Deus é como Deus para os que receberam de sua mão, é imitador de Deus. Então, ainda estando na terra, contemplarás por que Deus reina nos céus. Aí começarás a falar dos mistérios de Deus, amarás e admirarás os que são castigados por não querer negar a Deus. Condenarás o erro e o engano do mundo, quando realmente conheceres a vida no céu, quando desprezares esta vida que aqui parece morte e temeres a morte verdadeira, reservada àqueles que estão condenados ao fogo eterno, que atormentará até o fim os injustos. Se conheceres esse fogo, ficarás admirado e chamarás de felizes aqueles que, com justiça, suportaram o fogo passageiro.

Diogn. 11

Não falo de coisas estranhas nem busco coisas absurdas. Discípulo dos apóstolos, eu me tornei mestre das nações e transmito o que me foi entregue para aqueles que se tornaram discípulos dignos da verdade. Quem foi retamente instruído e gerado pelo Verbo amável não procura aprender com clareza o que o mesmo Verbo claramente mostrou aos seus discípulos? O Verbo apareceu para eles, manifestando-Se e falando livremente. Os incrédulos não O compreenderam, mas Ele guiou os discípulos que foram julgados fiéis, os quais puderam conhecer os mistérios do Pai. Deus enviou o Verbo como graça, para que se manifestasse ao mundo. Desprezado pelo povo, foi anunciado pelos apóstolos e recebido pelos pagãos. Esse Verbo, que existe desde o princípio, que apareceu como novo e mostrou que era antigo, agora se torna novo no coração dos fiéis. Ele foi desde sempre, e hoje é reconhecido como Filho. Por intermédio Dele, a Igreja se enriquece e a graça se multiplica, difundindo-se nos fiéis. Essa graça inspira a sabedoria, desvela os mistérios e anuncia os tempos, alegra-se nos fiéis, entrega-se aos que a buscam, sem infringir as regras da fé nem ultrapassar os limites dos pais. Celebra-se então o temor da lei, reconhece-se a graça dos profetas, conserva-se a fé dos evangelhos, guarda-se a tradição dos apóstolos, e a graça da Igreja exulta. Não perturbando essa graça, saberás o que o Verbo diz por meio dos que Ele quer usar e quando quer usar. Assim, quantas coisas precisamos explicar com zelo pela vontade do Verbo que nos inspira! Nós comunicamos com amor essas mesmas coisas que nos foram reveladas.

Diogn. 12

Atendendo e ouvindo com cuidado, sabereis que coisas Deus prepara aos que O amam com lealdade, os quais se transformam em paraíso de deleites, produzindo em si uma árvore fértil e frondosa, ornados com toda a variedade de frutos. Nesse lugar foi plantada a árvore do conhecimento e a árvore da vida. Não é a árvore do conhecimento que mata, mas a desobediência. Não é sem sentido que está escrito: "No princípio Deus plantou a árvore do conhecimento e a da vida no meio do paraíso, indicando que a vida existe por meio do conhecimento. Contudo, por não tê-la usado de maneira pura, os primeiros homens ficaram nus pela sedução da serpente". De fato, não há vida sem conhecimento, nem conhecimento seguro sem verdadeira vida, por isso as duas árvores foram plantadas uma perto da outra. Compreendendo essa força e lastimando o conhecimento que se exercita sobre a vida sem a norma da verdade, o apóstolo diz: "O conhecimento incha, o amor, porém, edifica". Quem pensa que sabe alguma coisa sem o verdadeiro conhecimento, testemunhado pela vida, não sabe nada. E é enganado pela serpente, não tendo amado a vida. Aquele, porém, que reconhece com temor e procura a vida planta na esperança, esperando o fruto. Que o vosso coração seja conhecimento e a vossa vida seja verdadeira razão, devidamente compreendida. Plantando tua árvore e produzindo fruto, sempre colherás o que é agradável diante de Deus, o que a serpente não toca, nem se mistura em engano, nem Eva é corrompida, mas reconhecida como virgem. A salvação é estabelecida, os apóstolos ficam cheios de entendimento, a Páscoa do Senhor avança, as congregações se reúnem, harmoniza-se o mundo, e, quando Ele ensina aos santos, o Verbo, por meio de quem o Pai é glorificado, Se alegra. A Ele seja a glória pelos séculos dos séculos. Amém.